인생
네 멋대로 그려라

인생 네 멋대로 그려라

초판 1쇄 인쇄 2013년 4월 4일
개정증보판 7쇄 발행 2017년 4월 4일

지은이 이원종
발행인 권선복

편집 이선종·김정웅 디자인 엄희주·최새롬 마케팅 권보송 전자책 신미경 발행처 도서출판 행복에너지

출판등록 제315-2011-000035호 주소 (157-010) 서울특별시 강서구 화곡로 232 전화 0505-613-6133

팩스 0303-0799-1560 홈페이지 www.happybook.or.kr 이메일 ksb6133@naver.com

ISBN 978-89-97580-74-3 13330

Copyright ⓒ 이원종, 2013

도서출판 행복에너지에서는 독자 여러분의 아이디어와 원고 투고를 기다립니다. 책으로 만들기를 원하는 콘텐츠가 있으신 분은 이메일이나 홈페이지를 통해 간단한 기획서와 기획의도, 연락처 등을 보내주십시오. 행복에너지의 문은 언제나 활짝 열려 있습니다.

인생 네 멋대로 그려라

리더를 꿈꾸는 젊은이들에게

이원종 지음

도서출판 행복에너지

인생, 네 멋대로 그려라

청춘은 흰색 캔버스다

그 위에 내 인생을 내 뜻대로 설계하고 내 멋대로 그려 가야 한다.

내 인생은 남이 그려 주지 못한다.

내가 그려야 한다.

내가 하고 싶고, 나만이 할 수 있는,

독특한 내 멋대로의 인생을 그려 가야 한다.

이왕이면 대작, 천하를 호령하는 걸작을 그려 가야 하지 않겠는가?

나는 어릴 때부터 웬만한 것은 다 양보했지만 꼭 해야겠다고 마음먹은 것은 절대로 물러서지 않았다.

그래서 도저히 진학할 형편이 못 되었지만 내 멋대로 마지막 야간열차를 타고 서울로 왔다. 힘겹게 입학한 대학이 폐지되는 바람에 마지막 졸업생이 되는 우여곡절도 겪었다. 그리고 출구가 보이지 않는 터널 같은 세월도, 앞을 가로막은 절벽도 만났다.

그러나 힘든 고비를 만날 때마다 이를 넘지 못하면 마지막이라는 각오로 중도에 포기하지 않고 고집스럽게 버티어냈기에 경쟁에서 살아남을 수 있었고 결국 서울특별시장과 도지사를 거쳐 십 년 세월을 대학 강단에서 젊은이들과 보람찬 시간도 가질 수 있었다.

이제 바람이 있다면 그동안 저자가 느끼고 체험했던 사실들이 인생의 초행길을 가는 젊은이들에게 자그마한 등불이 되고 공직자나 기업체의 지도자들에게도 도움이 되기를 바라면서 리더를 꿈꾸는 젊은이들은 다음의 몇 가지만은 꼭 마음에 새겨두길 바란다.

첫째, 실패 없는 성공은 없다

걸음마를 시작한 아기가 한 시간에 17회 꼴로 넘어지면서 걷기를 배우는 것처럼 성공한 자들은 모두 실패 위에 서 있는 사람들이다. 각계의 명사들, 은막의 스타, 백만장자들의 공통점은 모두 수없이 실패한 사람들이다. 다만 성공하기까지의 과정은 생략되고 결과만 밖으로 알려지기 때문에 그들은 성공의 운만을 타고난 것처럼 보일 뿐이다. 고난이나 실패가 두려워 비켜 가면 승리의 월계관은 주어지지 않는다. 실패는 성공으로 오르는 계단이기 때문이다.

둘째, 시간을 잘 쓰는 자가 이긴다

시간을 나타내는 말엔 두 가지가 있다. 헬라어로 크로노스(kronos)는 누구에게나 공평하게 주어지는 '양적인 시간'이며 카이로스(Kairos)는 주어진 시간을 어떻게 썼느냐에 따라 달라지는 '질적인 시간'이다. 같은 시간을 보내더라도 가치나 보람 없이 버려지는 시간은 카이로스의 저울로 달면 무게가 없다는 것이다.

남들과 같이 잠자고, 남들과 같이 행동하면서 남들과 같이 시간을 쓰면 당연히 남들과 같이 된다. 남과 다르게, 남보다 밀도 있게, 시간을 잘 쓰는 자가 이긴다.

셋째, 절대 포기해서는 안 된다

내 인생의 미래를 위해서는 먼저 분명한 목표를 세워야 한다. 그 목표는 내가 절실하게 원하는 것이어야 하고 아무리 힘들어도 반드시 달성하고야 말겠다는 의지가 있어야 한다. 설령 넘어지더라도 그 자리를 새 출발의 시발점으로 삼아야 한다. 절대 포기하지 말고, 중도에 물러서지 않으면 그 꿈은 반드시 이루어진다.

리더가 되기를 원하는 사람들에게는 이에 더하여 폭넓은 지혜가 반드시 필요하다. 지식은 노력을 통하여 단기간에 높일 수 있지만 지혜를 얻는 데는 경험과 아울러 세월이 필요하다. 지혜가 뒷받침되지 않은 채 지식만 쌓으면 자기중심적으로 세상을 보려 하므로 치우치거나 독선적으로 되기 쉽다. 그러나 지혜를 갖게 되면 자신을 알고 가야 할 길을 알게 되므로 어떠한 상황이든지 현명하게 대처하는 능력을 갖게 된다. 그러므로 지식과 지혜를 조화롭게 겸비한 사람이야말로 능력 있는 리더, 성공하는 지도자가 될 수 있다.

이 책의 목표는 리더를 꿈꾸는 젊은이들에게
진실로 자신이 원하는 꿈을 이루도록 하고
인생을 살아가는 동안 만나게 되는
문제들을 풀어가는 능력을 키우며,
지도자로서 필요한 지혜를 일깨워 줌으로써
인생길을 안내해주는 GPS가 되고자 하는 것이다.

저자는 아날로그 시대를 더 많이 살았고 지금 젊은이들은 디지털 시대를 살아가고 있지만 역사를 이끌어 온 사회의 본질과 인생의 기본은 변하지 않는다. 그러기에 이 책이 꿈을 키워가는 젊은이들에게 지혜가 되고 동기부여가 되어 국가사회가 필요로 하는 지도자로 성장하는 데 조금이라도 도움이 된다면 그 이상의 기쁨이 없겠다.

끝으로 이 책이 나올 수 있도록 성원해 주신 행복에너지 권선복 사장님과 수고해 주신 임직원들께 감사드린다.

2017. 다시 꽃 피는 사월에

이원흥

제1장 희망의 창

제2장 성공의 문

제5장 젊은이를 위한 리더 수업

제6장 조직 속의 인간

마지막 야간열차를 타고 온 경외의 도시 서울,

남산에 올라 다리 뻗고 누울 수 있는 방 한 칸이라도 있으면

원이 없겠다고 절규하던 그가

서울특별시장, 충북도지사, 대학교 총장 그리고

대학원 석좌교수에 이르기까지 가슴 적시는 인생역전 스토리!

이론이나 당위성을 넘어 오랜 세월 현장에서 터득한

지혜와 경험은 리더를 꿈꾸는 젊은이들에게

성공의 길로 인도하는 살아있는 GPS가 아닐 수 없다.

지도자의 길을 가는 이들에게 들려주는 6가지 인생의 멘토링.

"인생, 네 멋대로 그려라!"

때로는 성공이 나를 행복하게 하고
때로는 시련이 눈물짓게 해도
나에게 주어진 운명의 실로
내 인생의 천을 아름답고 멋지게 짜야 한다.
그리하여 단 한 번뿐인 나의 인생을
관객들로부터 박수갈채가 쏟아지는
가슴 벅찬 드라마로 만들어 가야 한다.
그것이 내가 이 세상에 와서 하고 가야 할 일이다.

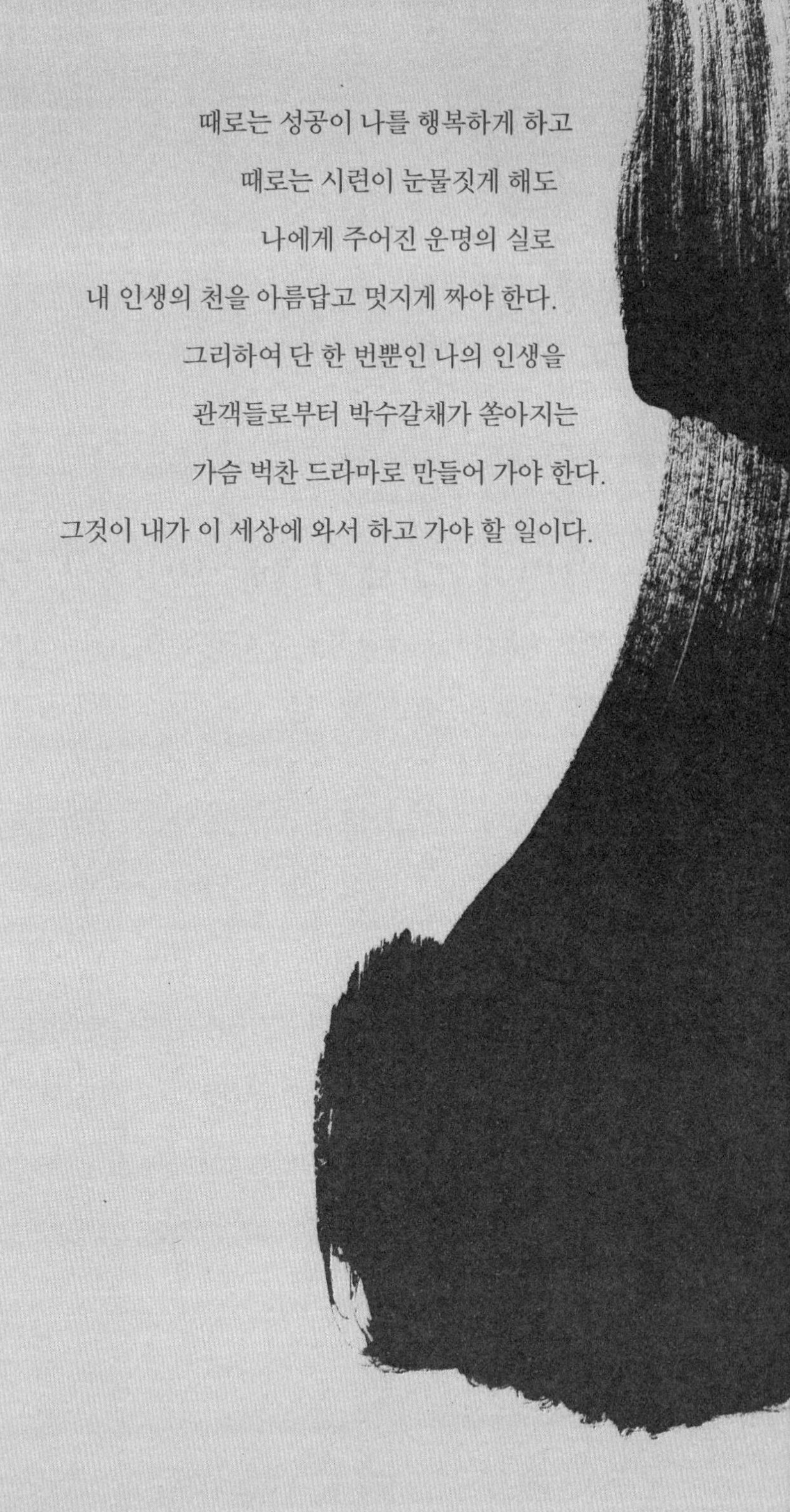

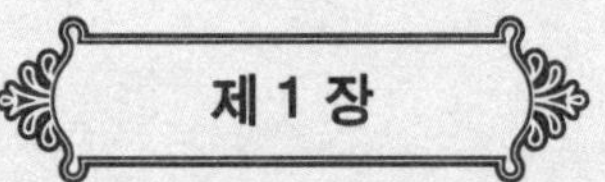

희망의 창

단순한 자극이나 새로 접하는 현상에
쉽게 영향 받을 수 있는 청소년 시절에는 부모님과 선생님
그리고 누군가의 올바른 도움이 필요한 시기이다.
특히 어린 시절의 아름다운 추억과 동경하는 미래는
일생 동안 지워지지 않는 밑그림으로 작용한다.

1. 인생은 4막 5장

1) 인생은 한 편의 드라마

세상 참 많이도 변했다. 아니, 많은 정도가 아니라 따라가기가 힘들 만큼 빨리 변하고 있다. 지하철을 타고 가다 보면 대부분의 사람들이 스마트폰에 열중하고 있다. 얼마 전까지만 해도 지하철 안에서 책 읽는 사람들을 보면 품위가 있어 보였는데 이제는 찾아보기도 어려워졌다.

손바닥보다도 작은 스마트폰이 이제는 TV의 그 막강한 영향력까지 위협하고 있다. 그리고 SNS를 비롯한 여러 가지 네트워킹을 통해 거대한 영향력을 행사하며 기존의 생각과 가치관은 물론 사회적 메커니즘과 정치 시스템도 변화시켜 가고 있다. 더구나 알파고의 인공지능이 세계최고의 바둑실력자를 능가하는 사실을 보며 축복인지 재앙인지 혼란스럽기도 하다. 도대체 어디까지 변화해 가려는지 예측도 어렵고 두렵기까지 하다. 그러나 생활패턴이나 사회적 시스템이 아무리 변해 간다 하더라도 인생의 본류는 변할 수가 없다. 먹고 자고 사랑하고 행복을 원하는 그리고 언젠가는 죽어야 하는 인생의 기본 물줄기는 변할 수가 없다.

인생이란 단 한 번만 상연되는 연극이기에 연습할 시간도 없고 다시 돌이킬 수도 없다. 막이 오르면 언젠가는 그 막이 내려가고 한 번 내려간 막은 두 번 다시 오르지 않는다. 그러기에 때로는 아무도 보아 주는 이 없이 나만의 연기를 해야 할 때도 있고 고통으로 가슴이 찢어지고 오르막길에 숨이 차도 멈추어 설 수가 없다. 단 한 번만 공연되는 연극이기에 주인공인 내가 엑스트라처럼 나의 무대를 끝낼 수는 없다.

때로는 성공이 나를 행복하게 하고 때로는 시련이 눈물짓게 해도 나에게 주어진 운명의 실로 내 인생의 천을 아름답고 멋지게 짜야 한다. 그리하여 단 한 번뿐인 나의 인생을 관객들로부터 박수갈채가 쏟아지는 가슴 벅찬 드라마로 만들어 가야 한다. 그것이 내가 이 세상에 와서 하고 가야 할 일이다.

2) 누구에게나 똑같이 주어진 4막 5장

제1막 / 정서적 성장기

귀한 생명으로 태어나서 부모와 주위의 사랑과 보호를 한껏 받으며 자라나는 유년기야말로 걱정 근심 없는 유토피아다. 부모의 사랑과 보살핌 속에서 모든 것이 해결되는 가운데 무럭무럭 자라기만 하면 된다. 부족한 것이 있을 때 울기만 하면 되고 걷고 말하기를 배우며, 사랑을 받기만 하면 된다. 그러는 사이에 일생 동안 영향을 미칠 정서, 성격 등이 대부분 형성된다. 그리고 초등학교에 입학하면서 친구를 사귀고 공동사회의 일원으로서 살아가는 방법을 익히기 시작한다. 중·고등학교에 진학하면서 지식과 지혜를 배우고 희망과 꿈을 키우며, 경쟁 속에서 고민도 생겨난다.

이 시기에는 아직까지 스스로 결정하고 자력으로 살아갈 능력을 온전히 갖기가 어렵다. 그러나 어린 날의 아름다운 추억과 가슴에 품게 된 야심찬 꿈은 성공과 행복의 문을 열어 주는 열쇠가 되는 반면, 청소년 시절에 받은 정신적 상처는 자신도 모르는 사이에 마음속 깊이 자리 잡고 일생 동안 자신을 괴롭히기도 한다. 그러므로 단순한 자극이나 새로 접하는 현상에 쉽게 영향 받을 수 있는 청소년 시절에는 부모님과 선생님 그리고 누군가의 올바른 도움이 필요한 시기이다. 특히 어린 시절의 아름다운 추억과 동경하는 미래는 일생 동안 지워지지 않는 밑그림으로 작용한다.

동화 속의 그림 같은 날들

내가 태어나서 청소년기를 보낸 곳은 충북 제천의 아름다운 산골마을이었다. 봄에 돋아나는 새싹도 신비로웠고 가을이면 뒷산의 단풍도 그림보다 좋았다.

신현봉 시인은 내 고향마을 「미당리」를 다음같이 그려주었다.

질고개 / 넘으면 청솔내음의 / 저녁연기 / 성탄절의 그림엽서 속을 /

하얗게 날아오르고 / 산모롱이 돌아 / 평장들에는 /

세상의 온갖 풀벌레 / 어느 때나 낭자히 / 울고 있는 마을이여

이토록 평화롭던 마을에도 6·25 전쟁은 비켜가지 않았다. 교실로 쓰던 공회당과 온 동네 초가집들이 전쟁 중에 모두 불타 버려 공부할 교실도 잠잘 곳도 다 없어져 버렸다.

하지만 열 살배기 소년에게는 아무런 걱정근심이 없었다. 불타 버린 집터 위에 짚을 엮어 둘러친 움막에서 자는 것도 재미있었고 미군 전투기가 폭격하는 모습을 흉내 내면서 신나게 놀다가 어른들에게 꾸지람을 듣기도 했다.

일 년이 지나 흙벽돌 초가지붕의 교실이 새로 지어진 후, 울긋불긋 만국기 걸어 놓고 맨발로 달리던 가을 운동회는 아직도 기억 속에 아름다운 축제로 남아 있다.

겨울이 되면 부모님들이 한 짐씩 날라다 준 장작으로 불을 지펴 난로가 달아오르면 여학생들은 콩을 볶아 나누어 먹었고 난로 옆에 쌓아 놓은 도시락에서는 김치 익는 냄새가 식욕을 돋우어 주었다.

동구 앞에 줄지어 늘어선 아름드리 노송, 맑은 물 사철 흘러 고기 잡던 미당천, 햇빛 쏟아져 내리는 황토 운동장, 그리고 뒷산 그늘에 밤이 내리면

무서우리만큼 적막한 들판 등 지금 와서 생각하니 그 모든 것이 동화 속의 그림 같은 날들이었다.

이렇게 자연과 더불어 자라나는 동안 형성된 정서와 감각이 세상을 아름답게 보게 해주었고 정신세계를 윤택하게 해주는 내 삶의 윤활유가 되었다.

주위를 살펴보면 어릴 때에 입력된 마음의 상처나 부정적인 말 한마디가 어른이 되어서도 고통을 느끼게 하는 사례를 흔히 볼 수 있다. 그러므로 어린 날을 순수하고 아름다운 느낌으로 채워 주면서 호연지기를 갖게 하는 것이 중요하다.

복잡한 도시에서 공부에 쫓기며 경쟁 속에 힘들어하는 어린이들을 위해서 가급적이면 주말이나 방학을 이용해 자연의 아름다움을 자주 접하게 해주는 것도 좋은 방법의 하나다. 하늘과 땅, 우거진 숲과 맑은 시냇물처럼 사람의 마음을 순수하고 편하게 해주는 것도 없다. 사방이 시멘트 숲으로 둘러싸인 삭막한 대도시보다는 병풍처럼 둘러싸인 아름다운 자연의 경관이나 바닷가 수평선을 바라보며 자란 사람들 중에서 큰 인물이 많이 배출되는 것이 우연만은 아닐 것이다.

제2막 / 성장하는 학업기

고등학교를 졸업하고 곧바로 취업을 하거나 대학이나 대학원 과정을 거쳐 사회진출을 하는 이 시기는 비교적 짧은 기간이다. 하지만 인생의 미래와 방향이 결정되는 매우 중요한 시기이므로 인생의 분수령이라 할 수 있다.

이 시기에 중요한 것은 자신이 하고 싶은 것이 무엇이며 잘할 수 있는 강점이 무엇인지를 발견하는 것이다. 말춤을 추며 '강남스타일'을 불러 세계적인 선풍을 일으킨 가수 싸이의 사례를 가슴에 새기자. 그는 유복한 집안에서 태어났지만 스스로를 삼류라 생각했고 고등학생 시절에는 반에서 꼴찌를 했다고 한다. 하지만 성적에 관계없이 언제나 행복한 얼굴에 자신감이 넘쳤다니, 아마도 그때부터 마이웨이(My way)를 가겠다는 생각이었던 것 같다. 기업가인 아버지는 경영학 공부를 요구했지만 그는 미국으로 도피성 유학을 가서 자기가 좋아하는 음악공부를 했다 한다. 여러 그룹이 한류 열풍을 일으키며 한국을 빛내는 중에서도 그처럼 단기간에 정상에 뛰어오를 수 있었던 비결은 아마도 있는 그대로의 자기표현에 있을 것이다.

그의 노래「청개구리」가사 중의 '그래 나 청개구리, 그 누가 제아무리 뭐라 해도 나는 나야.'처럼 내가 하고 싶은 일, 내가 잘할 수 있는 길을 찾아내는 것이 중요하다.

제3막 / 사회적 역할과 성취기

행선지를 향한 갈림길

육신의 성장과 아울러 학창 시절을 통해 길러 온 실력을 바탕으로 직업을 갖게 되고 결혼하여 가정을 이루며 인생의 대부분을 살아가는 기간은 제3막에 해당된다. 학창 시절에는 거의 모두가 비슷한 내용의 생활이었다면 이제부터는 각자의 이정표를 따라 방향이 갈리고 운명이 바뀌면서 시간이 갈수록 차이도 커지는 등 인생의 모습들이 달라진다. 이때가 되면 빌 게이츠가 고등학교 학생들에게 해주었다는 다음과 같은 인생 충고 몇 가지를 실감하게 될 것이다.

- 인생이란 원래 공평하지 못하다. 그런 현실에 대해 불평하려 하지 말고 받아들여라.
- 학교 선생님이 까다롭다고 생각되거든 사회에 나와서 직장 상사의 진짜로 까다로운 맛을 한번 느껴 봐라.
- 공부밖에 할 줄 모르는 바보한테 잘 보여라. 사회로 진출한 다음에는 아마 그 바보 밑에서 일하게 될지도 모른다.

제3막의 전반부

오랜 학창 시절과 각고의 노력 끝에 달성한 사회 진출은 여러 가지 의미가 있다. 우선 자신이 꿈꾸던 1차 목표를 달성했다는 자부심과 사회 구성원의 일원으로 기여하게 되었다는 보람과 보수를 받게 됨으로써 부모님의 보살핌에서 벗어나 독립하게 되었다는 대견함이다. 무엇보다도 가슴 설레게 하는 것은 내 인생의 정점을 향해 달려갈 수 있는 베이스캠프(Base Camp)가 마련되었다는 점이다.

취업 후 초기에는 보수의 액수나 일의 내용, 맡게 되는 자리 등 주로 개인적인 이해관계에 신경을 쓰며 안정을 찾아가게 된다. 하지만 어느 정도 안정되면 장래를 생각하며 자기발전을 위한 노력을 기울이게 된다. 그리하여 구성원으로부터 인정과 신뢰를 받으며 한 단계 한 단계 승진하면서 중견간부로 성장하고 영향력도 커지게 된다.

제3막의 후반부

어느 조직이나 중견간부에서 최고 책임자까지 성장하려면 남다른 노력도 있어야 하지만 지도자가 갖추어야 할 덕목이나 남다른 가치관이 필수적이다. 꽃에 향기가 있듯 사람에겐 품격이 있어야 한다. 직위가 아무리 높다 해도 판단 속에 이해관계가 결부되고 행동 속에 배려와 희생이 보이지 않는다면 진실로 그를 따르거나 신뢰를 보내지 않기 때문이다.

존경과 신뢰를 받는 중견간부 이상이 되면 조직이 추구하는 목표에 대한 기여도도 더욱 커지게 된다. 그리고 개인적으로는 사회 진출 초기에 역점을 두었던 자기 개인적 비중이 이제는 공적 비중으로 점점 옮겨 가게 된다. 그러다가 급기야 최고 경지에 이르게 되면 개인적 이해관계를 뛰어넘어 더 많은 사람들의 행복을 창출해 내며 보람을 거두는 아름다운 자아실현에 무게를 두게 된다. 인격도 지혜도 능력도 최고조에 이르는 황금기를 맞이하며, 보람을 거두는 인생의 정점에 오르게 된다.

공사생활의 비중 변화

청소년 시절 나의 기본목표는 농촌으로부터 탈출하는 것이었고 봉급생활자가 되어 고된 육체노동으로부터 벗어나고자 하는 것이 전부였다. 그래서 공무원이 되었고 서울시에서 공직생활의 대부분을 보냈다. 공직생활의 전반부에 해당하는 사무관에서 서기관 시절에는 전체적인 조직의 목표달성이나 책임의식보다는 조직 속에서 인정받고 승진하는 일이나 가정생활의 안정 등 주로 개인적인 문제에 비중이 컸다.

그런데 부이사관으로 승진하여 구청장이 되자 개인적인 신상문제나 사생활에 대한 관심보다는 관할지역과 주민들에 대해 책임감이 커지면서 공인 쪽으로 무게중심이 옮겨가게 되었다.

그 후 내 공직생활의 정점에 해당하는 서울특별시장과 충청북도 지사 시절이 되자 이때부터는 아예 사생활 부분은 없어지고 공인의 삶으로 가득 채워졌다. 가정살림으로부터 자녀교육에 이르기까지 사생활은 전적으로 아내의 몫이었고 모든 에너지를 일에 쏟아부어도 부족했다. 어떻게 하면 경쟁력 있는 지역으로 만들 것인가에 고심하였고 어떻게 하면 주민들을 행복하게 할 수 있을까에 초점을 맞추게 되었다. 그리고 나의 생각, 나의 노력이 정책이 되고 현실로 이루어질 때에 가슴 벅찬 자아실현의 보람을 느낄 수 있었다.

제4막 / 활기찬 시니어

1920년대 한국인의 평균 수명은 33.7세였다니, 그때는 나이 오십만 넘어도 뒷방으로 물러나 노인행세를 했다. 그러나 평균 연령이 80세를 넘어선 지금 퇴직 후 이삼십 년 동안은 여생이라 부르며 살아갈 만큼 짧은 세월도 아니려니와 인생에 있어 차지하는 비중도 매우 커졌다. 청소년 시절에는 공부와 시험에 시달리며 살았고 사회 진출 후 수십 년 동안은 오로지 일에 모든 것을 바치며 살았다. 그러나 은퇴 이후에는 무거운 짐에서 벗어나 부담 없이 자신의 삶을 살아갈 수 있는 때가 된다.

시카고대학의 버니스 뉴가튼(Bernice Neugarten) 교수는 55세 정년을 기점으로 75세까지는 대부분의 사람이 아직 젊고 건강하므로 '영 올드(Young Old) 세대'라고 불렀다. 또 일본에서는 이들을 '액티브 시니어(Active Senior)'라고 하여 현재 나이에 0.7을 곱한 나이가 과거에 비해 실제적인 나이가 된다는 것이다. 과거에 노인이던 사람들이 이제는 시간이 많고 경험과 지혜가 풍부한 인적 자원이 된 것이다. 자신이 스스로 활동할 수 있고 자신을 필요로 하는 곳이 있는 한 노인이 아니다. 모든 부담에서 벗어나 인생을 마음껏 누리며 남에게도 기쁨을 주는 격조 높은 삶을 살아간다면 행복하고도 아름다운 제4막 인생임에 틀림없다.

2. 청춘은 흰색 캔버스

1) 축복받은 청춘들

청춘은 아직 아무것도 그려지지 않은 흰색 캔버스와 같다. 미래를 꿈꾸는 청춘들은 그 깨끗한 화폭 위에 자신의 꿈을 그려 간다. 여인들이 생명을 건 출산의 고통을 거치며 한 생명을 탄생시키듯이 청춘들이 꿈을 잉태하고 이를 구체화해 가는 과정 또한 쉽지 않다. 넘어야 할 장벽들 앞에서 젊은이들이 고민하며 가슴앓이를 계속해야 하는 것이다.

청춘은 고민해야 하는 시기이다. 그러나 불안, 좌절, 막막함 등으로 아파서는 안 된다. 청춘은 역동적인 가슴앓이로 아파야 한다. 민태원 선생의 『청춘예찬』처럼 청춘은 가슴 설레는 말이어야 하고 끓는 피, 빛나는 이상, 생의 찬미, 웅대한 교향악 등 가슴 뛰는 일로 고민해야 한다.

일등만이 살아남는 치열한 경쟁의 시대를 살아가야 하는 젊은이들의 어려움은 너무도 크고 복잡하다. 그러나 어느 세대에나 고민은 있었다. 태평양전쟁 때에 젊음을 맞이했던 세대도 지금과 같이 꿈 많던 청춘들이었다. 그러나 일제에 강제로 끌려가 이름 모를 땅, 명분 없는 전투에서 하나밖에 없는 생명을 잃었고 6·25 때는 나라를 지키기 위해 어린 학도병들까지 전선에 나아가 꽃다운 목숨을 바쳤다.

초연이 쓸고 간 깊은 계곡 / 깊은 계곡 양지녘에
비바람 긴 세월로 이름 모를 / 이름 모를 비목이여
먼 고향 초동친구 / 두고 온 하늘가
그리워 마디마디 / 이끼 되어 맺혔네.

가슴을 저리게 하는 「비목(碑木)」의 가사는 6·25 당시 강원도 백암산 전투에서 희생된 어느 젊은이의 흔적만 남은 돌무덤에서 비롯되었다. 치열한 전투가 벌어졌던 깊은 계곡, 화약연기 쓸고 간 격전지의 양지바른 돌무덤 앞에 이끼 낀 채 쓰러져 있는 나무비의 주인공인 젊은 주검에 대한 이야기다. 흉탄에 목숨을 잃고 궁노루 울음 구슬픈 외로운 산 속에서 달빛과 이슬에 젖으며 오랜 세월 잊혀 있던 그들도 지금의 젊은이들과 똑같이 꿈 많은 청춘들이었고 무엇과도 바꿀 수 없는 소중한 아들들이었다.

이토록 소중한 목숨을 내어준 분들의 희생 위에 지금의 청춘들이 꿈을 향해 아파할 수 있고 가난을 물리친 선배들의 땀 덕분에 다이어트를 고민하는 축복의 세대임에 감사해야 한다.

지금의 청춘들이 당면한 어려움을 치고 나가기 위해 느껴야 할 고민이 아무리 크다 하더라도 그분들이 목숨을 바친 희생의 아픔과는 비교할 수 없지 않은가?

　이 시대의 젊은이들은 아픈 청춘, 불행한 청춘이라 생각하지 말자. 지금의 청춘들은 축복받은 세대로 태어났다. 그리고 꿈이 있는 한 이 세상은 도전해 볼 만한 곳이다.

2) 인생, 네 멋대로 그려라

　젊은 시절의 꿈이 인생의 방향을 결정한다.

　율곡 선생은 학동들을 위해서 쓴 『격몽요결(擊蒙要訣)』의 제일 첫머리에서 '모름지기 뜻을 먼저 세우라[先須立志]'고 강조하였다. 여기서 '뜻'이란 자기가 달성하고자 하는 목표 지향적인 의지를 말한다.

　행운이 알아서 찾아와 주는 일은 없다. 본인 스스로 행운을 향해 방향을 잡고 길을 떠나야 한다. 그것이 곧 꿈이요, 꿈을 향해 달려가는 목표는 인생의 설계도가 된다. 마치 설계된 대로 집이 지어지듯이 우리 인생에도 꿈이 있고 분명한 목표가 있을 때 비로소 희망이 현실로 이루어지게 된다.

　젊은이들을 두고 오가는 말이 있다. 중·고등학교 시절에는 어머니가 결정해 주는 대로 하고 대학생이 되면 여자 친구가 하라는 대로 하고 결혼한 후에는 장모가 결정하는 대로 따른다는 것이다. 만일 내가 그렇다면 나는 누구며 어디로 가고 있는가?

　내가 살고 싶은 집은 내 뜻대로 지어야 되듯이 내 인생의 설계도는 내 뜻대로, 내 멋대로 그려야 한다. 남의 뜻에 따르거나 주위상황에 흔들리면 방향이 어긋날 수도 있고 되돌아가려면 너무나 많은 손실을 감내해야 한다. 그러므로 오로지 나의 소망, 나의 의지, 나의 개성에 따라 내가 하고 싶고 내가 잘할 수 있는 길을 가야 한다.

그래서 나는 젊은이들에게 말한다.

"인생, 네 멋대로 그려라. 그것이 네가 도달하고 싶은 젖과 꿀이 흐르는 땅으로 가는 지름길이다." 그런데 꿈은 추상적일 수 있지만 꿈에 도달하기 위한 설계, 즉 목표의 달성을 위해서는 구체적인 행동계획과 시간계획이 뒤따라야 한다. 예로서 행정부처의 고위직 공무원이 되어서 국정을 발전시키고 국민의 행복지수를 높이고 싶다는 꿈을 가진 사람이라면 일차로 행정고시 합격에 목표를 두고 공부할 과목과 시간계획을 확실하게 세운 후 모든 역량을 쏟으면 길이 열리는 것과 같다.

그 설계는 빠를수록 좋고 구체적일수록 더욱 좋다. 그렇다면 그대는 어떤 꿈을 꾸고 있으며 어떤 설계를 하고 있는가? 이왕이면 천하를 호령하는 대작, 만인이 우러러보는 걸작을 그려 가야 하지 않겠는가!

서울로 가고 싶은 꿈

어린 시절부터 나의 꿈은 서울로 가는 것이었다. 마루 끝에 앉아 하늘을 보아도 구름은 서울 쪽으로 흘러가고 있었고 멀리 들리는 기적소리도 서울을 향해 달려가고 있었다. 서울에 가면 자동차도 많고 호랑이도 구경할 수 있다니 참으로 좋은 곳이라는 생각에서였다. 중·고등학교 시절로 접어들면서 '말은 제주도로 보내고 사람은 서울로 보내라.'는 속담의 뜻을 알게 되었고 결국 서울로 가야 꿈을 이룰 수 있고 희망찬 미래가 열린다는 확신을 갖게 되었다.

이토록 막연하고 연약하게 시작된 작은 꿈이었지만 그로 인해 나는 산골마을을 벗어나 평생 서울시민으로 살게 되었고 이 꿈이 훗날 서울시 공무원이 되고 국제도시 서울특별시의 시장 자리에까지 오르는 씨앗이 될 줄은 나도 미처 생각지 못했다.

"천국은 마치 사람이 자기 밭에 갖다 심은 겨자씨 한 알 같으니 이는 모든 씨보다 작은 것이로되 자란 후에는 나물보다 커서 나무가 되매 공중의 새들이 와서 그 가지에 깃들이느니라." 한 성경의 말씀처럼 지금 겨자씨만한 작은 씨라도 심어야 한다.

헤르만 헤세는 『데미안』에서 "새는 알을 까고 나온다. 알은 세계다. 태어나려고 노력하는 자는 하나의 세계를 파괴하지 않으면 안 된다. 그 새는 신을 향해 날아간다."고 했다.

지금 심겨진 작은 씨가 자라나면서 자신을 가두어 놓았던 껍질을 깨고 거듭 태어날 때 이상의 표상인 아브락사스(Abas)를 향해 날아오르는 당신의 새가 될 것이다.

3) 명확하고 절실한 꿈

토마스 스탠리는『백만장자 마인드』라는 책을 쓰기 위해 자수성가한 백만장자 1,300명을 인터뷰한 결과 그들의 공통점은 모두 명확한 꿈을 가지고 있더라는 것이다. 꿈은 내가 나아가야 할 방향을 일러주는 나침반과도 같으며, 분명한 목표를 세우면 그 목표가 나를 이끌고 가게 된다. 그러나 내가 꿈꾸는 목표가 정당성에 문제가 있거나 명확하지 않다면 스스로 머뭇거리게 되고 역동적인 에너지가 솟아나기 힘들다.

그러므로 꿈이 달성되려면 다음 세 가지의 조건을 갖추어야 한다.

첫째, 지향하는 목표가 명확해야 하고
둘째, 절실히 원해야 하며
셋째, 중도에 물러서지 말아야 한다.

그러면 꿈은 반드시 이루어진다.

나도 대학생이 되고 싶었다

우리 세대가 고등학교를 졸업할 당시 농촌의 경제 사정으로는 대학생 뒷바라지가 거의 불가능했다. 서울에 간다 해도 몸담아 있을 곳도 없고 더구나 등록금도 마련할 길이 없으니 서울로 가는 꿈을 일단 접어야 했다.

학교를 졸업하고 나자 덩그렇게 혼자가 되어 버린 나는 마음 붙일 곳 없이 막막하기만 했다. 사면으로 둘러싸인 절벽 같은 세상은 탈출구가 보이지 않았고 산촌에 홀로 남은 나 자신이 너무나도 왜소하고 초라하게만 느껴졌다. 구만리 같던 인생의 꿈은 한낱 물거품이 되어 부서지고 이제 내가 할 수 있는 일은 오로지 농사일을 거드는 일밖에는 없었다.

그렇게 갈등과 절망감 속에서 몇 달이 지나가자 4·19 혁명이 일어났다. 이로 인해 서울 소재 대학들이 휴교를 하게 되었고 대학생이 된 시내 출신 동기생들이 고향에 내려왔다가 시오리 길을 걸어 우리 집까지 찾아왔다. 짙은 청색의 대학교복을 깨끗이 차려 입고 서울 생활에 얼굴색까지 우윳빛으로 변한 그들이었다. 흙 묻은 작업복에 얼굴마저 새까맣게 그을린 내게 그들은 이미 과거의 내 친구들이 아니었다. 더구나 대학생활 이야기와 생소한 서울의 이모저모를 이야기할 때에 이미 그들은 내가 감당키 어려운 머나먼 거리에 있었다. 나도 모르게 심한 열등감과 패배감이 엄습해 왔다.

그들이 흙냄새 나는 좁은 방에서 하룻밤을 함께 보내고 돌아간 후 나는 새로이 결심을 했다.

'그래, 나도 반드시 대학을 가고야 말리라!'

먼지 묻은 책을 다시 꺼내 놓고 혼자서 재수에 들어갔다. 그러나 연말이 가까워오면서 또다시 고민에 빠졌다. 실력도 문제이지만 집안 형편 또한 나아진 것이 하나도 없었다.

궁하면 통한다고 했던가. 탈출구를 찾지 못한 채 고민하던 내게 국립체신학교의 학생 모집 요강이 눈에 들어왔다. 당시 체신학교는 2년제 전문대학 과정이었는데 성적 우수자는 등록금 면제와 함께 장학금 지급, 기숙사까지 제공하는 파격적인 조건이었다. 게다가 졸업 후에는 공무원이 되어 체신부에 근무하게 되는 일석삼조의 신바람 나는 조건이 주어져 있었다. 하늘이 무너져도 솟아날 구멍은 있다는 생각에 곧바로 입학원서를 냈고 드디어 서울로 가는 길이 열릴 수 있다는 희망에 부풀었다.

두려웠던 입학시험

하룻밤 잠잘 곳도 없던 터라 시험을 보기 위해 한밤중에 떠나는 마지막 열차를 타고 아침에 서울에 도착하였다. 학교 운동장에 들어서자 구름처럼 몰려든 수험생들을 보고 나는 주눅이 들고 말았다. 고사장 배치표를 보니 선발되는 장학생은 20명뿐인데 수험생은 천 명이 넘어 경쟁률은 50대 1이나 되었다. 아니, 내게는 50대 1이 아니라 980대 1인 것이다.

첫 시간에 국어 시험 문제지를 받아 펼쳤다. 비교적 자신이 있었던 과목이었지만 첫 문제부터 난관에 부딪혔다. 전혀 본 적도 없던 이효석의 단편 소설『메밀꽃 필 무렵』의 몇 소절을 뒤섞어 놓고 순서를 바로잡으라는 문제가 떡 버티고 있는 것이었다. 눈앞이 캄캄했다. 국어 과목에서 높은 점수를 못 받으면 장학생은 고사하고 입학 자체도 불가능할 것이기 때문이다. 그냥 둘 수도 없고 적당히 순서를 잡아 찍고 나오니 뻥 뚫린 가슴에 찬바람만 스쳐갔다. 그토록 서울에 가고 싶어 했던 간절한 나의 소원이 무너져 내리고 있었다.

두 번째 시간은 내게 제일 힘겨운 수학 시험이었다. 기왕에 서울까지 왔으니 끝까지 최선을 다해 보자고 다짐하며 수학 문제를 정신없이 풀어 갔다. 그런데 이게 어찌된 일인지 가장 취약했던 수학 시험은 오히려 만점을 받을 수 있을 것도 같았다.

시험을 마치고 시골집으로 돌아온 나의 마음은 편하지가 않았다. 밤마다 무엇엔가 쫓기며 시달리는 꿈만 이어졌다. 발표일이 며칠이나 지났는데도 합격 소식은 오지 않았다. 속절없이 연일 눈만 내려 쌓이고 있었다. 포기해야 할 때가 됐다고 생각하니 마음이 답답하여 그냥 집에만 있을 수가 없었다. 그래서 아무런 대책도 없이 축 처진 어깨로 숫눈길 시오리를 걸어 학교에 들렀다.

"야, 이원종 너 축하한다!"
"네?!"

담임이었던 조인행 선생님은 나를 보자마자 "합격 소식을 들었다."며 악수를 청하고는 크게 기뻐하시는 것이었다.

그 순간 나의 가슴은 콩닥콩닥 뛰며 숨결마저 가빠졌다.
'그게 정말이라면 합격통지서가 면소재지 우체국에 와 있는 것이 아닐까?' 하는 생각이 번개처럼 스쳐갔다. 당시 시골마을의 통신수단은 편지와 전보밖에 없던 터였다. 선생님께 인사도 잊은 채 제천 읍내에서 10km 떨어진 봉양우체국을 향해 달렸다. 우체국 문을 들어서자마자 숨을 헐떡이며 직원에게 물었다.

"여기 혹시 서울 체신학교에서 온 우편물 없어요?"
정말로 그곳에는 눈길에 막혀 배달되지 못하고 있던 체신학교 합격통지서가 기적처럼 나를 기다리고 있었다.

우리 집에도 대학생이 났어!

황갈색 봉투를 건네받는 나의 손은 떨렸고 날아갈 것 같다는 느낌 외에는 아무것도 생각나지 않았다. 그저 빨리 집으로 가야겠다는 생각뿐이어서 발목까지 빠지는 눈길 십 리를 다시 달리기 시작했다. 오로지 꿈이 아니기를 바라며 다리도 아프지 않았다.

이건 분명히 내 실력으로 합격된 것이 아니었다. 그토록 간절하게 원하는 모습을 보신 하나님이 내 손을 붙들어 정답을 찍어 주신 것이 분명했다.

마음 졸이다 절망 끝에 받아 든 합격통지서! 그토록 가고 싶어 한 서울행 티켓이 마침내 내 손에 주어진 것이다.

합격통지서를 살펴보시며 "우리 집에도 대학생이 났어!" 하며 웃으시는 아버지의 눈에는 눈물이 고이고 있었다.

실력만이 모든 것을 해결해 주는 것은 아니다. 상황이 받쳐 주고 운도 따라 주어야 한다. 런던 올림픽 여자양궁 결승경기를 되새겨 보자. 멕시코의 로만 선수와 우리나라 기보배의 피 말리는 접전 끝에 마지막 한 발에 승부가 걸려 있었다. 먼저 쏜 기보배의 화살이 중심에서 훨씬 벗어나 8점에 꽂혔다. 금메달의 꿈이 사라져 가는 순간이었고 기보배 선수도 로만이 쏘는 화살을 차마 바라보지 못했다. 그러나 바로 환호성이 울렸다. 로만도 8점을 쏘았지만 2cm가 더 빗나갔기 때문이다.

쉽게 포기하지 말자. 간절하게 원하고 최선을 다하면 운이 내 편이 되어 준다.

3. 나는 존귀한 존재

1) 신비하고도 존귀한 나의 몸

누구나 한 번쯤 자신의 존재에 대해 번민해 본 경험이 있을 것이다. 나는 참으로 존귀한 존재다. 우리 한 사람 한 사람의 몸은 모두 소우주로 태어났다. 내 몸속에 유전자의 본체를 이루고 있는 DNA의 길이만도 지구와 태양 사이를 360번이나 왕복할 만큼 거대한 우주로 만들어져 있다. 그뿐만 아니라 이 지구상에 칠십억에 달하는 수많은 사람이 살고 있지만 나와 똑같은 사람은 단 한 사람도 없다. 따라서 나는 하찮게 생각하고 함부로 다룰 수 있는 존재가 아니다. 나는 이 세상에서 단 하나밖에 없는 존귀한 존재라는 사실을 명심해야 한다.

그리고 창조주의 권능과 뜻하는 바에 따라 내가 이 세상에 태어났으며 나를 이 세상에 보낸 이유가 있다는 사실을 알아야 한다. 그 이유가 바로 나에게 주어진 사명이요, 내가 이 땅에서 해야 할 일이요, 내 삶의 목표가 되어야 한다. 시계를 만들 때는 시간을 알고자 하는 것이다. 그런데 그 기능을 잃어버린 시계는 보물이 아니라 쓰레기로 버려진다. 이토록 존재의 목표를 잃으면 가치가 없어진다.

내게 주어진 사명, 내 삶의 목표를 분명히 함으로써 신비하고도 존귀한 인생의 가치를 지켜야 한다.

2) 당당한 내 인생의 주인공

이렇게 귀한 존재인 나는 시시하게 살아서는 안 된다.

연극, 영화, 소설 등 어떠한 것을 보아도 주인공은 당당하다. 조연이나 엑스트라는 잘못도 저지르고 가치 없이 쉽게 죽어 가기도 하지만, 주인공은 언제나 올바른 목표를 향해 가며, 역경에서도 살아나오며, 어떠한 경우에도 좌절하지 않는다. 실낱같은 희망으로도 상황을 반전시키며, 결국 그의 사명을 완수한다.

한 번뿐인 내 인생의 주인공은 바로 나 자신이다. 그러므로 나 또한 영화 속의 주인공처럼 당당하게 내 인생을 살아가야 한다. 그런데 젊은이들에게 인생의 목표나 이루고 싶은 꿈이 무엇이냐고 물으면 확실하게 대답하는 사람은 그리 많지 않다. 아직은 인생에 대한 가치관이 확실하게 형성되어 있지도 않으려니와 사회현상에 대한 폭넓은 이해나 정보를 갖지 못하기 때문이다. 그럼에도 불구하고 좀 더 빨리 목표를 분명히 정하고 그 방향으로 에너지를 쏟아 가면 성취도가 높아진다.

1979년에 하버드대에서 졸업생들을 상대로 실시했던 설문조사 결과가 눈길을 끈다. 이루고 싶은 분명한 목표가 서있고 구체적으로 기록까지 해

가지고 있었던 3%의 학생들이 훗날 이루어 놓은 명예나 업적, 소득과 자산 등이 나머지 93%의 학생들에 비해 10배 이상 많았다고 한다. 이것이 바로 목표가 가지고 있는 힘이며 목표는 잠재력을 이끌어내는 마력을 가지고 있다.

마지막 열차

　대학생이 된 친구들의 방문은 농사꾼이 된 나에게 패배감과 아울러 낙오자가 되고 있다는 자극을 주었고 나는 그 충격에 강하게 저항하면서 '나도 반드시 대학생이 되겠다.'는 결심을 하게 되었다.

　그리고 일 년 후, 나는 그렇게도 가고 싶어 했던 서울에 와서 대학생이 되어 있었다. 그 과정을 거치면서 나는 '절실히 원하면 반드시 이루어진다.'는 확신을 갖게 되었다. 왜냐하면, 내 실력으로 체신학교 장학생이 된다는 것은 불가능에 가까웠지만 장학생 중에서도 수석 합격자가 되어 있었으니 말이다.

　입학하던 날 나는 입학생을 대표해서 선서를 했다. 그리고 학생 대표도 맡게 되었다.

　입학 후 한 달이 지나자 나는 20명분의 장학금을 학교에서 받아다가 장학생들에게 나누어 주었다. 그런데 그중 한 명이 내게 "사과해야 할 일이 있다."며 나를 학교 앞 구멍가게로 데려가더니 삶은 오리 알을 사 주는 것이었다. 이유를 물었더니 입학식 날, 운동화 차림에 군복을 물들여 입은 새까만 촌뜨기가 신입생을 대표하여 입학선서를 하는 것을 보자 서울 출신의 몇몇 학생들이 자존심이 상했다고 한다. 그래서 입학식만 끝나면 학교 뒤 숲속으로 끌고 가서 혼내 주려고 했는데 어쩌다가 기회를 놓쳐 버렸다는 것이다. 까딱 잘못했으면 서울 출신의 학생들로부터 몰매를 맞을 뻔했다.

　그렇게 시작된 대학생활이 사람에 따라 명암이 엇갈리고 있었다. 당시 체신학교 학생들은 집안 사정이 어려워 이 길을 올 수밖에 없었던 학생들이었지만 고등학교 시절에 공부도 잘하고 꿈도 컸었던 학생들이 많았다.

'전문대학 졸업해서 무슨 미래가 있겠는가?'하면서 자퇴하는 학생도 몇 명이 생겨났다. 그렇지만 나는 서울에 온 것만도 다행스럽고 더구나 장학금과 기숙사까지 주어지는 대학생활에 너무나 감사했다. 나는 초등학생 남매의 가정교사를 맡을 수 있었는데 보수 또한 좋은 편이었다. 첫 달에 받은 돈으로 난생 처음 세이코 시계를 사서 손목에 찼는데 번쩍거리는 광채가 너무나도 좋았다. 다음 달에는 운동화를 벗어 던지고 코끝이 뾰족한 구두를 사서 신었고 그 다음에는 작업복 대신 양복도 한 벌 맞추어 입으면서 시간은 쏜살같이 지나가고 있었다.

원효로 3가 언덕 위에 자리한 캠퍼스엔 녹음이 우거지고 동편 언덕에는 아카시아 꽃이 흐드러지게 핀 5월 중순의 어느 날 새벽, 콩 볶듯 하는 총소리가 멀리서 들려왔다.

기숙사 창을 열고 바라다보니 한강 인도교에서 예광탄(曳光彈) 불빛이 시내 쪽을 향해 날아오는 것이 보였다. 5·16 군사혁명의 총소리였다. 그 이후 혁명정부에 의해 체신학교는 바로 폐지되었다.

아슬아슬하게 마지막 입학생이 된 것이다. 만일 이 기회를 놓쳤더라면 나는 서울에 오지 못했고 내 인생의 물줄기가 어디로 흘러갔을지 알 길이 없다.

악당들과 한바탕 겨루고 나서 떠나가는 열차를 뒤쫓아 가까스로 매달려 오르는 서부영화의 한 장면처럼 나는 그렇게 마지막 열차를 타고 극적으로 대학생이 되는 행운을 얻었다.

이렇게 마지막 졸업생으로 학교를 마친 나는 세종로에 있었던 광화문전화국에 9급 공무원으로 발령받게 되었다. 새로 지은 깨끗한 청사 모습에 어깨가 으쓱해졌고 스팀 난방 시설에서 뿜어져 나오는 하얀 수증기조차 멋지게 느껴졌다. 어릴 적 꿈꾸던 시골 우체국장을 떠올리면 성공했다는 느낌이 들었으며, 그 무엇보다도 서울시민이 되었고 특히 공무원이 되어 사회에 진출했다는 긍지와 자부심도 컸다.

·· 대학 기숙사 앞에서

4. 꿈을 찾아가는 길

1) 다 함께 타고난 잠재능력

우리 모두는 무한한 잠재능력을 가지고 태어난다. 그러나 그 잠재능력을 얼마나 개발하느냐에 따라 생겨나는 차이는 엄청나다. 예를 들어 운전을 처음 배울 때 긴장 속에서 의식적으로 하나하나 동작을 익힌다. 그리고 차를 몰고 길거리에 나갔을 때 등에서는 땀이 흐르고 앞차의 번호판 같은 것은 아예 눈에 들어오지도 않는다. 하지만 숙달되고 나면 거의 반사적으로 운전하며 음악도 듣고 고속도로변의 아름다운 풍광도 즐기게 된다. 올림픽에서 나라를 빛내 준 축구선수, 유도선수, 복싱선수들의 손과 발은 반사적으로 움직인다. 짧은 순간에 판단하고 계산할 틈이 없다. 모두 다 새로운 능력이 더 생긴 것이다.

얼마 전 가야금의 명인 한 분을 만나 그토록 고고한 음률을 자아내는 섬섬옥수가 얼마나 예쁜가 보자며 만져 보았더니 손가락 끝의 굳은살이 믿기지 않을 정도였다. 판단하고 계산하지 않으며 거의 무의식적으로 행동할 수 있게 되기까지에는 잠재능력을 이끌어내는 남다른 노력의 과정을 거쳐야 하고 그 결과 일정한 경지를 넘어서면 달인이 되고 명인이 되는 것이다.

내 안에 있는 무진장한 금광

올리버 홈즈는 "가장 큰 비극은 인간자원의 낭비다."라고 하면서 사람들이 자기 안에 내장되어 있는 좋은 음악을 개발하지 않고 그냥 무덤으로 가기 때문에 이 세상에서 가장 아름다운 멜로디는 아직 한 번도 연주되지 못했다고 했다.

심리학자들도, 보통사람들의 경우 자신이 갖고 태어난 능력 중에서 단지 2~5% 정도만 사용할 뿐 나머지는 그대로 무덤 속에 묻혀 버린다고 한다. 이토록 버려지고 있는 내 안의 금광과도 같은 엄청난 매장량의 잠재능력을 찾아내어 사용해야 한다.

지금 내가 이루고 싶은 목표는 무엇인가? 훌륭한 정치인이나 사업가일 수도 있고 존경받는 학자나 명망 높은 예술가가 되는 것일 수도 있다. 어디를 향해 가든지, 무슨 일을 하든지 내 안에 가지고 있는 능력이 모자라는 경우는 없다. 쓰면 쓸수록 더욱 솟아나는 것이 능력이기 때문이다. 내 안의 숨겨진 잠재력이란 금광을 끊임없이 개발해 나아갈 때 꿈은 현실이 되고 창조적 도취라는 기쁨도 누릴 수 있게 된다.

그러나 많은 사람이 환경, 부모, 사회 등을 탓하며 어쩔 수가 없다고 주춤거린다. 그렇게 전진하지 못하고 있는 자신의 책임을 남에게 전가하고 자기 행동을 합리화하면서 스스로 위로를 받으며 살아가서는 안 된다.

오바마는 혼혈흑인으로 태어났고 부모가 두 번씩이나 이혼한 손실가정에서 자랐다. 문제 청소년이나 불량배가 될 수 있는 열악한 조건 속에서 자라났다. 그러나 그는 엄청난 악조건 속에서도 자기 속에 숨어 있던 금광을 캐냈다. 그리고 세계 최강국인 미국의 대통령이 두 번씩이나 되었다.

지금 자신이 처해 있는 환경이 그보다 더 열악한가를 생각해 보자. 런던 올림픽에서 최고의 신기술로 한국 체조사상 첫 금메달을 목에 건 양학선은 비닐하우스 속의 부모를 위해 하루 4만 원씩 받는 적은 훈련비를 모아 매월 80만 원씩 보낸 감동 스토리로 우리의 가슴을 적시었다.

그의 어려움이 금메달의 길을 막지 않았다. 현재 처하고 있는 어려움 때문에 주춤거리지 말고 내 안에 들어 있는 엄청난 매장량의 황금을 캐내는 일부터 시작해 보자.

잠재의식 속의 동기부여

우리 집은 부모님을 모시고 5형제와 누님, 조카 등 대가족이 한집에 살았다. 형제들은 인근에서 알아줄 정도로 우애가 좋았고 위계질서도 분명했다. 맏이인 기종(箕鍾)형님은 나보다 열다섯 살이 위였는데, 어린 나를 어깨 위에 목말을 태워 주거나 무릎에 앉혀 놓고 "고등고시에 합격하면 성공적인 사람이 된다."는 말을 자주 해 주었다.

··형제간의 망중한

맏형은 소년시절에 변호사 사무실에서 한동안 일했는데 그때 보았던 판사, 변호사 등 고등고시 합격자들에 대한 동경심을 어린 나에게 전이시켜 주며 동기를 부여해 주고 싶었던 것이다. 판사나 변호사가 되면 문 앞까지 새까만 자동차가 미끄러지듯 오고 비서가 문을 열어 주면 푹신한 자리에 앉아서 편하게 먼 거리를 갈 수 있다는 것이다.

식사 때에도 맛있는 요리는 물론이요, 술도 파란색, 빨간색 등 여러 가지를 마실 수 있다고 했다. 막걸리밖에 본 일이 없는 내게 색깔 있는 술은 환상적이었고 맛도 엄청 달고 좋을 것이란 생각에서 재미있게 이야기를 듣곤 했다. 신기하게만 느껴졌던 그 이야기가 은연중에 내 잠재의식 속에 저장이 되고 훗날 행정고시로 이어지는 밑그림이 되었다.

그 후에도 형님은 가업을 일으키는 데 주도적 역할을 했고 손아래 3형제의 학비를 감당하며 교육시킴으로써 모두 공직자의 길을 걸을 수 있게 해 주었다.

좋은 멘토를 만난다는 것은 바른길을 알려주는 GPS와도 같다. 인생이 가야 할 길을 헤매지 않고 올바로 갈 수 있도록 인도해 주는 멘토를 만나는 것은 축복이다. 어떤 스승, 어떤 선배를 만나느냐에 따라 인생의 방향이 달라지기도 하고 어떤 코치나 감독을 만나느냐에 따라 메달의 색깔이 달라지기도 한다. 나를 올바른 방향, 승리의 고지로 인도해 줄 멘토를 만나도록 노력해 보자.

2) 자신감과 돌파력

　성공과 실패는 자신감의 유무로 결정되는 경우가 많다. 장래에 대한 불안이나 일에 대한 두려움 등은 거의 자신감이 부족한 데서 온다. 다음은 인디언의 민화에 나오는 이야기다.

　어떤 농부가 독수리 알을 주워다가 알을 품고 있던 암탉의 품 안에 넣어 주었다. 함께 부화되어 나온 새끼 독수리는 다른 병아리들이 하는 짓을 그대로 따라하며 지냈다. 시간이 지나며 크게 자랐지만 독수리는 날아 보려고도 하지 않았고 날카로운 발톱을 써 보려고도 하지 않았다. 그냥 다른 닭들처럼 땅에서 먹이를 주워 먹고 발톱으로는 땅을 후비는 일에나 써먹고 살았다. 평생을 닭장에서 보낸 독수리는 어느 날 하늘을 높이 날고 있는 다른 독수리들을 바라보며 "아, 저렇게 멋진 새도 있구나!" 하고 부러워서 중얼거렸다.

　이처럼 아무리 우수한 가능성을 지니고 태어났다 하더라도 자신의 가치를 모르고 능력을 인정하지 않는다면 도전적인 의지가 생겨나지 않는다. 그런데 제법 많은 사람들이 자기 콤플렉스를 가지고 있다. 특별히 젊은이들 중에는 키가 작다든지 뚱뚱하다든지 하는 외모에 대한 콤플렉스도 제법 많다. 키가 작은 것이 문제라고 생각되면, 등소평이나 나폴레옹이나 박정희 대통령과 같은 사람들이 키 작은 것 때문에 최고 지도자에 오르는 데 장애를 받은 일이 있었던가를 생각해 보자. 그리고 머리가 둔하다고 3개월 만에 퇴학당한 에디슨이 발명품을 1,300가지나 만들어 낸 것을 무엇으로 설명할 수 있겠는가.

　뚱뚱한 사람이 실패하면 미련하게 보이지만 성공하면 믿음직하게 보이고 연약한 사람이 성공하면 지혜롭게 보이는 것이다. 외모가 문제가 아니라 성공이 먼저다. 성공을 원한다면 자신에 대한 믿음과 확신이 있어야 한다. 태권도장에서 벽돌 깨기를 할 때 확신을 가지고 자신 있게 내려치면 쉽게 격파되지만, 자신감이 없이 주춤거리며 내려치면 손만 다치기 쉽다.

할 수 있다고 확신하면 자신도 모르게 강한 힘이 솟구쳐서 어떤 문제든지 돌파해 낼 수 있게 된다. 따라서 자신감이 넘치는 사람에게는 일들이 수월하게 해결되고 때로는 초인적인 힘으로 난제를 뛰어넘는 경우도 많다.

3) 벗어나야 할 굴레들
마음속의 쓴 뿌리

인생을 살아가다 보면 누구나 마음속에 여러 가지의 쓴 뿌리들이 생겨난다. 중요한 시험이나 경쟁에서 실패하고 절망했던 기억들, 내 자존심이 상처를 입고 창피하게 느꼈던 사건들, 남에게 속아 바보짓을 했던 일 등은 모두 나의 마음속에 질긴 뿌리를 박고 활력을 떨어뜨린다. 그들 모두는 트라우마(Trauma)가 되어 마음속에 숨어 있다가 수시로 되살아 나와 괴롭히며 삶의 질을 떨어뜨린다.

더 큰 문제는 어둡고 아픈 과거의 기억들이 앞으로 가는 길을 방해하고 있다는 것이다. 그러므로 마음속의 쓴 뿌리들이 자신을 지배하도록 방치해서는 안 된다. 더 이상 발목이 잡히지 않도록 모두 뽑아 버려야 한다. 실패의 그림자가 마음 한구석에 자리 잡고 있는 한 새로운 목표와 계획을 세운다 할지라도 자신감을 약화시키고 결과에 부정적인 영향을 미친다. 그러므로 성공의 길을 향해 가려면 과거의 상처에서 빨리 벗어나야 한다.

토마스 칼라일이 프랑스 혁명에 관한 방대한 글을 탈고하고 나서 이웃에 사는 존 스튜어트 밀에게 보여 주었다. 그런데 며칠 뒤 그가 하얗게 질린 얼굴로 나타나서 "자기 집 하녀가 그 원고를 불쏘시개로 사용해 버렸다."고 하는 것이었다. 2년 동안의 노고가 허사가 되어 버린 그는 기가 막혔고 그 글을 또 다시 쓸 여력이 없었다. 그러던 어느 날 길을 가다가 한 석공이 길고 높은 벽을 한 층 한 층 쌓아 올리는 것을 보게 된 순간 칼라일은 용기를 얻어 글을 다시 쓰기로 마음먹고 자신과 약속했다.

'오늘 한 페이지를 꼭 써야지. 지난번에도 그렇게 한 페이지부터 쓰지 않았던가.' 그러고 나서 지난번보다도 더 좋은 글을 쓰기 위해 한 자 한 자 정성 들여 써 나갔다. 이렇게 해서 1837년, 드디어 그의 위대한 저서 『프랑스 혁명(The French Revolution)』이 세상에 탄생한 것이다.

유동성 선호설

대학 1학년 되던 해 초겨울쯤 '보통고시'라는 시험을 보러 갔다. 지금으로 말하면 7급 공채 시험에 해당되는 것이다. 그런데 경제학 시험문제에 딱 질려 버렸다. 경제학원론 정도만 읽고 간 나에게 '유동성 선호설을 논하라.'는 문제는 아예 손도 댈 수 없는 문제였다. 준비도 없이 시험장에 왔다는 것이 부끄러웠다. 그리고 수험장을 빠져나오는데 매우 춥고 창피하게 느껴졌다는 기억밖에 없다.

그런데 그것으로 문제가 끝난 것이 아니라 몇 년 후 행정고시를 보게 되었는데 필수과목에 경제학이 딱 버티고 있는 것이었다. 맹견한테 한 번 물린 사람은 비슷한 개만 보아도 오금이 저려오듯이 경제학이란 말만 들어도 싫고 어렵게 느껴지는 것이었다. 좋아하는 과목은 이해가 잘되고 진도도 빠르지만 싫어하는 과목은 어렵다는 선입견 때문에 피로감까지 더해 준다.

그 후 천신만고 끝에 행정고시에 합격하고 난 다음에도 경제학이 싫었고, 그토록 나를 고생시킨 생각을 하면 미워지기까지 하였다. 아니, 미운 것을 넘어서 원수를 갚고 싶었다. 그래서 누가 이기나 보자는 심산에서 경제학 공부를 다시 시작하였다. 그런데 이상한 것은 시험을 전제로 공부할 때에는 그렇게 어렵던 것이 부담 없는 상태에서 읽어 보니 훨씬 쉽고 진도도 잘 나갔다.

'인간의 심리라는 것이 참으로 묘한 것이구나.' 하면서 나처럼 경제학에 발목 잡힌 사람들을 돕고 싶다는 생각이 들었다. 그래서 요점 정리 수준의 소책자를 한 권 만들어 『알기 쉬운 경제』라 제목을 붙였다. 그리고 사무관 첫 발령지인 서울시 공무원 교육원에서 그 교재를 활용하여 경제학 강의를 함으로써 경제학과의 구원(舊怨)을 풀고 화해하게 되었다.

마음속의 짐은 내려놓아야 인생이 편하다. 무거운 짐일수록 가급적 더 빨리 내려놓는 것이 좋다. 미움, 분노, 두려움, 좌절 등이 마음속에 있으면 일의 능률이나 대인관계에도 나쁠 뿐만 아니라 삶의 질도 떨어진다. 회피하는 것도 방법이기는 하나 시간이 너무 오래 걸리고 완전히 소멸되지도 않는다. 제일 좋은 것은 적극적으로 부딪치는 것이다. 그러면 단기간에 결론이 날 뿐만 아니라, 긍정적으로 해결되면 오히려 창조적인 에너지로 반전될 수 있다.

·· 오직 목표를 향하여

가장 큰 승리, 용서

세상을 살다 보면 기쁘고 행복한 일도 많지만 때로는 가슴에 맺히는 서운함으로 용서할 수 없는 일들도 생기게 마련이다. 이름만 들어도 배신감에 분노가 치밀어 오르고 증오심으로 복수하고 싶은 대상이 마음속에 생길 수 있다.

가해자인 상대방을 향해 증오심을 불태운다 해도 해결되기는커녕 오히려 자신의 생활만 더 황폐해진다. 더구나 증오심으로 황폐해진 마음으로는 꿈을 향해 나아갈 수가 없다. 오로지 나의 영혼과 삶을 위해 분노의 수렁에서 빠져나와야 한다. 그러나 용서란 것이 말처럼 그렇게 쉽지가 않다. 결심이나 망각만으로는 해결되기 어렵다. 왜냐하면 상대방은 백 퍼센트 그르고 자신은 억울한 피해자라는 자기중심적 상황을 설정해 놓고 있기 때문에 용서가 되지 않는 것이다. 그러나 자신도 상황 발생의 당사자이며 원인 제공의 책임이 있다는 것을 객관화시켜 놓고 생각해 보면 용서에 한발 다가서기가 쉬워진다.

누구보다도 조국과 이웃을 사랑했던 손양원 목사의 용서 이야기는 너무나도 감동적이다. 1948년의 여수·순천 사건 때 좌익 단체 청년들이 중학생이던 손 목사의 두 아들을 살해했다. 반란 사건을 진압한 계엄군이 살해범을 체포하자 손양원 목사는 아들을 죽인 살인자를 용서하고 구명운동을 벌인 후 그를 양아들로 삼기까지 하였다.

이에 비하면 우리가 용서하지 못할 일은 없다. 용서야말로 나를 위한 베풂이요, 꿈을 향해 가는 길을 가로막고 있는 장애물을 제거하는 일이다.

4) 생각의 방향(Mental Infrastructure)

깨 버려야 할 고정관념

서커스장의 코끼리는 말뚝과 연결된 쇠사슬에 묶여 있다. 사실 말뚝은 코끼리의 힘으로 충분히 뽑아낼 수가 있는 것이다. 하지만 코끼리는 말뚝을 뽑아낼 생각을 하지 못한다. 그건 코끼리가 어린 시절, 힘이 약했을 때 뽑아 보려 했지만 끄떡도 하지 않았던 것을 기억하고 있기 때문이다. 다 자란 후에도 어릴 적의 생각에 얽매여 그 말뚝을 뽑을 수 없다고 믿기 때문에 시도조차 하지 않고 있는 것이다.

나는 학창 시절 내내 수학과목에 시달렸다. 초등학교에 입학하려고 학교에 갔을 때, 선생님이 국어 책을 펴놓고 읽어 보라고 하시기에 막힘없이 읽어내려 갔더니 곧바로 2학년에 입학시켜 주셨는데 산수가 문제였다. 예를 들어, 5+2=7이라는 것은 쉽게 이해했지만 12-5=7이라는 답은 낼 수 없었다. 왜냐하면, 두 자리 숫자 개념을 이해하지 못하였기 때문에 12는 1과 2를 합쳐 3인데 더 큰 수인 5를 뺄 수 없다고 생각했던 것이다. 그 이후로 산수는 어려운 과목이라는 고정관념이 생겼고 중·고등학생 시절까지 수학은 내게 어렵고도 괴로운 과목이 되었다.

이렇듯 어릴 때 생긴 고정관념은 평생 영향을 미치기가 쉽다. 에머슨은 말했다.

"오늘의 일은 오늘 해와 함께 그치게 하라. 내일은 새로운 하루가 시작된다. 마음을 일신하여 지난날의 악몽에 얽매여서 괴로워하지 않는 높은 정신을 가지고 새날을 맞이하라."

긍정적인 사고

인생을 성공으로 이끄는 열쇠의 하나는 적극적이고 긍정적인 사고를 갖는 것이다. 이 세상에 답이 없는 문제는 없다고 생각하며 발상의 전환을 하는 사람에게는 안 되는 일이 없다.

적선소(積善梳) 이야기는 언제 들어도 흥미롭다.

한 회사가 영업부 직원을 채용하기 위해 '나무로 만든 빗을 스님에게 팔아 오라'는 문제를 냈다. 그러자 대부분의 지원자들은 머리 깎은 스님에게 빗을 팔아 오라니 말도 안 되는 소리라며 포기했다.

그러나 세 사람은 끝까지 남아 판매 실적을 올렸고 방법 또한 각기 달랐다.

한 개를 판 사람은, 머리를 긁적이는 스님이 있기에 손보다는 빗으로 긁으면 시원하기도 하고 위생적이라 설득해서 팔았다고 대답하였다.

열 개를 판 사람은, 스님에게는 빗이 필요 없지만 여기까지 오는 동안 머리가 헝클어진 신도들을 위해 사찰 내의 여러 곳에 비치해 놓으면 단정한 모습으로 불공을 드릴 수 있어 좋지 않겠느냐며 설득했다고 했다.

끝으로 천 개나 판 사람이 있어서 그 비결을 물었더니, 깊은 산속 큰 절들만 찾아다니며 주지스님을 만나 판촉 활동을 했다고 설명했다.

"이 빗은 쓸수록 선이 쌓인다는 의미로 '적선소'라고 새겨 넣고 축복의 뜻으로 이곳까지 찾아오는 신자들에게 선물한다면 얼마나 고마워하겠습니까? 뿐만 아니라, 지금은 홍보 시대입니다. 빗을 세간에 홍보용으로 널리 보급한다면 포교에 크게 도움이 될 것입니다."

그 결과 아주 좋은 반응을 얻었다며, 앞으로는 천 개가 문제가 아니라 주문이 쇄도할 것이라고 대답했다 한다.

이처럼 같은 사안, 같은 문제를 놓고도 포기하는 사람과 해결하는 사람이 있고, 해결하는 사람도 접근 방법에 따라 성취도의 차이가 엄청난데, 그 차이는 바로 생각의 차이일 뿐이다. 이러한 생각의 차이는 자본이요 능력이다. 그래서 나는 이를 〈Mental Infrastructure〉라고 즐겨 말한다.

그렇다면 성공한 사람들은 왜 긍정적이며, 긍정적인 사람들은 왜 성공할까? 그들이 긍정적인 이유는 모든 사물의 장점을 보며 해결책을 찾아내고 적극적으로 행동함으로써 영육 간에 활력이 넘치기 때문이다. 자신의 머릿속에 들어 있는 생각의 방향이 미래를 결정한다는 사실을 믿고 '하면 된다'는 자신감으로 자기최면을 걸어 보라. 그러면 지금까지 속박당해 왔던 꿈과 희망이 되살아나고 용기와 정열이 솟아나게 될 것이다.

부정적 사고

부정적인 사고에 길들여져 있는 사람은 장미꽃을 보면서 가시를 생각하고 포도를 먹으면서도 씨앗이 있어 귀찮다고 불평한다. 이런 사람들은 모든 일에 해결책보다는 문제점 내지 불가능한 이유들을 조목조목 분석하면서 반대 논리를 전개한다. 그 논리 속에는 자기방어 내지 자기합리화가 숨어 있지만 남이 듣기에는 상당한 설득력을 가지고 있다. 그런 사람들의 논리를 자꾸 듣다 보면 자신도 모르게 닮아 가면서 진취적인 사고가 위축되고 창조의지가 약화되어 간다. 부정적 사고를 가진 사람들을 가까이하지 말아야 할 이유가 바로 여기에 있다.

간절한 소망이 있으면서도 부작용이 두려워서 도전하지 않는다면 항구에 머물러 있기만 하는 배와 다를 바 없다. 배는 풍랑과 싸우며 항해하기 위해 만들어진 것이다. 따라서 넓은 바다를 더 많이 누비는 배야말로 가치 있는 선박이다. 우리도 일을 하다 보면 생각지도 못했던 실수를 할 수도 있고 어려운 문제에 봉착할 수도 있다. 파도를 넘어가는 배처럼 어려운 문제들을 극복해 가면서 거두는 결실의 기쁨은 우리를 더욱 성장하게 만든다.

시민정신과 천년대종

사람의 생각이 인생을 바꾸듯이 한 국가의 시대정신이 나라의 운명을 결정한다. 16세기 식량문제도 해결하지 못하던 섬나라 영국을 빅토리아시대 '해가 지지 않는 나라'로 만든 것은 국민들 가슴에 도도히 흐르던 프로테스탄티즘(Protestantism)이었고 황량한 신대륙 미국 땅을 세계 최강국으로 만든 힘은 필그림파더(Pilgrim Fathers)들에 의한 프런티어(Frontier) 정신에서 시작되었다. 그리고 우리나라 근대화의 동력은 새마을 정신이었다.

당면한 지방자치시대에 지역의 미래를 결정하는 것도 하나로 단합된 시민정신일 수밖에 없다. 그래서 뉴 밀레니엄(New Millennium)을 앞두고 새천년을 맞이할 도민들에게 미래에 대한 희망과 자신감을 부여하고 개척적인 의지를 결집하는 계기로 만들 필요가 있었다.

우선 그 사업의 일환으로 도민의 기상과 염원을 담은 기념물로 천년대종을 만들기로 하였고 곧 전문가들로 위원회가 구성되고 제작업체가 선정되었다.

그러나 곧 이어 부정적인 목소리들이 나오기 시작했다.

"IMF 사태 속의 어려운 경제를 도외시한 전시행정이다."

"소요 사업비 14억 원은 차라리 실업자들에게 나누어 줘라."

이러한 주장들과 함께 시민 사회단체들은 연대하여 전면 재검토와 공청회를 요구하고 나섰다. 또한 지역 언론들은 그러한 반대 목소리에 초점을 맞추어 연일 강도 높은 비판 보도를 계속해서 쏟아냈다. 새천년을 향해 원대한 꿈을 키워 나가자는 일이 당면한 현실적 어려움으로 말미암아 제동이 걸리고 있었다.

　그러나 나는 그러한 부정적인 주장들에 무게를 두지 않고 초지일관 강도 높게 추진해 나갔다. 외적으로부터 병란을 막기 위해 만들어진 팔만대장경도, 천하의 명품 성덕대왕신종도 나라가 어렵거나 간절한 소망이 있을 때 만들어진 것이지 먹고 쓰고 남아서 만들어진 것은 하나도 없다. 어려울수록 도민들의 기상을 높이고 희망 속에 정체성을 확고하게 하는 일은 무엇보다도 중요하게 생각되었다. 그래서 새천년의 소망을 아무도 막아서는 안 된다며 강행했다.

　반대 속에서도 천년대종은 외형은 물론 종소리의 여운과 맥놀이, 기본 주파수까지 에밀레종과 쌍벽을 이룰 정도로 훌륭하게 주조되었고 직접 정성을 다해 다듬은 명문(銘文)도 새겨 넣었다.

　　축복의 땅 아름다운 충청북도여
　　희망의 천 년을 새로이 열며
　　여기 소망과 의지를 담아
　　천년대종을 세우나니
　　충북인의 높은 기상과 슬기 하나로 뭉쳐
　　세계의 중심으로 우뚝 서리라
　　장엄한 종소리 하늘 문을 열고
　　온 누리에 울려 퍼져
　　이 땅의 융성과 평화를 노래하라
　　도민의 복록이 세세 무궁토록 넘치게 하라

　무게 21톤의 천년대종은 21평 규모의 '천년각'에 안치되었고 결국 새천년 영시를 기해 스물 한 번의 타종으로 충북인의 21세기를 열었다. 그 이후

이 천년대종은 국경일을 비롯한 주요 계기마다 각계 인사들의 참여 속에 타종되면서 충북인의 긍지를 높이고 소망을 키워 가는 기념물로 잘 활용되고 있다.

5) 뚜렷한 목표

겨누지 않고 쏘면 백퍼센트 빗나가듯이 확실한 목표가 없으면 정처 없이 떠도는 나그네와 같다. 하늘을 나는 비행기도 바다를 항해하는 선박도 뚜렷한 목적지가 있기에 확실하게 운행되고 역할 또한 성공적이다. 그러므로 인생사에 있어 뚜렷한 목표는 성공의 기본이다. 목표를 설정하고 그것을 향해 행동이 개시되면 이미 목표가 이루어지기 시작한 것이다.

그러므로 확실한 목표를 세우고 중도에 포기하지만 않는다면 누구나 목표점에 도달할 수 있게 된다. 하지만 원하는 목표가 크고 값진 것일수록 극복해야 할 난제들이 생겨난다.

방해가 있어도 물러서면 안 된다

충청북도의 도청 소재지인 청주는 이미 통일신라시대 서원경(西原京)으로 승격한 유서 깊은 고장이다. 또한 구텐베르크보다 70여 년이나 먼저 세계 최초의 금속활자인 직지(直指)를 탄생시킨 긍지 높은 도시이지만 외빈들이 방문하면 편하게 머물 만한 호텔이 하나도 없었다. 그래서 멋진 호텔 하나를 건립하겠다는 목표를 세우고 유치활동을 벌였지만 적자운영을 이유로 아무도 투자해 줄 사람이 없었다.

그래서 지역출신 기업가인 송 회장을 상대로 애향심에 호소하여 천신만고 끝에 한수 이남에서 제일가는 호텔을 짓겠다는 약속을 받아내게 되었다.

이제 우리 지역에도 드디어 멋들어진 특급호텔이 들어서게 되었다는 기대 속에서 후속 조치가 착착 진행되었고 관광호텔 건립 사업 승인이 발표되었다.

예기치 못했던 방해

도지사가 큰일 했다고 칭송의 소리가 들릴 줄 알았다. 그런데 뜻밖에도 비난과 방해와 음해의 목소리들이 터져 나왔다. 그것은 전혀 예기치도 못한 어이없는 난관이었다. 호텔은 소비적이며 퇴폐적인 시설이라는 것이었다. 그리고 교육환경 저해시설이라며 인근 학교 법인에서는 허가 취소 소송까지 제기하였다. 뿐만 아니라 건립 업자에게 부당한 특혜를 주었다며 감사원에 투서까지 하면서 업자와 공무원간의 유착관계에 초점을 맞추어 말들을 만들어 냈다.

"땅 값만 100억이 올랐다더라."

"그러면 당연히 큰돈이 오갔겠지. 세상에 거저 해 줄 사람이 누가 있겠어?"

"도지사도 선거 또 치르려면 자금이 필요하지 않겠나? 그렇다면 한 30억 쯤은 받았겠지."

이와 같은 말들은 시간이 지날수록 더욱 거칠고 구체적으로 유포되고 있었다. 이토록 험한 말들이 떠돌자 공직사회마저 경직되면서 업무는 답보 상태에 빠지게 되었다.

사면초가

분위기가 이렇게 되자 고향의 발전을 위하여 모험투자를 약속했던 장본 인 또한 마음에 상처를 입고 "내가 왜 저들을 위하여 운명을 건 투자까지 해야 하느냐?"며 건립계획을 철회한다고 밝혔다.

'사면초가란 바로 이런 것인가?'

그렇다고 여기서 물러날 수가 없었다. 지구촌시대를 살아가려면 수준급 호텔 하나쯤은 반드시 필요한 시설이므로 잘못된 생각으로 지역의 미래를 가로막는 자들 때문에 목표를 포기할 수는 없었다.

'만일 여기서 포기한다면 저들이 만들어 낸 의혹이 사실처럼 보일 것이 다. 그러면 우리는 패배자가 되고 만다. 얼음을 깨며 앞으로 나아가는 쇄빙 선처럼 돌파해 나가자. 멋진 호텔을 지어 놓으면 언젠가는 훌륭한 일 했다 고 평가받을 날이 올 것이다.' 하며 투자자에게 설득 노력을 계속하였다.

자신에게 떳떳하면 두려울 것이 없다

특급호텔이 들어선다고 환영받을 줄 알았는데 도리어 어려움을 당하고 보니 어이가 없을 뿐만 아니라 배신감마저 느껴졌다. 지역의 경쟁력을 높 여 보자고 어렵게 성사시킨 일인데 왜 돌을 던지는가! 당장 접어 버리고 싶 은 충동이 일었다.

하지만 도정의 책임자로서 흔들려서는 안 되는 일이었다. 한발 물러서 생각해 보면 그들은 호텔의 기능이 무엇인지, 왜 필요한지를 몰라서 하는 일이었다. 지역사회의 의식수준을 이렇게 만든 것은 앞서 이끌어 온 지도자들의 책임도 있는 것이다.

모든 사업을 부정부패의 시각에서 보고 있는 것 또한 과거 공직사회가 저질러 온 허물에 원죄가 있다는 생각이 들었다. 그렇다면 이를 계기로 과거의 낡은 사고방식을 부숴 버리고 공직사회의 이미지를 새롭게 하기 위해서도 후퇴할 수는 없는 일이었다.

그들이 무어라 음해하고 방해해도 나 자신에게 떳떳하면 두려울 것이 없다. 어떤 일이 있어도 반드시 성사시켜야 되겠다는 오기가 생겨났고 멋진 호텔을 반드시 건립하고야 말겠다는 의지는 더 굳어졌다.

우뚝 선 특급호텔

소송을 비롯한 여러 가지 방해로 시간적으로 많이 지연되었지만 무궁화 다섯 개의 '라마다 플라자 청주호텔'이 드디어 문을 열었다. 호텔이 문을 열자 제일 먼저 기업가들이 신바람이 났다. 국내외 바이어들의 상담과 숙소로 활용되면서 경제활동에 활력을 더해 주고 있다. 또한 중국을 비롯한 대규모 외국 관광객의 유치로 지역의 홍보와 주민 소득에 큰 도움이 되고 있으며 각종 국제 행사장으로 널리 활용되고 있다. 그리고 전국 단위의 세미나, 학술대회, 각종 행사 등이 연이어 유치되면서 문화 활동 공간의 장소로 떠오르고 있으며 부대시설 등 활동 공간은 시민들의 생활에 새로운 변화를 일으켜 주고 있다.

호텔이 태어나는 과정에서는 힘들었지만 중부권 유일의 특 1급 호텔로서 지역의 위상까지 높여 주었고 호텔의 역할과 기능을 알고 난 사람들로부터 찬사가 들릴 때마다 당시 속상했던 기억들이 보람으로 되살아난다.

자신이 가야 할 길을 방해하는 부정적인 요소가 있다면 과감히 깨부수며 밀고 나가야 한다. 복싱선수가 경기 시작 전에는 긴장이 되지만 몇 대 얻어 맞으면 오히려 두려움도 없어지고 투지가 생겨나듯이 방해나 비난이 자극으로 변할 때 오히려 돌파력이 생겨난다.

2003년 1월 초 매우 춥던 날, 우여곡절 끝에 호텔 착공식을 마치자 방송 기자가 내게 소감을 물어왔다.

"세간의 억측처럼 내가 투자자와 뒷거래가 있었다면 이토록 자신 있게 밀어붙일 수 있었겠습니까? 자신에게 떳떳하면 소신대로 일할 수 있는 것입니다."라고 한 나의 말은 그대로 방송을 타고 나갔다. 그리고 '그들의 입 방아와 눈높이에 맞추었다면 특급호텔은 물거품이 되었겠지.' 하며 밀어붙이기를 잘했다는 생각이 들었다.

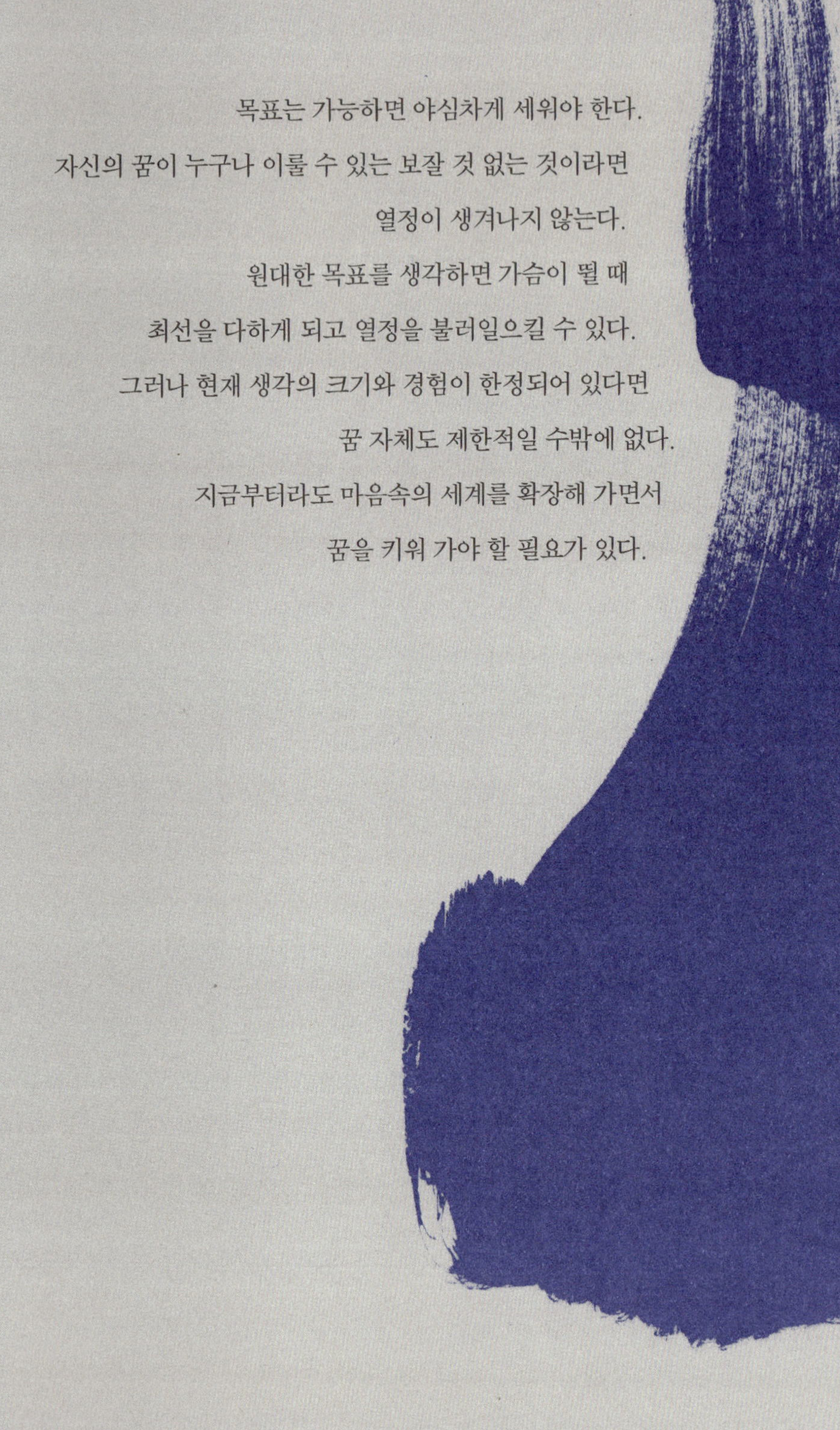

목표는 가능하면 야심차게 세워야 한다.
자신의 꿈이 누구나 이룰 수 있는 보잘 것 없는 것이라면
열정이 생겨나지 않는다.
원대한 목표를 생각하면 가슴이 뛸 때
최선을 다하게 되고 열정을 불러일으킬 수 있다.
그러나 현재 생각의 크기와 경험이 한정되어 있다면
꿈 자체도 제한적일 수밖에 없다.
지금부터라도 마음속의 세계를 확장해 가면서
꿈을 키워 가야 할 필요가 있다.

제 2 장

성공의 문

좋은 습관일수록 절제와 노력을 필요로 하며
본능의 요구에 맡기지 말아야 한다.
다시 말해, 목표로 가는 길에 방해가 되는 것을 끊고
올바른 습관을 기르는 것이 승리로 가는 길이다.

1. 성공이란 무엇인가?

1) 성공은 원하는 것을 이루는 것

성공의 사전적 의미는 "자신이 목적하는 바를 이루는 것"이라고 되어 있다. 얼마나 성공하였는가는 사회적인 지위나 명성, 재산 등 외형적인 잣대로 보는 경우도 많지만, 진정한 성공은 자신의 가치관과 바라는 바에 얼마나 근접해 갔느냐는 것이 더 중요하다는 말이다.

경제적인 성공이라면 빌 게이츠가 머리에 떠오르지만 미술에서는 고흐나 피카소를 따를 길이 없고 숭고한 사랑의 삶은 마더 테레사를 능가할 수 없다. 그러므로 성공이란 자신이 하고 싶어 하는 분야에서 목적하는 바를 이루며 남달리 특별해지는 것이다.

많은 사람은 성공해 있는 사람들을 보며 '그들은 아마도 특별한 사람들'일 것이라고 생각한다. 특별한 능력, 유리한 환경, 남다른 조건 속에서 성공했을 것이라며 부러워하게 된다. 그러나 그들이 남들보다 특별한 것은 단

한 가지, 지금의 성공을 위해 그만한 대가를 지불하였다는 것뿐이다. 그러므로 물건을 사려면 값을 치러야 하듯이 성공을 갖기 위해 그 대가를 지불해야 한다. 그러면 나 자신도 남들이 보기에 특별한 사람, 즉 성공한 사람이 되어 있을 것이다.

바라는 바가 각자 다른 사람들

정치인이 되고 싶은 사람, 거액의 돈을 모아 부자로 살고 싶은 사람, 세계적으로 이름난 예술가나 운동선수가 되고 싶은 사람 등 사람들의 소망은 매우 다양하다. 바라는 바가 어떤 것이든 자기가 구하는 것을 얻게 되는 것, 그것을 자기 것이 되게 하는 것, 그것이 바로 성공이다.

그런데 누가 성공하여 돈을 많이 벌었다면 그 다음 목표는 그것을 어떻게 쓸 것인가에 두어야 한다. 만일 그 돈을 남을 해치는 일이나 반사회적인 일에 쓰게 된다면 그것은 성공이 아니라 범죄가 된다. 그러나 가치 있는 일에 아름답게 쓰였을 때, 쓰고 나서 자기 마음에 기쁨과 평화가 느껴질 때, 그것이 진정한 행복이요 성공이다. 미국의 철학자요 시인인 에머슨(Ralph Waldo Emerson)은 '무엇이 성공인가'라는 시 말미에서 다음과 같이 말해주고 있다.

자기가 태어나기 전보다/세상을 조금이라도 살기 좋은 곳으로/만들어 놓고 떠나는 것/
자신이 한때 이곳에 살았음으로 해서/단 한사람의 인생이라도 행복해지는 것/이것이 진정한 성공이다.

그러므로 자신이 바라던 바를 이루었을 때, 즉 성공은 끝이 아니라 새로운 시작이다. 성공의 결과가 값지고 의미 있게 활용될 때에 진정한 성공은 완성되는 것이기 때문이다.

성공을 위해 대가를 지불하자. 그리고 그 성공의 열매를 값지게 활용한다면 누구나 남이 부러워하는 특별한 사람이 될 것이고 자신의 인생 또한 아름다운 성공의 삶이 될 것이다.

2) 성공의 길을 넓혀 주는 습관
두 가지의 습관

"생각을 바꾸면 행동이 바뀌고 행동을 바꾸면 습관이 바뀌고
습관이 바뀌면 인격이 바뀌고 인격이 바뀌면 운명이 바뀐다."

미국의 철학자인 윌리엄 제임스의 말이다.

사람은 생각이 명령하는 대로 행동하게 되고 같은 행동이 계속되면 습관이 된다. 걷는 모습, 동작, 말씨 등 외형적인 것에서부터 사고방식, 판단력, 가치관 등 보이지 않는 부분까지 습관을 통하여 각자 다른 모습으로 성장해 간다. 습관은 목표를 향해 달려가게 하는 포지티브(positive) 습관도 있지만 방해가 되는 네거티브(negative) 습관도 있다. 예를 들어, 게으름에 빠져 있든지 술이나 도박에 몰입하며 시간을 허비하는 습관 등은 성공으로 가는 길을 가로막는다. 이러한 나쁜 습관일수록 본능이 요구하는 편한 길이므로 쉽게 몸에 배게 되고 보통 노력으로는 빠져나올 수가 없다. 쉬운 예로 담배나 술을 끊기가 얼마나 어려운 것인가를 생각해 보면 된다.

그러나 좋은 습관일수록 절제와 노력을 필요로 하며 본능의 요구에 맡기지 말아야 한다. 다시 말해, 목표로 가는 길에 방해가 되는 것을 끊고 올

바른 습관을 기르는 것이 승리로 가는 길이다. 잠시라도 여유로운 시간이 있을 때 TV 앞에 앉는 사람과 책상 앞에 앉는 사람의 동작은 같지만 결과는 다른 것과 같다.

김유신의 말

『삼국유사』에 기록되어 있는 김유신과 천관녀의 사랑 이야기는 우리로 하여금 많은 것을 생각하게 한다.

어린 나이에도 화랑도를 이끌 정도로 뛰어난 지도력과 카리스마를 지닌 김유신은 천관녀와의 사랑에 깊이 빠져 있었다. 장차 국가 대업을 이루어 줄 인물로 믿고 있었던 어머니 만명부인의 눈물어린 호소를 듣고 김유신은 다시는 천관녀를 만나지 않겠노라고 다짐한다.

그런데 어느 날, 술 마시고 말 위에서 깜빡 졸고 있는 사이에 말은 습관적으로 천관녀의 집에 도착하였다. 버선발로 뛰어나와 반기는 여인 앞에서 김유신은 장검을 뽑아 애마의 목을 베어 버리고 발길을 돌린다. 사랑하는 여인과 삼국통일의 꿈 중에서 하나를 선택하는 결단의 순간이었다.

세월이 흐르고 꿈을 이룬 후 영웅의 가슴속에 아직도 남아 있는 아픔은 자기가 이루어 주지 못한 사랑 때문에 목숨을 버린 천관녀에 대한 애절한 생각이었다. 그리하여 폐허가 되어 버린 가련한 여인의 집터에 천관사(天官寺)라는 절을 짓고 왕생극락을 빌었다.

목표를 향한 습관은 희생을 필요로 한다. 하나를 얻으려면 다른 하나는 버려야 한다. 그러면 자신의 운명이 바뀌고 인생이 바뀐다.

두 마리의 개

손자가 할아버지에게 물었다.
"할아버지 마음속에는 무엇이 들어 있어요?"
"내 마음속에는 두 마리의 개가 있단다.
하나는 착한 개고 다른 하나는 나쁜 개야."
"그러면 그 둘이 싸우면 어느 개가 이겨요?"
"그건 내가 먹이를 많이 주는 쪽이 이기지."

성동구청장 시절에 몇 사람이 둘러앉아 담소를 하다가 나는 관내에 있는 한양대학교 행정대학원에 다니기로 얼떨결에 결정을 해 버렸다. 그저 적당히 해서 학위만 받으면 되겠지 하는 안이한 생각도 있었다. 그런데 막상 등록을 마치고 학기가 시작되니 이건 보통 일이 아니었다. 하루 종일 정신없이 일하다가 퇴근시간이 되면 피곤해서 쉬고 싶을 뿐만 아니라 공사 간의 모임 또한 만만치 않았기 때문이다. 괜한 짓 했다고 후회도 되고 중도에 그만둘까 갈등도 생겼다.

내 마음속에서 두 마리의 개가 으르렁거리며 세력다툼을 하고 있는 것이었다. 그러나 체면도 있고 이왕 시작한 것이니 얼마간은 버텨 보자고 인내하며 두 달이 지나갔다. 그런데 어느 정도 익숙해지자 이상하리만치 불편하다는 생각은 없어지고 오히려 자부심이 생겨났다. 수강 환경에 적응이 되자 괴로웠던 시간이 오히려 보람의 시간으로 바뀐 것이다. 결국 착한 개가 이긴 것이다. 그 결과 대학원 졸업식이 열리던 날 우등상도 받았고 학생 대표로 학위증도 받았다.

특별한 필요나 목표가 있어서 받은 학위도 아니었고 공직자인 내게 석

사학위가 별로 쓰일 일도 없어서 한동안 까맣게 잊어버리고 있었다. 그런데 십여 년이 지난 후 서울시장직에서도 물러나 백수 신세가 되어 있을 때 이상한 일이 벌어졌다. 뜻하지도 않았던 청주의 서원대학교 총장으로 가게 되었는데, 잊고 있었던 석사학위가 총장 자격을 뒷받침해 준 것이다. 먹이를 더 많이 준 착한 개로부터 예기치도 못했던 크나큰 보답을 받은 것이다.

인생의 운명이 바뀌는 것은 예측도 어려운 일이지만 작은 계기에 방향이 바뀌기도 한다. 얼떨결에 다녔던 대학원 덕분에 대학총장이 되고 다시 민선 도지사 8년으로 이어지는 놀라운 일이 벌어졌다.

만일 괴롭게 생각하고 중도에 포기했더라면 내 인생은 어느 쪽으로 흘러갔을지 알 길이 없다. 마치 작은 바위 하나에 대하의 물길이 바뀌듯이 인생의 행로도 보잘 것 없는 작은 일들이 영향을 미칠 때가 생겨난다. 힘이 좀 들더라도 생산적인 습관, 긍정적 습관을 일상화하면 언젠가는 그에 대한 보답을 받게 된다.

3) 평생의 동반자, 성공과 실패

합격과 불합격, 성공과 실패의 차이는 눈에 뜨이지 않을 정도로 근소하지만 그 결과의 차이는 엄청나다. 런던 올림픽 100m 달리기에서 9.64초의 기록으로 우승한 우사인 볼트는 세계인의 주목을 받은 화려한 승리자이지만 불과 0.1초의 차이로 2위를 차지한 요한 블레이크의 이름을 기억해 주는 사람은 별로 없다. 연습량이나 노력도 별 차이가 없었을 것이다. 그러나 간발의 차이로 그들에게 주어지는 영예나 보상의 차이는 비교되지 않을 정도로 엄청나다.

하지만 오랜 세월을 두고 보면 항상 실패만 하는 인생도 없고 언제나 승리만 하는 인생도 없다. 그리고 한 번의 승리가 인생을 끝까지 보장해 주는 것도 아니며, 한 번의 실패가 인생을 영원한 패배자로 만드는 것도 아니다. 그러므로 인생이란 성공과 실패가 시험이나 경기처럼 한두 번에 결정되는 것이 아니라 크고 작은 수많은 성공과 실패가 한데 어우러지며 일생 동안 이루어지는 연속된 작업이다.

예로부터 소년등과(少年登科)라는 말에는 축하의 뜻 뒤에 경계의 의미가 숨어 있다. 어린 나이에 급제하여 높은 자리에 오르는 것은 영광스러운 일이요 선망의 대상이다. 하지만 안도감은 발전을 저해하고 우월감과 오만함은 적을 만들게 되므로 어려움을 겪을 수 있다는 것이다. 그러므로 일단 성공했다 하더라도 자만하지 말고, 한 번 실패했다 하더라도 좌절해서는 안 된다. 삶 전체로 보아 승리 쪽에 더 무게가 실릴수록 더 성공한 인생이다. 그러기 위해서는 모든 문제를 만날 때마다 필요한 과정이라 생각하며 극복해 나가야 한다.

4) 시간을 잘 쓰면 이긴다

　탄생에서 죽음까지의 제한된 시간을 살아가는 것이 인생이므로 시간은 곧 생명이다. 그러므로 영원한 인생, 무한한 세월이라는 착각 속에서 벗어나야 한다.

　봄철에 꽃이 피면 여름에 열매를 키워야 하고 가을에 열매를 익히면 겨울을 위해 낙엽이 지듯이 우리 인생에도 거역할 수 없는 계절이 있다.

　평균 연령 80세 시대를 산다 해도 1/3은 먹고 자는 데 보내고 1/3은 어린 날과 노년기에 바쳐야 한다. 내가 활동할 수 있는 시간은 1/3인 23만여 시간에 불과하다. 이 시간을 어떻게 썼느냐에 따라 내 인생의 성패가 결정된다.

　어떤 일이나, 다른 사람을 위해 시간을 쓰는 것은 내 인생, 즉 내 생명의 일부를 주는 것이다. 지금 나는 소중한 나의 인생을 아무것에나 주고 있지는 않은가 살펴 볼 일이다.

　성공은 특별한 사람이 아니라 '무서운 집중력과 반복적 학습'으로 이룩된다는 것이다.

　신경과학자인 다니엘 레비틴(Daniel Levitin)은 "일만 시간만 노력하면 누구든지 뛰어난 명인, 제1인자, 세계적인 수준의 전문가가 된다."고 했다. 성공하는 사람들이 따로 정해져 있는 것이 아니다. 매직넘버 일만 시간을 돌파하는 사람들에게 주어지는 월계관이다. 화려한 성공을 꿈꾼다면 먼저 생활 주변의 잡다한 굴레에 갇혀 있는 내 영혼의 탈출이 필요하다. 그리고 내게 주어진 인생의 한 토막을 치열하게 살아야 한다.

　평소 남들과 똑같이 노력하고 남들과 똑같이 행동하면 당연히 남들과 똑같아질 수밖에 없다. 공부를 하는 학생이든지, 영업사원이든지, 회사의 간부급이든지 성공하려거든 남들보다 조금이라도 특별한 데가 있어야 한다. 남다른 노력과 자기성찰, 그리고 향기로운 주파수가 흘러나오는 인품 등을 위해 조금이라도 더 노력하는 사람에게 승리의 여신은 가까이 다가와 준다.

시간 쓰기의 선물

　시간을 나타내는 말엔 두 가지가 있다. 그리스어로 크로노스(kronos)는 누구에게나 공평하게 주어지는 '양적인 시간'이며 카이로스(Kairos)는 주어진 시간을 어떻게 썼느냐에 따라 달라지는 '질적인 시간'이다. 같은 시간을 살더라도 가치나 의미, 성취나 보람이 없이 버려지는 시간은 카이로스의 저울로 달면 무게가 없다는 것이다. 누구나 자기에게 주어진 시간에 따라 감당해야 할 몫이 따로 있지만 더욱 밀도 있게 시간의 무게를 더해 가면 그에 해당하는 선물도 받게 된다.

　9급 공무원으로 사회에 첫 발을 내디디며 기대에 부풀어 있었던 나는 주어지는 현실에 실망을 느낀 나머지 행정고시라는 고삐를 스스로 매어놓고 남다르게 시간을 써 보기로 작정했다. 고달픈 일이었지만 인생 전체로 보아 그리 긴 세월도 아니었다.

　4년간의 남다른 시간쓰기로 내게는 많은 혜택이 돌아왔다. 여덟 시간 근무에만 충실했던 동료들이 9급 공무원으로 안정되어 있을 때 나는 네 단계나 뛰어오른 행정사무관이 되었다. 그들이 사무관까지 승진하려면 족히 20년 이상이 걸린다. 그러니까 4년 투자로 20년을 번 셈이다.

　그 덕분에 나는 간부급 공직자로서 오랫동안 일할 수 있었고 그 가운데서도 구청장, 도지사, 서울시장 등 기관장으로도 26년을 봉직하였으니 4년의 투자효과 치고는 크나큰 혜택을 입었다. 다시 생각해 보아도 시간쓰기 작전은 잘한 일이었다고 생각된다.

2. 꿈을 향해 오르는 계단

1) 군사력보다 강한 목표

한 늙은 추장이 세 아들을 데리고 사냥에 나섰다. 추장 자리를 물려주기 위해 세 아들을 시험하기 위함이었다.

사냥터에 이르자 큰 나무 위에 독수리 한 마리가 앉아 있었다. 그것을 본 추장이 세 아들에게 물었다.

"저 앞에 무엇이 보이느냐?"

장남이 먼저 대답했다.

"파란 하늘과 나무가 보입니다."

다음에는 차남이 대답했다.

"큰 나무와 가지에 앉은 독수리가 보입니다."

끝으로 막내에게 물었다.

"그럼 너는 무엇이 보이느냐?"

"독수리의 두 날개와 그 사이의 가슴이 보입니다."

"그곳을 향해 쏘아라."

막내의 화살은 독수리의 가슴에 명중했고, 추장 자리는 막내에게로 돌아갔다. 그들이 이곳에 온 목적은 사냥을 하기 위함이었고 막내아들은 그 목적과 목표를 정확하게 보았던 것이다.

우리 인생도 마찬가지다. 목적과 목표가 분명하게 설정되어 있으면 미래가 분명하게 보인다. 간디가 막강한 군사력을 가진 대영제국과 대결하여 승리한 비결은 '반드시 이겨야 한다.'는 분명한 목표였다.

그는 승리를 이루고 난 후에 "목표의 힘은 군사력보다 강하고 정신력은 군사력보다 위대한 것이다."라고 말했다. 분명한 목표와 비전이 있을 때 비로소 투지를 불태우게 되고 결단력과 집중력을 쏟아붓게 된다. 그러므로 목표를 정하는 일이 그것을 달성하는 것 못지않게 중요한 일이다.

목표는 확실하고 구체적이어야 한다

목표가 막연하면 성취도가 떨어진다. 설사 목표가 있더라도 구체적인 실천계획이 없다면 목적지 없이 항해하는 배와 같다. 그러므로 자신이 이루고자 하는 목표를 확실하게 하고 이를 위한 장단기 계획과 함께 구체적인 시간계획까지 세우고 실천에 들어가야 한다.

바빠서 공부할 시간이 없다고 말하는 학생들을 종종 본다. 그들은 주된 목표에 관심을 두면서도 각종 모임이나 취미활동 등 잡다한 일에 시간을 많이 빼앗기고 있기 때문이다. 목표를 이루려면 다른 것은 뒤로 미루거나 버리는 용기가 필요하다. 그리고 원대한 꿈일수록 하루아침에 이루어지지 않는다. "천리 길도 한 걸음부터"라는 속담처럼 끈기와 인내로 목표를 향하여 줄기차게 전진해야 한다.

소년 시절 나의 꿈은 우체국장

초등학생 시절 나의 꿈은 면사무소 소재지에 있는 우체국장이 되는 것이었다. 시골에서는 보기 드문 빨간 자전거를 탄 집배원 아저씨를 보면서 그런 꿈을 키웠다.

어린 눈에도 우편물을 배달하는 집배원은 농부들처럼 폭양 아래에서 땀 흘리며 일하지 않아도 되고 자전거 위에서 시원한 바람을 일으키며 보리밭 사이를 빠르게 지나가는 것이 참 멋져 보였다.

우체국장은 그런 집배원보다 훨씬 높은 사람일 뿐만 아니라 힘든 농사일에서 벗어날 수 있는 탈출구로 보였기 때문이었다.

그때 내가 본 세상은 그게 전부였다.

··집배원 복장의 자전거 유세(2002)

2) 적자생존

여기에서 적자생존이란 '적는 자만이 살아남는다.'는 뜻이다. 미국의 한 대학에서 실시한 조사결과에 의하면, 상류층을 형성하고 있는 사람들은 거의가 자신의 구체적인 목표를 글로 옮겨 쓴 경험이 있다고 한다. 이로 볼 때 이 방법은 상당한 효과가 있음에 틀림없다.

나는 학기말이 되면 학생들에게 '십 년 후 성공한 자신의 모습을 상상하며 이를 글로 작성하여 제출'하도록 요구한다. 그리고 일정 기간이 지나면 결과를 확인해 보면서 버릴 것은 버리고 채울 것은 더 채워 나가도록 권고해 준다. 문서화하지 않으면 망각하기 쉽고 일관성 있는 행동으로 옮겨지기 어렵기 때문이다.

또 누군가로부터 좋은 말을 들었거나 책을 읽다가 멋진 부분이 있으면 이 또한 적어두면 좋다. 글이란 본래 써 나가는 동안에 머릿속에 이미지를 남기면서 영적 성장에 도움이 된다. 그리고 책상 앞에 좌우명을 써 붙여 놓고 수시로 바라다보는 것만으로도 자기암시, 자기최면의 효과를 거둘 수 있다.

나는 고등학생시절 책상 앞에 앉으면 머릿속이 산만해지고 집중이 되지 않을 때가 많았다. 그래서 정신일도 하사불성(精神一到 何事不成)이라 써 붙여놓고 수시로 바라다보았다.

추위를 이겨낸 싹은 강하다

체신학교 2년간의 과정을 마치고 9급 공무원이 되어 발령받은 곳은 광화문전화국이었다. 깨끗한 사무실에서 넥타이 매고 책상 앞에 앉아 일하는 모습을 상상했는데, 맡겨진 일은 뜻밖에도 공중전화에서 동전을 거두어 오는 일이었다. 청색 작업복을 입고 공중전화마다 돌아다녀야 하는 것이 영 마음에 내키지 않았고 혹시 아는 사람이라도 만날까 봐 신경이 쓰이기도 했지만 처음이니까 그렇겠지 하고 불만을 참으며 계속했다.

하지만 기약 없는 세월을 동전자루를 메고 계속 돌아다닐 것을 생각하니 참으로 막막했다. 이는 시골에서 농사짓는 것보다 나을 것이 없는 중노동이었고 그런 내 모습이 창피스럽기까지 했다. 어느 날인가 전화국에 돌아와 동전자루를 화장실 바닥에 내려놓고 거울을 들여다보았다. 땀에 흠뻑 젖은 얼굴, 흐트러진 머리, 축 처진 어깨, 그것은 내가 꿈꾸던 모습이 아니었다. 거울 속에 비친 내 얼굴 위로 농사일에 검게 탄 아버지의 얼굴이 겹쳐져 왔다. 우리 아들 서울 가서 출세했다며 자랑하시던 부모님의 모습을 상상하니 소름이 끼쳤다. 좌절인지 분노인지 모를 눈물이 흘렀다. 마음에 충격을 느끼며 나는 소리 질렀다.

"너 이놈! 청운의 꿈을 안고 서울 올 때 이루고 싶었던 모습이 바로 이것이었더냐?"

그렇다고 주어진 현실을 벗어날 수 있는 길은 보이지 않았다. 하지만 어떤 방법으로든 탈출구를 찾아내야 했다. 한동안 고민하던 끝에 비슷한 상황에 있는 체신학교 동기생 네 명이 모여 앞으로의 계획을 논의했다. 전문대학 졸업으로는 학력이 모자라니 4년제 정규대학까지 공부를 더 하자는 것이었다. 그때 우리는 모두 전화국이나 우체국에 근무 중이었으므로 야간에 공부할 수 있도록 성균관대학교 행정학과 3학년으로 편입하여 공부를 더 하기로 했다. 그런데 막상 학교를 다니며 생각해 보니 정규대학을 졸업

했다 하더라도 공무원으로서의 신분 상승에는 아무런 도움이 되지 않는 것이었다. 다시 고민에 빠진 우리는 야간대학을 다니면서 행정고시에 도전해 보자는 결심을 하기에 이르렀다.

행정고시! 그것만이 우리의 탈출구였고 목표가 되었다. 마음에 욕심이 생긴 우리는 낮에 근무하고 밤에 강의 듣고 주말을 이용해서 고시공부를 해야 하는 무리한 계획을 세웠다. 마치 유비, 관우, 장비가 도원결의하는 심정으로 우리 네 사람은 결의를 다졌다. 힘이 들었지만 확실하게 목표가 세워지자 그동안 직장 업무 이외에 시간을 빼앗겼던 잡다한 일들은 다 미루어 버리고 오로지 공부하는 일에만 몰두하게 되었다.

그 당시 중도에 포기하지 않고 끝까지 버틸 수 있었던 것은 야심찬 희망 때문이었다. 잡역부와 비슷한 일을 해야 하는 말단 공무원에서 4단계가 높아지는 사무관이 되겠다는 목표는 포기할 수 없는 가슴 벅찬 희망이었기 때문이다. 이에 더하여 네 사람의 친구가 동일한 목표를 향해 동행하면서 서로 의지하고 위로 받으며 용기를 잃지 않았던 것이 큰 힘이 되었다.

지금 생각해도 다행스러운 것은 직장에서 받은 실망감이 새로운 목표 설정의 계기가 되었다는 것이다. 만일 좌절하고 패배감을 느꼈을 때 소주나 마시고 넋두리하며 스트레스나 풀고 지나갔다면 내 인생의 전환점은 생기지 않았을 것이다.

좌절이나 패배감은 강한 에너지로 사람을 공격해 온다. 그냥 맞으면 치유하지 못할 상처를 입을 수도 있다. 그러나 빠르게 날아오는 공을 맞받아치면 홈런이 되듯이 대응을 잘하면 기회가 될 수 있으며, 성공은 나의 손을 들어 주게 된다.

3) 영혼 속의 신대륙

생각만 하는 사람

생각은 많은데 실천하지 않으면 희망의 노예가 되고 만다. 살아가노라면 부러운 사람들이 참 많다. 인기 있는 가수나 운동선수를 보면 그들처럼 되고 싶고 성공한 기업가를 보면 그 쪽도 매력이 있고 명망 있는 학자나 정치인을 보면 그 길을 가고 싶기도 하다. 하지만 막상 그 길을 가려고 생각해 보면 그들은 나와 다른 능력을 가지고 있는 것 같아 망설이게 된다. 이쪽저쪽을 기웃거리며 세월을 보내고 있다면 그것은 신기루와 같은 희망의 노예일 따름이다. 내 안에 들어 있는 나만의 강점을 끌어내어 목표를 향해 우주선을 쏘아 올리듯 발사해야 한다.

생각을 실현하는 사람

일단 목표를 정했으면 조건을 달거나 머뭇거리지 말아야 한다. 더위가 가면, 추위가 지나면, 당면한 문제부터 먼저 해결되면 등 전제조건을 다는 것은 그만큼 세월을 낭비하게 된다.『폰더 씨의 위대한 하루』가 주는 메시지 중의 하나는 목표를 정했으면 머뭇거리지 말라는 것이다. 헤어나기 어려운 곤경에 처해진 폰더(David Ponder) 씨가 교통사고를 내고 어둠의 블랙홀 속으로 의식이 빠져 들어가는 짧은 순간에 콜럼버스를 비롯한 역사적 인물들을 만나는 이야기들이다.

콜럼버스가 신대륙을 찾기 위해 항해에 오른 지 64일, 가도 가도 망망대해, 육지는 보이지 않고, 풍랑은 거세고, 한계에 도달한 선원들은 되돌아가기를 결정하고 선장에게 반기를 든다. 그러나 콜럼버스는 선원들을 향해 단호하게 말한다.

"우리가 가지고 있는 식량은 이제 열흘치도 남아 있지 않다. 멀리 떠나

온 길을 되돌아간다는 것은 확실한 죽음의 길일 뿐이다. 이제는 오직 앞으로 가는 길밖에 없다."

그리고 나서 오로지 목표를 향해 나아간 콜럼버스는 결국 신대륙에 도착하게 된다. 만일 선원들의 주장대로 포기하고 되돌아갔다면 그들은 바다 가운데에서 흔적도 없이 사라졌을 것이고 역사적인 신대륙 발견도 이루어지지 않았을 것이다.

목표를 이루기 위해서는 자신에게 무자비해야 한다. 우리의 인생길에는 크고 작은 수많은 어려움들이 동행한다. 그들이 걸림돌이 되고 방해가 되어 되돌아가거나 포기하고 싶을 때도 생겨난다. 그러나 망설임은 기적을 방해한다. 목표와 절실한 소원을 향해 자신을 던질 때 기적은 일어나는 법이다. 산타마리아 선상에서 콜럼버스는 폰더 씨에게 다음과 같이 말한다.

"당신은 뱃머리에서는 땅을 보지 못할 것이다. 하지만 내 눈동자를 들여다보면 땅을 볼 수 있을 것이다."

내 눈동자, 내 영혼 속의 신대륙을 찾으며 나의 모든 것을 바칠 때 어둡고 힘든 밤도 쉽게 지나가게 된다.

내 인생의 신대륙

네 명의 친구가 행정고시에 합격할 때까지는 오랜 시간이 걸렸고 우여곡절도 많았다. 낮에는 직장에서 일하고 밤에는 학교에서 강의 들으며 대부분의 시간을 보낸 우리에게 첫 번째 낙방은 자연스러운 일로 받아들여졌고 실망도 크지 않았다. 다만 1차 시험과목 중 영어가 매우 어려웠던 점에 대비하여 새벽의 한 시간을 영어학원에서 공부하고 출근해야 하는 어려운 짐이 하나 더 생겨났을 뿐이었다.

그런데 4학년 졸업을 앞둔 두 번째 낙방에서는 상황이 좀 달라졌다. 9급 말단 공무원에서 달라진 것 하나도 없이 대학생활을 마쳐야 하는 아쉬움도 있지만 주위 상황이 여간 부담스러운 것이 아니었다. 직장에서는 딴 데에 정신이 팔려 동료들과 어울리지도 않는다는 눈총을 피할 수가 없었고 웬만한 친구들이나 경쟁관계에 있는 동료들 사이에서 "네가 합격하면 내 손가락에 장을 지지겠다."며 빈정대는 소리가 들리기 시작했다.

고향에서 기대를 걸고 있는 부모 형제를 생각하면 이 또한 나 하나만의 일이 아니었다. 진퇴양난의 상황 속에서 갈등이 생겨나는 마음을 다잡기 위해 나는 어느 날의 일기에서 다음과 같이 기록했다.

"강해져야 한다. 밟히면 밟힐수록 강인하게 되살아나는 잡초를 닮자. 그리고 또다시 시작해보자. 나 자신과의 싸움에서 이기는 것만이 살아남는 길이다."

그리고 내가 고시 합격을 하면 장을 지지겠다며 빈정대는 너희의 손가락에 반드시 화상을 입히고 말겠다며 독한 마음을 품었다.

또다시 시간은 흘러 세 번째 시험 날짜가 발표되었다.

제일 큰 어려움은 시간의 부족이었다. 시험일이 임박하자 이제는 이판사판의 심정으로 직장에는 장기휴가를 신청해 놓고 공부에만 몰두하였다.

파김치가 된 몸으로 시험은 치렀지만 합격자 발표일이 되자 두려운 마음이 앞서서 혼자 결과를 보러 갈 수가 없었다. 그래서 시험을 같이 본 친구들이 함께 모여 중앙청 정문 옆 게시판 앞으로 갔다. 당시에는 인터넷도 없었고 신문도 여의치 않아 합격자 명단을 붙여놓은 현장에 가서 직접 확인하는 것이 제일 빠르고 확실하였다. 우리는 두근거리는 가슴으로 게시판에 다가서서 합격자 명단을 훑어보았다.

그러나 아무리 보아도 우리의 이름은 하나도 보이지 않았다.

눈이 내리려는지 잿빛으로 부옇게 흐려진 하늘도 우리 마음을 닮아 있었다. 우린 아무 말도 하지 않은 채 인왕산 바윗길을 함께 올랐다. 넓게 펼쳐진 시가지 위로 초겨울의 눈발이 내리기 시작했다. 흰 눈에 덮여 가는 수많은 집들이 시야에 들어왔지만 우리에겐 돌아갈 곳도 위로받을 곳도 없이 세상에서 격리된 아웃사이더들이 되어 있었다.

우리는 말없이 주머니에 넣고 간 소주병을 비워 가고 있었고 어느새 굵어진 눈발은 패잔병처럼 웅크리고 앉아 있는 우리의 머리와 어깨 위에 쌓이고 있었다.

얼마나 시간이 지났을까, 누군가 침묵을 깨고 입을 떼었다.

"이제 우리 어떻게 하지?"

그 순간 나는 빈병으로 바위를 내려치며 소리 질렀다.

"야, 인마! 어떻게 하긴 뭘 어떻게 해? 이 소주병처럼 깨부수는 거야. 술 처먹다 죽으면 욕 얻어먹지만 공부하다 죽으면 욕할 놈 없어! 넘어진 자리에서 다시 일어나 새로 뛰는 거야!"

우리는 그 이상 아무 말도 하지 않고 인왕산을 내려왔다.

세 번을 낙방하고 난 우리는 완전히 기가 죽어 있었다.

직장에서는 아예 마음이 딴 데 가 있는 비정상적인 공무원으로 치부하고

있었고 동기생이나 친구들은 가능성도 없는 일에 헛고생한다고 가련한 눈
으로 바라보고 있었다.

당시 내게 주어진 업무는 전화요금 고지서를 작성하고 수납 결과를 정리
하는 것이었는데 그 작업량이 만만치 않게 많았다. 그럴수록 책잡히지 않
기 위해서 하루 종일 옆도 돌아보지 않고 주어진 업무량을 완전히 마쳐 놓
은 후 여섯 시가 되면 무조건 퇴근해 공부방으로 돌아갔다. 그러나 인간은
원래 나약한 존재라서 때로는 의지가 흔들리기도 하고 좌절감에 빠질 때도
많았다. 그럴 때마다 우리는 서로 격려하고 위로하며 때로는 경쟁도 하면
서 길고도 긴 터널을 힘겹게 지나가고 있었다.

네 번째의 시험은 다음해인 1966년 한여름에 치르게 되었다. 시험 일자
가 예상보다 빨리 발표되자 불안해진 우리는 명륜동 산비탈에 있는 판잣집
동네의 방 한 칸을 얻어 함께 공부하며 시험에 대비하기로 했다. 그해 여름
엔 특별히 비도 많이 내리고 덥기도 했지만 이번이 마지막이라며 비장한 각
오로 공부에 몰두하다 보니 언제 지나갔는지 한 철이 금세 바뀌어 버렸다.

아직 더위가 기승을 부리던 8월 하순에 발표된 행정직 합격자 30명 속에
우리들의 이름이 드디어 함께 들어 있었다. 기쁨, 다행, 안도 등을 만끽해야
할 그 순간에 설명할 수 없는 허탈과 서러움이 밀려 왔다. 현기증을 느끼며
길가 화단 턱에 한참을 앉아 있어야 했다. 시험을 마치고 나자 62kg이던 내
몸무게는 50kg으로 줄어 있었고 친구들 또한 피골이 상접한 환자의 모습들
이 되어 있었다.

4년 전의 실망감은 내게 새로운 목표를 세우게 하였고 파도보다 무서운
절망과 싸우며 신대륙을 발견했던 콜럼버스처럼 결국 내게도 간부공무원

으로 살아갈 수 있는 새로운 지평이 열린 것이다. 당시 함께 합격한 친구들은 모두가 어려운 환경에서 자랐지만 소년 시절부터 역경을 이겨내는 능력이 몸에 밴 사람들이었다. 경기도 이천 출신인 최병호는 집이 가난해서 중학교 진학을 못 하게 되자 쌀자루를 훔쳐 메고 무작정 상경한 가출 소년이었다. 그는 갈 데가 마땅치 않자 어느 회사의 급사로 취업해 사무실에서 새우잠을 자며 야간중학교와 고등학교를 마쳤다. 그는 경기도 관내 여러 곳의 시장, 군수를 거쳐 경기도 행정부지사로 공직생활을 성공적으로 마친 후 이천 도자기엑스포 사무총장으로 봉사하기도 했다.

그리고 울산 출신의 이채권은 편부(偏父) 밑에서 자랐지만 성실과 끈기가 몸에 배어 있었고 어떤 어려움에도 물러서지 않는 외유내강의 인물이었다. 그는 공무원 생활을 하다 실업계로 진출해서 특수금속 분야에 일가를 이루고 존경받는 장로로 아름다운 생을 살아가고 있다.

부산시 도시계획국장을 역임한 강영수는 편모(偏母) 밑에서 중·고등학교 시절 '아이스케이크'를 팔며 학비를 벌어야 했다. 그는 가지고 나왔던 것을 다 팔고 빈 통을 메고 어두워진 거리를 돌아갈 때에도 "아이스케이크!" 하고 소리를 외치며 갔다고 했다. 그래야 허기진 배고픔을 잊을 수 있었다고 회고했다.

지금 돌이켜보니 도움을 주신 분들의 은혜를 그동안 잊고 있었음에 미안한 생각이 든다. 내가 힘들어할 때 옆에서 격려해 주고 협조해 준 직장 상사와 동료들이 아니었더라면 지속적인 고시공부가 어려웠을 것이다. 또한 전화국에 첫 발령을 받았을 때 공중전화의 동전을 거두어 오는 작업을 시켜 나를 실망시킨 분이 없었더라면 나는 행정고시에 뜻을 두지 못했을 것이다. 지금 다시 생각해 보니 그분 또한 내게는 은인이 아닐 수 없다.

어떤 시험이든지 합격자와 불합격자의 점수는 크게 차이가 나지 않는다. 수험생 점수의 대부분이 커트라인 선상에 몰려 있기 때문이다. 가느다란 선 하나를 두고 성공과 실패가 결정되고 인생의 진로와 운명이 바뀐다. 그러나 시간이 지날수록 결과는 점점 더 큰 차이를 가져온다.

작은 차이 1%가 중요하다. 100%를 이겨야 할 필요도 없고 또 그렇게 져줄 사람도 없다.

그러므로 자신의 1%를 위해 독해져야 한다.

·· 행시합격 네 명의 동기생

행운이 알아서 찾아와 주는 일은 없다.

본인 스스로 행운을 향해 방향을 잡고 길을 떠나야 한다.

그것이 곧 꿈이요, 꿈을 향해 달려가는 목표는

인생의 설계도가 된다.

3. 성공한 내 모습

1) 생각의 힘

생각에 따라 이 세상은 천국도 되고 지옥도 된다. 희망도 되고 절망도 되며, 고통이 되기도 하고 즐거움이 되기도 한다. 법구경의 쌍요품(雙要品)에 다음과 같은 게송(偈頌)이 있다.

"마음은 모든 법의 근본이 되어(心爲法本)
마음이 주인이 되고 마음이 지배한다(心尊心使)
좋은 생각을 마음에 품은 채 말하고 행동하면(中心念善 卽言卽行)
복과 즐거움이 그가 지은 대로 쫓아온다(福樂自追)
그림자가 형체를 쫓아가듯이(如影隨形)"

결국 모든 것은 마음이 근본이며 나를 다스리는 주인이라 하여 나의 운명을 결정하는 주인이 바로 마음이라는 것이다. 의사가 밀가루를 주어도 좋은 약이라고 믿고 먹은 환자는 병이 낫는다는 위약효과(placebo effect) 이야기는 널리 알려져 있지만 인간의 생각이 물리적 세계에 실제로 영향을 미친다는 것을 실험을 통하여 증명한 이론도 있다.

인간에게는 공간적인 세계와 시간적인 세계가 있다. 공간적인 현실 세계는 제한적일 수밖에 없지만 희망을 향해 가는 상상의 세계는 아무런 제한이 없다. 작게 생각하면 작은 인생이요 큰 꿈을 품으면 큰 세계가 내 안에 있다. 내 가슴에 품고 있는 미래 세계를 바라보며 성공한 자신의 모습을 머릿속에 그리는 것은 에너지를 솟아나게 해 줄 뿐만 아니라 자기암시가 만들어내는 열망은 초능력으로 나타날 수 있다.

성공한 사람들을 보면 처음부터 유리한 조건에서 경쟁하여 이긴 것이 아니다. 춥고 척박한 땅 몽골의 가난한 유목민의 아들로 태어난 칭기즈칸은 아홉 살에 아버지를 잃고 마을에서 쫓겨났다. 그림자 말고는 친구도 없었고 들쥐를 잡아먹으며 연명했다고 했다. 하지만 그는 황량한 초원을 넘어 세계적인 대제국의 황제가 되었다. 불과 십만밖에 안 되는 적은 병사를 이끌고 중국과 중앙아시아, 동유럽 일대까지 정복함으로써 인류 역사상 가장 넓은 영토를 지닌 몽골제국을 이루었다. 그가 정복한 땅은 알렉산더와 나폴레옹 그리고 히틀러의 정복지를 합한 것보다도 더 넓었다. 그는 "적은 밖에 있는 것이 아니라 내 안에 있었다. 나를 극복하는 순간 나는 태무진에서 칭기즈칸이 되었다."고 말했다.

지금 마음속에 품고 있는 자신의 꿈은 무엇인가? 꿈을 향해 가는 길엔 여러 가지 어렵고 힘든 일들이 필연적으로 생겨난다. 그러나 갈 길을 방해

하는 거추장스러운 것들은 모조리 쓸어버리고 설레는 마음으로 자신의 성
공한 모습을 상상하며 앞으로 나아가 보자. 자신이 황제가 될 제국이 기다
리고 있지 않은가?

2) 성공한 내 모습을 상상하라

워렌 버핏은 "진정한 성공이 무엇이냐"고 묻는 대학생의 질문에 "가까운
사람들로부터 사랑받는 것"이라고 말했다. 먼저 가까운 사람들로부터 사
랑받을 수 있어야 많은 사람들로부터 사랑받을 수 있다. 나 하나의 인생도
제대로 가누지 못해 가까운 사람들로부터 사랑받을 수 없다면 어느 누가
나를 사랑해 주겠는가.

더 많은 사람들로부터 사랑 받으려면 일단 성공해야 한다. 성공하면 그
만큼 능력이 더 생긴다. 그 능력으로 이 세상을 조금이라도 더 살기 좋은
곳으로 만들 수 있고 한 사람이라도 더 행복하게 할 수 있는 힘을 갖게 된
다. 그러면 사람들은 나를 향해 사랑과 존경 그리고 명예까지 준다. 그것이
꿈을 이루는 것이고 자아완성이며 참된 성공의 길이다. 그러한 자신의 모
습을 상상해 보면 가슴이 뛸 것이다.

이처럼 머릿속에 그려지는 상상의 꿈은 인생의 설계도가 되어 현실로
이루어진다. 지금 자신이 꿈꾸는 멋진 목표의 관문을 돌파했을 때를 상상
해 보자. 우선 부모님이 기뻐하시는 모습, 친구들이 부러워하는 모습, 모교
에는 내 이름이 적힌 플래카드가 내걸리고 콧대 높던 여학생도 달라진 마
음으로 나를 대해 줄 것이다. 이렇게 좋은 것을 내가 차지해야지 어찌 남에
게 줄 수 있겠는가?

힘이 솟게 하는 상상 속의 내 모습

내가 행정고시를 준비하는 동안 가장 힘들었던 것은 시간 부족과 공부할 장소가 마땅치 않은 것이었다. 세 들어 살던 방은 주인집 안방과 5m도 떨어져 있지 않아서 사람들의 대화 소리는 물론이요, 계속해서 켜 놓는 라디오 소리에 도저히 정신집중이 되지 않았다. 그렇다고 지금처럼 공공시설이나 독서실이 있는 것도 아니었다. 오직 할 수 있었던 방법은 일요일 새벽 동트기 전에 명동에 있었던 국립도서관에 나가서 번호표를 미리 받아 두었다가 아홉 시가 되어 문을 열면 그때 입장하여 오후 문 닫을 때까지 공부할 수 있었다. 그곳은 난로를 피워 주기 때문에 따뜻할 뿐만 아니라 조용한 분위기여서 공부에 몰두할 수 있어 좋았다. 하루 종일 책과 씨름한다는 것이 무척 고달픈 일이었지만 그래도 힘든 줄을 모르고 이겨낼 수 있었던 것은 희망이 있기 때문이었다. 미래에 이루어질 희망을 꿈꾸며 성공했을 때를 상상해 보면 뒤로 물러설 수가 없는 것이었다.

그 당시 행정고시 합격자는 바로 군수에 임명되기도 했었다.

‘고향의 군수!’ 이건 천지개벽이다. 만일 고향의 군수로 부임하게 된다면 부모 형제의 기쁨은 물론이요, 친구를 비롯한 주위 사람들이 부러워할 모습을 상상해 본다. 이몽룡이 과거에 급제하여 암행어사의 신분으로 춘향이 앞에 서는 모습과 다를 바가 없다.

이렇게 멋진 것을 상상하면 후퇴란 있을 수가 없었고 희망이 달성되었을 때의 모습을 머릿속에 그리면 피로한 것이 아니라 오히려 힘이 솟아나는 것이었다.

그래도 하루 종일 공부에 몰두하다가 땅거미가 질 무렵 도서관을 나서면 다리가 후들후들 떨려 왔다. 그때 쌍쌍이 되어 주말을 즐기며 등산을 갔다 오는 같은 또래의 커플들을 거리에서 마주치면 몹시 부러웠다. 그럴 때면 나는 속으로 외쳤다.

'너희는 소중한 오늘 하루를 소비해 버렸다. 하지만 너희가 즐기고 오는 동안 나는 내일을 위한 성을 쌓았다. 어디 두고 보자. 너희는 지금 나한테 지고 있는 것이야!'

그러면서 나는 애써 자존감을 키우며 스스로를 위로하고 격려했다.

자그마한 물고기를 낚는 데에도 미끼가 필요하고 목을 축일 음료 한 잔에도 대가를 지불해야 한다. 더구나 자신의 운명을 좌우할 희망을 낚으려면 자신을 미끼로 던져야 한다. 그리고 '나는 보통사람으로 살아갈 사람이 아니다.'라는 자존감으로 성공한 자신의 모습을 상상하면서 자기최면을 걸어 보자. 그러면 언젠가는 상상하던 자신의 모습이 현실로 다가와 있는 것을 발견하게 될 것이다.

3) 으뜸이 되려면 종이 되라

경쟁사회와 서번트 리더십(Servant Leadership)

다양화 사회, 글로벌 시대를 살아가야 하는 현 세대는 치열한 경쟁의 과정을 거치지 않으면 안 된다. 입학시험, 취직시험 등에서 우선 남을 이기고 올라서야 살아남는 사회가 되어 버렸다. 그리고 사람을 대하는 시간보다도 컴퓨터나 스마트폰 같은 기계를 상대하는 시간이 많아지게 되었다.

교육도 도리 없이 점수교육, 경쟁교육, 이겨야 살아남는 교육을 오랫동안 해왔다. 인성교육은 뒤로 밀려난 채 젊은 영혼들에게 진정한 삶의 의미와 가치관을 가르치지 못했다. 그 결과 삶의 중심은 자신이 되고 남에 대한 배려에 앞서 경쟁의 대상으로만 보게 되었다.

그러나 21세기를 이끄는 경영철학은 서번트 리더십이다. 미국의 경제전문지『포춘』에 의하면 미국의 100대 기업 중 상당수가 서번트 리더십을 경영이념으로 하고 있다고 한다.

미국의 경영연구가 로버트 그린리프(Robert K. Greenleaf)에 따르면 지시하고 통제하는 지도자이기 이전에 타인에 대한 배려와 섬김의 리더십을 발휘할 때에 부하들로부터 존경받는 훌륭한 지도자가 될 수 있다는 것이다.

그리고 서번트 리더의 특성적 요소로 ①경청하는 자세, ②공감대 형성, ③부하들의 고통 치유, ④분명한 인식과 대안, ⑤설득에 의한 동반, ⑥폭넓은 사고와 비전 제시, ⑦미래 예측, ⑧청지기 정신, ⑨부하들의 능력 개발, ⑩조직원들의 공동체 형성 등 10가지를 들고 있다.

직위 고하를 막론하고 남을 배려할 줄 알고 겸손과 섬김의 자세로 일한다면 직장 내에서 그는 단연 돋보이는 인물이 되고 빠른 시간 내에 모든 사

람으로부터 귀한 존재로 인정받게 될 것이다. 그러므로 "누구든지 크고자
하는 자는 먼저 섬기는 자가 되고 으뜸이 되고자 하는 자는 종이 되어야 한
다."라는 성경말씀을 가슴속에 새기고 살아간다면 틀림없이 성공한 리더
가 될 것이다.

세 사람이 길을 가면 그 중에는 스승이 있다

불치하문(不恥下問)이란 말이 있다. 이것은 손아랫사람이거나 지위나 학식이 자기만 못한 사람에게도 모르는 것을 묻는 일을 부끄러워하지 말라는 뜻이다. 아무리 지위가 높고 박식한 사람이라 할지라도 어찌 세상사를 모두 다 알 수 있겠는가?

나는 사무관이 되어 희망하던 대로 서울특별시의 공무원으로 발령을 받았다. 내가 서울시를 선택했던 것은 단순하고도 감성적인 면이 크게 작용하였다.

서울이란 곳은 어릴 때부터 동경의 대상이었고 근무지를 옮겨도 서울을 벗어날 일이 없으므로 주거의 안정에 도움이 된다는 장점 외에도 접근하기도 어려웠던 거대 도시에 대한 일종의 저항감 내지 보상심리가 작용하였다.

첫 발령지인 공무원교육원에서 교관요원으로 강의를 하다가 얼마 되지 않아 본청 행정과의 시정연구계장으로 전보되었다. 행정과는 서울시 산하 전 구청을 지원하고 지도 감독하는 주요한 부서였으므로 직원들 또한 유능한 사람들로 발탁되어 온 곳이었다. 내 밑에 배치되어 있는 직원들은 모두 여섯 명이었는데, 지난날 서기보였던 나보다도 훨씬 높은 주사 또는 주사보들이었다. 연령도 열 살 이상이나 많을 뿐 아니라 실무에도 통달한 분들이어서 나를 선뜻 상사로 받아들이기가 거북했을 것이고 신뢰감도 생겨나지 않았을 것이다.

당시 내게 주어진 업무는 민원업무를 중심으로 불합리한 제도를 고치는 시정개혁 업무였다. 그러나 난감한 것은 업무의 내용조차도 몰랐고 무엇을 어떻게 해야 할지 방향을 잡을 수도 없었다. 그때 여섯 명의 직원들이 나를 바라보는 시선은 '저 새파란 애송이가 무엇을 어떻게 하는지 두고 보자'는 것처럼 느껴지면서 마치 시험대에 올라선 기분이었다.

고민하던 중에 "불치하문"이란 말과 함께 "세 사람이 함께 길을 가면 그 중에는 반드시 나의 스승이 있다."고 한 공자의 말씀이 떠올랐다. 그래서 나는 직급이 높다고 윗사람 티를 내지 않고 직원들에게 모르는 부분은 일일이 묻고 배우는 자세로 접근해 들어갔다. 그러자 그들도 마음 문을 열고 나를 따뜻이 대해 주며 친절하게 가르쳐 주었다. 하나씩 하나씩 배워 가는 동안 그들은 나를 깨우쳐 주었다는 자부심과 보람을 느끼면서 인간적으로도 마음이 통하게 되었다. 그 덕분에 실무도 빠른 속도로 파악할 수 있었고 시간이 지나자 업무의 방향도 주도할 수 있는 안목이 생겨나게 되었다.

당시에 '불도저'라는 애칭으로 불리던 김현옥 시장은 서울시를 대대적으로 바꾸어 가고 있었는데, 박정희 대통령도 그에게 상당한 힘을 실어 주고 있었다.

만일 내가 업무 내용을 속속들이 알 정도로 경험이 많았더라면 고객 입장에서 객관적으로 판단할 수 있는 안목에 오히려 장애가 되었을 것이다. 그러나 업무의 흐름과 문제점들을 중점적으로 파악한 후 시민들의 입장에서 객관적인 판단을 할 수 있었기 때문에 각종 민원업무의 제도 개선부터 부패 요인의 차단 등 많은 일을 과감하게 추진할 수가 있었다.

예상보다 빠른 속도로 시정 쇄신작업이 성과를 올리자 언론에서도 시리즈로 보도해 주었고 시민들의 반응도 매우 좋았다. 덕분에 나는 시간이 지나면서 동료들로부터 윗분들에게까지 빠르게 인정받기 시작했고, 그렇게 몇 년이 지나자 '굴러온 돌'로 취급받던 나는 당시 폐쇄적이었던 시청공무원 사회에서 '젊은 일꾼'으로 이미지를 바꾸어 가게 되었다.

그 이후 서울시 행정의 핵심 부서인 행정과·예산과·기획과 등을 거치면서 실무 능력을 키웠고 내무·교통·주택·보건사회국장을 역임하며 도시 관리의 경험도 쌓았다. 또 용산구를 시작으로 성동·강동·성북·동대문구 등 5개 구청장을 지내오면서 국제도시 서울을 가꾸고 달동네 도시 영세민을 돌보는 현장 행정까지 익힐 수 있었다.

내가 공직생활을 시작한 1960년대는 정치·경제 등 모든 분야에서 격변의 시기였다. 당시 우리나라의 1인당 국민소득은 80달러로 240달러인 북한의 3분의 1밖에 되지 않았다. 그러나 개발연대를 거치며 이를 반전시킬 수 있었던 중심 선도세력이 공무원들이었다는 점에서 보람도 컸고 행운이기도 하였다.

처음 상경했을 때 서울은 내게 근접하기조차 어려운 경외(敬畏)의 도시였다. 남산 위에 올라 드넓은 시가지를 내려다보며 저 수많은 집들 가운데 발 뻗고 누울 수 있는 방 한 칸만이라도 있었으면 원이 없겠다고 절규했던 절망의 도시이기도 했다. 그러나 세월이 흐르면서 시골보다도 더 어렵게 사는 수많은 영세민들에게 연민의 정을 느끼게 되었고 옮겨 가는 임지마다 많은 사람들과 인간적인 정을 나누고 잊지 못할 추억들도 만들어졌다. 더욱 보람을 느끼는 것은 대한민국의 수도 서울 곳곳에 나의 손길이 미치게 되었다는 점이었다. 그러면서 나는 6백 년 도읍지인 서울이 자랑스러워졌고 그 속에 사는 사람들도 모두 소중하게 느껴졌다.

무슨 일이든지 하루아침에 이루어지는 것은 없다. 그늘을 드리워 주는 마을 앞의 정자나무도 작은 씨앗에서 움터서 비바람, 눈보라 거치며 자랐듯이 인재 또한 오랜 세월 동안 우여곡절을 거치며 성장하는 것이다. 더 크게 더 아름답게 자라려면 오늘의 작은 이해관계에 얽매이지 말고 더 넓은 안목에서 상대방을 섬기고 배려하면 그 열매가 자라 자신에게로 돌아온다. 진실하게 맺어진 인적 네트워크는 자신을 성공의 길로 밀어 준다.

명장 목수는 못생긴 나무라도 쉽게 버리지 않는다. 어딘가에는 쓸모가 있기 때문이다. 우리 주변의 사람도 마찬가지다. 배려와 존중으로 맺어진 좋은 인간관계가 많을수록 자신이 앞을 향해 가는 길에 도움이 되어준다.

·· 서울 건설의 현장

좋은 멘토를 만난다는 것은

바른길을 알려주는 GPS와도 같다.

인생이 가야 할 길을 헤매지 않고 올바로 갈 수 있도록

인도해 주는 멘토를 만나는 것은 축복이다.

4. 성공과 실패의 함수관계

1) 실패 위에 서 있는 사람들

성공한 자들을 보라. 그들은 모두 실패 위에 서 있는 사람들이다. 각계의 명사들, 은막의 스타, 백만장자들의 공통점은 모두 수없이 실패한 사람들이다. 다만 성공하기까지의 과정은 생략되고 결과만 밖으로 알려지기 때문에 그들은 성공의 운만을 타고난 사람처럼 보일 뿐이다.

링컨도 대통령이 되기까지 두 번의 사업 실패와 상·하원 선거에서 일곱 번이나 낙선의 고배를 마셨고 맥도날드 창업자 레이크 록은 그의 자서전에서, "어느 날 아침 일어나 보니 성공한 사람이 되어 있었다. 그러나 30년이란 긴 밤을 지나야 했다."고 술회하고 있다. 고난이나 실패가 두려워 비켜가면 승리의 월계관은 주어지지 않는다. 실패는 성공으로 오르는 계단이기 때문이다.

2) 인생사란 문제풀이의 연속

시장 자리에서 물러난 다음해 여름, 와이키키 해변 노천카페에서 한가로이 밤바다를 바라다보며 칵테일을 즐기고 있었다. 밭이랑같이 겹겹이 밀려오는 파도가 휘황한 달빛 아래 흰 포말을 일으키며 밀려왔다가 모래밭 속으로 스며드는 모습을 망연히 바라보고 있었다. 일행 중 한 사람이 말 한 마디를 불쑥 던졌다.

"아니, 저 파도는 언제나 그칠 거야?"

누군가가 대답했다.

"이 사람아, 저 파도가 끝나면 모든 것이 다 끝나는 거야."

그렇다. 인간이 생명체인 것처럼 지구도 생명체와 같다. 지구가 존재하는 동안 파도가 그칠 날 없듯이 인생도 살아가는 동안 크고 작은 문제들이 그칠 날이 없다. 그러므로 인생이란 파도처럼 밀려오는 문제풀이의 연속이다.

우리가 매일 무엇을 먹을까, 무엇을 입을까 하는 일상의 사소한 문제에서부터 운명이 바뀌는 크나큰 일에 이르기까지 풀어 가야 할 문제들은 너무나도 많다. 그 중에는 즐거움과 행복감으로 풀어 가는 문제들도 많지만, 때로는 힘들고 고통스러운 문제들을 만나기도 한다.

내 앞을 가로막고 있는 문제가 아무리 어려워도 주저앉으면 안 된다. 더 많은 문제, 더 어려운 문제들을 풀어 나갈수록 더욱 값지고 보람찬 결과가 주어진다. 그러므로 넘을 수 없다고 생각되는 절망의 벽이 앞을 가로막거든 도종환의 시 「담쟁이」를 음미해 보자.

저것은 벽/ 어쩔 수 없는 벽이라고 우리가 느낄 때/ 그 때/ 담쟁이는 말없이 그 벽을 오른다/ 물 한 방울 없고 씨앗 한 톨 살아남을 수 없는/ 저것은 절망의 벽이라고 말할 때/ 담쟁이는 서두르지 않고 앞으로 나아간다/ 한 뼘이라도 꼭 여럿이 함께 손을 잡고 올라간다/ 푸르게 절망을 다 덮을 때까지/ 바로 그 절망을 잡고 놓지 않는다/ 저것은 넘을 수 없는 벽이라고 고개를 떨구고 있을 때/ 담쟁이 잎 하나는 담쟁이 잎 수천개를 이끌고/ 결국 그 벽을 넘는다

앞을 가로막고 나선 절벽

행정고시에 합격한 후 산마루에 올라섰다고 안도의 숨을 내쉴 때 내게는 또다시 넘어야 할 험준한 절벽이 가로막고 있었다. 천신만고 끝에 목표점에 올라섰다고 고무되어 있을 때 나는 폐결핵 환자가 되어 있었다.

어릴 때부터 몸이 허약했던 나는 몸을 돌보지 않고 가혹하게 다루었던 대가를 치르게 된 것이었다. 오른쪽 가슴에 이미 공동(空洞)까지 생긴 폐결핵 중증 상태로 악화되어 있었다.

절망감이 앞섰다. 당시까지만 해도 폐결핵은 사망률이 높은 주요 전염병에 해당되었기에 앞날을 생각해 보니 캄캄하기만 했다.

그렇지만 '이대로 죽을 순 없지, 어떻게 헤쳐 온 길인데…' 하며 독한 마음을 품고 또다시 고시보다도 더 처절한 폐결핵과의 싸움이 시작되었다. 아이나, 파스, 스트렙토마이신 등 일회에 복용해야 하는 약만도 한 움큼씩 되었다. 증세가 호전되어 각혈이 멎으면 다소 용기가 생기고 그러다가도 다시 각혈을 하면 좌절을 반복하는 길고 긴 투병의 터널은 도대체 어디가 시작이고 어디가 끝인지 알 길이 없었다.

결핵 약을 장기간 복용하다 보니 1차 약에 내성이 생겨 다시 2차, 3차 약으로 옮겨 갈 때에는 죽음의 사신이 엄습해 오는 감당키 어려운 심리적 공황을 겪기도 했다. 차라리 죽음의 길을 선택하는 것이 오히려 편하겠다는 생각도 들었고 때로는 배를 타고 나아가 자신의 유골을 강물 위에 뿌리는 꿈을 자주 꾸기도 했다.

이렇게 병마와 싸워 이겨야겠다는 의지와 좌절감이 교차하면서 삶과 죽음, 인생 등에 대하여 생각하는 시간이 많아졌다. 오랜 시간 동안 우여곡절을 거치며 투병생활을 하는 동안 마음속에 서서히 변화가 일어나고 있었다.

나는 본래 비타협적이며 저항적인 성격이었는데, 서서히 건강이 회복되는 과정으로 들어서자 새로 얻은 생명에 감사하며, 모든 사람들의 생명이 똑같이 소중하다는 생각과 함께 세상사에 대하여 이해의 폭이 넓어지기 시작했다.

처음에 내가 근무지를 서울로 택할 때에는 '잘난 서울 사람들 두고 보자.'는 일종의 저항감이 있었다.

그러나 실상을 알고 보니 서울에도 어려운 사람들이 너무 많을 뿐만 아니라 함부로 다룰 수 있는 사람은 이 세상에 아무도 없다는 것을 느끼게 되었다.

3) 인생은 명암이 교차하며 짜내는 비단

인생은 피아노와도 같다. 건반 위의 흰색 키는 행복을 나타내고 검정색 키는 슬픔을 뜻한다. 그러나 분명히 알아야 할 것은 검정색 키 또한 음악을 창조해 내는 데 필수적이라는 사실이다.

하루를 지나도 밤과 낮이 있고 빛과 그림자가 있듯이 인생사도 기쁜 일과 슬픈 일, 성공과 실패가 씨줄과 날줄이 되어 천을 짜듯 인생의 역사를 만들어 간다. 행복한 날들만 계속된다든지 불행 속에서만 살아가는 인생은 없다. 지위의 고하나 재산의 다과에 불구하고 각자에게 주어지는 행복과 불행의 양은 동일하다. 그래서 나는 인생 총량제라는 말을 즐겨 쓴다. 다만 본인의 주관적 가치와 대응에 따라 인생의 천을 어떤 모습으로 짜 가고 있는가에 차이가 있을 뿐이다.

겨울이 오면 봄은 멀지 않으리

뒤돌아보면 나도 여러 차례 명암이 교차하는 내 인생의 고갯길을 넘어왔다. 고시 합격이라는 행운 뒤에는 죽음 문턱까지 갔던 폐결핵과의 싸움이 있었고, 도지사직을 잃고 무력감 속에 있을 때 예기치 않았던 서울시장의 행운이 주어졌다. 그리고 서울 정도 6백 년 사업이 최고조에 이르러 신바람 나게 일하고 있을 때 성수대교가 무너졌다. 즉시 사표를 내고 시장 자리에서 물러났다.

성수대교 사건 이후 나의 공적 생애(公的生涯)는 완전히 끝난 것으로 생각하고 있었다. 사람들 만나는 것도 부담스럽고 기쁘게 느껴지는 일도 없었다. 그런데 일 년여 후에 우연히 인연이 닿아 청주에 있는 서원대학교 총장으로 가게 되었고 그것이 계기가 되어 1998년 민선 2기 충북도지사 선거에 출마하게 되었다.

선거에서 현직을 이기기란 쉽지 않은 일이다. 더구나 나는 충북 출신이라지만 북부지역인 제천에서 자랐고 충북의 중심 기능이 몰려 있는 청주에는 학연, 지연 등 아무런 기반도 갖고 있지 못했다. 그런데도 개표 결과는 경이로운 것이었다. 유권자들은 74%가 넘는 압도적인 표를 몰아 준 것이다. 무엇보다도 "변화해야 산다."고 외쳐 댄 나에 대한 기대도 있었겠지만, 성수대교 붕괴사건으로 고통당하던 모습에 연민의 정을 느낀 고향 사람들이 표를 보태 준 것 또한 만만치 않았을 것이다.

지난날의 절망이 거름이 되어 희망의 에너지로 다시 살아난 것이다. 영광 속에는 고통의 씨앗도 들어 있고 절망 속에서도 희망의 싹이 자라나는 것이 인생사인가 보다. 그 이후로 나는 어렵고 힘든 일로 고민하고 좌절하는 젊은이들을 보면 말한다.

"어떠한 경우에도 절망은 없다. 지금은 그 상황이 너를 괴롭히고 있지만 극복하고 나면 희망을 키우는 에너지로 거듭날 것이다. 그러므로 아무리 앞이 캄캄해도 절대로 절망하지 말라. 어둠 속에는 빛의 씨앗이 숨겨져 있다. 봄에 자라나는 새싹은 겨울의 얼어붙은 땅 밑에 숨어 있지 않더냐?"

그리고 영국 시인 셸리의 「서풍에 부치는 노래」 마지막 구절을 들려주곤 한다.
"겨울이 오면 봄은 멀지 않으리!"

·· 민선2기 도지사 당선

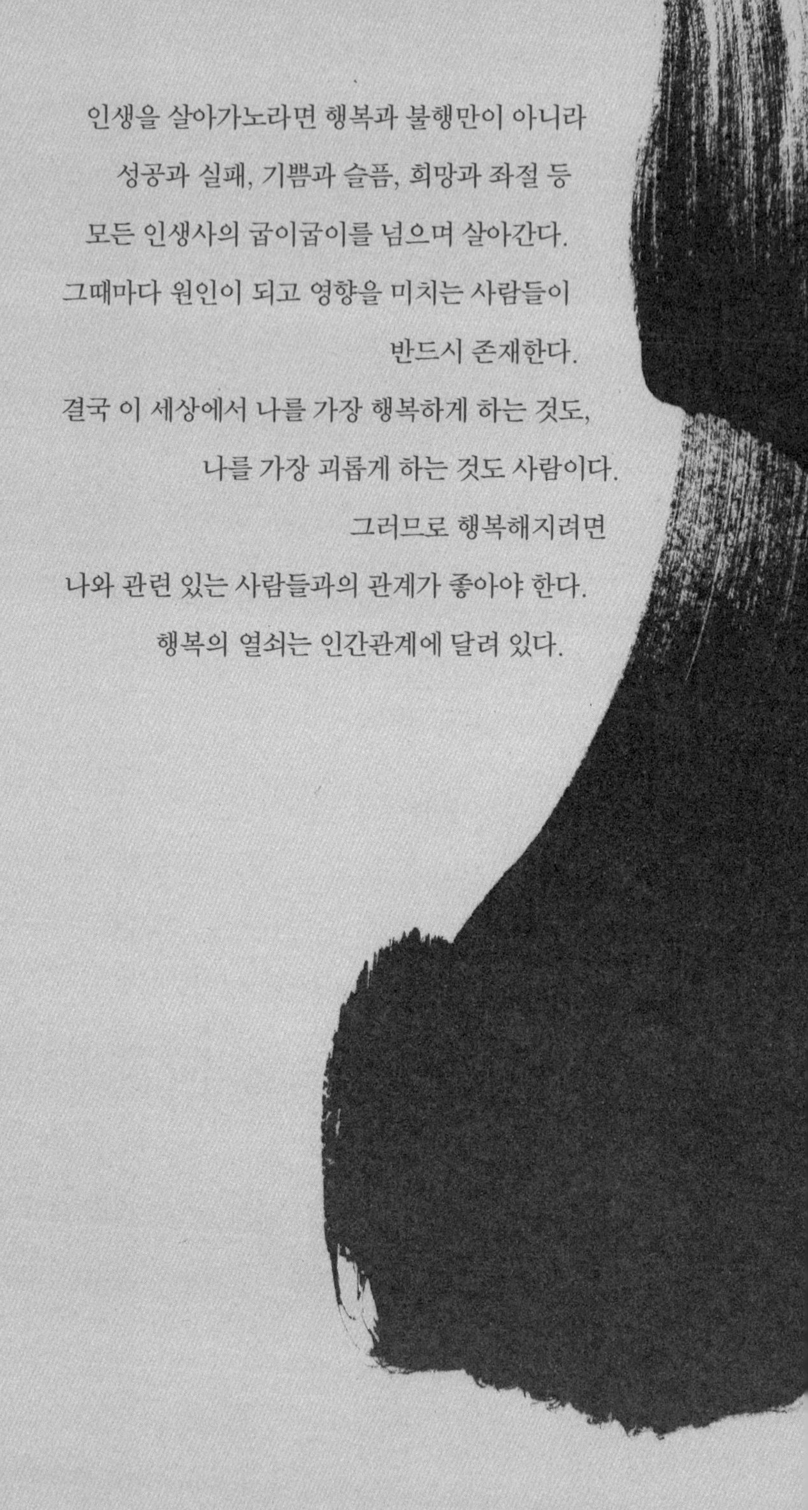

인생을 살아가노라면 행복과 불행만이 아니라
성공과 실패, 기쁨과 슬픔, 희망과 좌절 등
모든 인생사의 굽이굽이를 넘으며 살아간다.
그때마다 원인이 되고 영향을 미치는 사람들이
반드시 존재한다.
결국 이 세상에서 나를 가장 행복하게 하는 것도,
나를 가장 괴롭게 하는 것도 사람이다.
그러므로 행복해지려면
나와 관련 있는 사람들과의 관계가 좋아야 한다.
행복의 열쇠는 인간관계에 달려 있다.

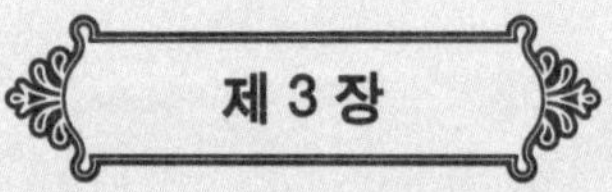

행복의 언덕

내가 아무리 옳고 선한 길을 간다 하더라도

일부의 비판과 부정적인 시각은 필연적으로 있게 마련이다.

따라서 올바른 길, 행복의 길이라는 확신이 있다면

누가 무어라 하든지 소신 있게 자기의 갈 길을 가야 한다.

1. 행복에 관하여

1) 항상 나와 함께 있는 행복

나는 지금 만족하고 있는가?

한 나그네가 말을 타고 먼 곳을 가던 중에 신선 같은 노인을 만나 길을 묻자, 길을 가르쳐 주고 난 노인은 나그네에게 한 가지를 덧붙여 말해 주었다.

"앞으로 가다 보면 어두워질 무렵 자그마한 강을 만나게 될 것이오. 강을 건너거든 발밑의 돌덩이 몇 개를 주워 가지고 가면 좋은 일이 생길 것이요. 다만 날이 밝기 전에는 절대로 꺼내 보지 마시오."

나그네는 이상하게 생각하면서도 노인이 들려 준 말대로 어둠 속에서 강을 건넜고 조약돌 몇 개를 짐속에 넣고 밤길을 갔다. 그리고 날이 새자 노인이 들려 준 말이 생각나서 꺼내 보았더니 그것은 돌이 아니라 번쩍번쩍 빛나는 황금 덩어리였다.

이런 행운이 어디 있는가?

그러나 나그네의 마음 한구석에서는 '좀 더 가지고 올 걸.' 하는 아쉬운 마음이 느껴졌다.

나그네의 황금처럼 우리에게 주어지는 넘치는 축복 속에서도 감사와 기쁨보다는 아쉬움과 부족함을 느끼며 살아가는 것이 우리들의 모습이다.

인생은 마음먹기 달렸다

일곱 명의 장님이 각자 코끼리의 일부분씩을 더듬어 보고 무엇인지를 말하는 동화가 있다. 코끼리라는 하나의 객체를 두고 기둥, 뱀, 창, 절벽, 부채, 밧줄 등 각기 다르게 판단한다. 우리도 내가 접하고 있는 세상사에 대하여 모두 다 알 수가 없다. 그러므로 각자 아는 범위 내에서 판단하고 자기 나름대로의 잣대로 서로 다른 평가를 하며 살아간다. 그래서 세상엔 이견과 분쟁이 끊이지 않기도 하지만 다양성과 보완성이란 점에서는 이 세상을 살맛나는 세상으로 만들어 주기도 한다.

키 큰 사람을 보면 멋지게 보는 사람도 있지만 일부는 키 큰 사람치고 싱겁지 않은 자 없다고 하는 것처럼 동일 사안에 대하여 습관적으로 비판적이며 부정적인 면만을 들추어내는 사람도 있고 장점만을 찾아내며 긍정적으로 살아가는 사람도 있다. 결국 사람들은 눈으로 보고 귀로 듣는 것이 아니라 각자의 생각에 따라 달리 보고 달리 들으면서 자기 판단이 옳다고 생각한다. 그러므로 내가 아무리 옳고 선한 길을 간다 하더라도 일부의 비판과 부정적인 시각은 필연적으로 있게 마련이다. 따라서 올바른 길이라는 확신이 있다면 누가 무어라 하든지 소신 있게 자기의 갈 길을 가야 한다.

비판과 부정적인 시각은 어디에나 있다

2004년 5월 2일 일요일이었다. 서울 쪽에서 중부고속도로를 이용해 청주로 내려가던 중 전복된 승용차 뒤쪽에서 연기가 나고 있는데 차 안에 사람이 들어 있는 것이 언뜻 눈에 들어왔다. 만일 차체에 불길이 붙는다면 그 속에 있는 사람의 목숨은 촌각에 달려 있는 형편이었다. 기사에게 급히 차를 세우게 하고 나서 달려가 보니 모로 누워진 차 안에는 어린 아들과 어머니가 꼼짝 못하고 갇혀 있었다. 지나가던 일부 차들의 협조를 받아 두 사람을 모두 안전하게 구해 냈다. 다행히 모자는 큰 부상은 입지 않았다.

그 후 어느 자리에서 "위험에 처한 사람을 도와주고 돌아오니 얼마나 마음이 편했는지 모른다. 만일 사고현장을 그냥 지나쳤더라면 한동안 부담감에 시달렸을 것이다."라고 말했더니 그 말이 퍼져「도지사가 교통사고 모자 구출 화제」란 제목으로 널리 보도가 되어 버렸고 수많은 댓글이 쏟아져 나왔다.

'멋지다.' '좋은 본보기다.' '선한 사마리아인의 모습이다.' '아침부터 기분이 좋아진다.' 등 격려와 긍정적인 글들이 대부분이었다. 그러나 '운전기사를 시켰겠지.' '왼손이 한 일을 오른손이 모르게 하라고 했는데 그것도 자랑이라고.' '일요일에 왜 관용차를 타고 다녀.' 등 부정적이고 비판적인 의견도 적지 않았다. 어느 쪽 의견이든지 그 사람의 입장에서는 옳다. 하지만 비판적인 의견이 있다 해도 위험에 처한 사람을 도와준 것은 잘한 일이요, 마땅히 해야 할 일이었다. 가야 할 길과 가지 말아야 할 길을 선택할 때에는 너무 다양한 의견에 흔들리며 좌고우면(左顧右眄)해서는 안 된다. '팔려가는 당나귀' 같은 일이 벌어지기 쉽기 때문이다. 오로지 당위성과 나의 가치관이 명하는 일이라면 누가 무슨 말을 하든지 주저하지 말고 신념을 따라 전진하는 것이 옳다.

2) 자신이 결정하는 행복

사람은 누구나 행복을 원한다. 그러나 행복은 어디에 숨어 있는지 쉽게 손에 잡히지 않는다. 옛날에 어느 왕이 병이 깊이 들었는데 가장 행복한 사람의 옷을 얻어다 입히면 낫는다는 것이었다. 신하들은 행복한 사람을 찾아 나섰지만 찾을 수가 없었다. 부자는 도적 맞을까 걱정이고 장군은 적이 쳐들어올까 불안하고 고관은 파벌싸움으로 긴장하여 행복을 느낄 겨를이 없다는 것이었다. 몸이 달아오른 신하들이 어느 산골짝을 지나다 흥겹게 노래를 부르고 있는 목동을 만나게 되었다.

당신은 이 외로운 산 속에서 도대체 무슨 기쁜 일이 있기에 노래까지 부르는가 하고 묻자 "나는 이 세상에서 가장 행복한 사람"이라고 답하더라는 것이다. 그렇다. 행복은 외형에 있지 않다. 바로 내 안에 있으며, 내가 결정하고 있는 것이다.

프랑스 철학자 알랭도 "인생의 궁극적인 목적은 행복이며, 인생의 행복은 자신의 결정에 달려 있다."고 했다. 오지도 않은 미래에 시간을 저당 잡히고 과거의 모순에 사로잡힌 채 부자유하게 살아가는 우리에게 현실에 충실할 것을 권고하는 말이다. 그러면 우리가 찾는 행복은 언제나 나와 함께 있다는 것을 깨닫게 된다고 하였다.

청소년기의 반항과 지란(芝蘭) 같은 친구

차령산맥 줄기에 자리한 내 고향 미당리는 작지만 아름다운 마을이었다. 전쟁 중에 우리가 살던 집이 불타 버리자 산자락이 끝나는 언덕 위에 흙벽 돌집을 새로 지어 이사를 했다. 그래서 우리 집은 '언덕 위의 집'이라 불렸다. 집 앞으로 이어진 언덕의 가장자리엔 아름드리 노송이 줄지어 서 있고 뒷산 숲에서는 산새 소리가 사철 끊이지 않았다.

> 저 언덕 위에 들소 떼 노닐고 / 노루 사슴 뛰노는 그곳
> 걱정 근심 없고 구름 없이 푸른 하늘 / 그곳에 집 짓고 살리라.

루즈벨트 대통령도 즐겨 불렀다는 미국 민요 〈언덕 위의 집〉처럼 우리 집도 언제나 목가적인 분위기였다. 그러나 학교만 다녀오면 농사일을 거들어야 했던 나는 자연의 아름다움은 고사하고 짜증부터 나기가 일쑤였다.

1950년대의 우리 농촌은 절대 빈곤에 시달리며 내일에 대한 불안감이 무겁게 드리우고 있었다. 춘궁기가 시작되면 식량이 떨어져 보릿고개를 넘기는 일이 고통거리였다.

나는 학교에서 돌아오는 대로 쇠꼴을 베거나 농사일을 거들어야 했다. 낮에 일을 마치고 밤이 되어서야 석유등잔에 불을 켜고 책상 앞에 앉으면 왜 그리도 졸리는지 야속하기만 했다. 옆에서 새끼를 꼬시던 아버지는 꾸벅꾸벅 졸고 있는 나를 보고, "저것도 지게귀신 면하기는 글렀구나!" 하면서 혀를 끌끌 차곤 하셨다. 그때마다 나는 그러한 아버지의 질책은 듣기도 싫었거니와 오히려 반항심이 생겨났다. '먼 길을 걸어서 학교 갔다 온 내게 일까지 시켜 놓고는…' 하는 불만이 목까지 치밀어 올랐으나 차마 입 밖으로 내뱉진 못하고 속으로 삼켜 버리곤 했다.

그러나 시간이 아무리 흘러도 상황은 조금도(조금도) 변할 가능성이 없어 보였

다. 반복되는 생활은 따분하고 힘들었다. 더욱 답답한 것은 구만리 같은 내 인생에 희망이 보이지 않는 것이었다.

고달프고도 답답한 상황에서 벗어나고 싶은 새로운 일탈의 욕구가 마음속에서 꿈틀대며 자라나고 있을 때였다. 고등학교 1학년이 되던 어느 봄날, 시내 학생들 몇 명이 주도하여 만든 '청운'이란 모임에 들어와 달라는 제의를 받았다. 여러 가지 면에서 뒤처졌던 내게 그들은 부러움의 대상이었고 무언가 새로운 변화를 원하고 있었으므로 그들과 기꺼이 합류하게 되었다.

청운클럽 모임을 통해 그들과 자주 만나면서 나는 중요한 사실을 깨닫게 되었다. 부럽게만 보였던 읍내 아이들도 그들 나름의 어려움이 있고 고민이 있었던 것이다. 가족문제가 복잡한 친구, 단칸방에서 셋방살이하는 친구, 신문 배달로 학비를 벌어야 하는 친구 등 그들에게도 모두 각기 처한 어려움이 있고 극복해야 할 역경이 있다는 것을 알게 되면서 내 마음속을 온통 휘젓고 있던 좌절과 반항심도 자연스러운 카타르시스 과정을 거치면서 서서히 줄어들고 있었다. 아울러 지겹게 느껴졌던 우리 집에 대해 서서히 인식 전환이 이루어지기 시작했다. 비록 가난하긴 해도 우리 가정은 소중한 것을 많이 가진 행복한 '언덕 위의 집'이었음을 자각하게 된 것은 전적으로 청운클럽 친구들의 덕분이었다.

나의 생각이 조금씩 달라지면서 아버지에 대하여 가졌던 서운했던 마음도 변하기 시작했다. 농사일을 시키는 것이 원망스럽기만 했던 아버지였지만 어느 순간 겁게 그을린 얼굴 모습에 딱한 마음이 들었고, 혀를 차며 내뱉던 독백의 나무람 속에서 자식에게만큼은 가난이 되풀이되지 않기를 바라는 염원이 담겨 있음을 알게 되었다. 또한 심신이 지칠 만큼 힘든 일상생활

속에서도 자주 서책을 탐독하시며 지필묵을 손에서 떼지 않고 선비의 품격을 지키셨던 아버지의 참모습을 알게 되자 서서히 경외감으로 바뀌기 시작했다.

"그래, 저 불쌍한 아버지를 기쁘게 해 드리자. 저 주름진 얼굴에 함박웃음 지으시는 날을 만들어 드리자!"

나는 이후로 수없이 이를 되뇌었고 또 다짐했다.

··부모님의 옛 모습

일찍이 공자가 말하기를 "선한 사람과 가까이하면 향기로운 지초(芝草)와 난초(蘭草) 꽃이 피어 있는 방 안에 들어간 것과 같아서 오래 있으면 그 향기를 느끼지 못할지라도 곧 몸에 배어 그 향기와 동화되는 것과 같다."고 했다. 반대로 "선하지 못한 사람과 함께 있으면 생선 가게에 들어간 것과 같아서 오래 있으면 은연중에 그 나쁜 냄새가 몸에 배어들지만 느끼지 못하게 된다."고 하였다. 그러므로 군자는 반드시 함께하는 사람을 삼가야 한다고 했다.

특히 외부의 영향을 쉽게 받을 수 있는 청소년 시절의 친구는 인생의 진로 결정과 가치관 형성에 지대한 영향을 미친다. 그래서 좋은 친구를 만나는 것은 매우 중요한 일이다.

돌이켜 보면 내 마음 속에서 끓고 있던 불만과 반항심을 난초꽃 향기로 바꾸어 채워 준 고교 시절 청운의 친구들은 내게 지(芝)였고 난(蘭)이었다.

··청운클럽 친구들

120

2. 행복의 열쇠, 인간관계

1) 사회 지능(Social Quotient)

인생을 살아가노라면 행복과 불행만이 아니라 성공과 실패, 기쁨과 슬픔, 희망과 좌절 등 모든 인생사의 굽이굽이를 넘으며 살아간다. 그때마다 원인이 되고 영향을 미치는 사람들이 반드시 존재한다. 결국 이 세상에서 나를 가장 행복하게 하는 것도, 나를 가장 괴롭게 하는 것도 사람이다. 그러므로 행복해지려면 나와 관련 있는 사람들과의 관계가 좋아야 한다. 행복의 열쇠는 인간관계에 달려 있다.

대니얼 골맨(Daniel Goleman)은 그의 저서『사회지능』에서 "사람들이 서로 대인관계를 계속하다 보면 뇌와 뇌 사이에 보이지 않는 회로가 형성된다."고 하였다. 학창시절 기억나는 친구들을 머릿속에 떠올려 보자. 그러면 당장이라도 보고 싶고 만나면 기분 좋아지는 친구가 있는가 하면, 피하고 싶은 사람도 있을 것이다. 나와 더불어 형성된 회로는 긍정적이든 부정적이든 오랜 세월이 지나도 변하지 않고 있는 것이다.

우리가 생활하는 도중 접촉하는 수많은 사람과의 관계는 결국 서로가 발산해 내는 주파수의 상호작용에 따라 결정되며, 계속해서 우호적인 주파수를 내는 사람은 높은 사회지능을 갖게 되는 것이다. 이렇게 형성되는 사회지능(SQ)은 지도자급으로 올라갈수록 두뇌지능(IQ)보다도 더 중요하게 된다.

만일 상대방을 적으로 만들고 싶다면 간단하다. 자존심이나 콤플렉스 등 그의 역린(逆鱗)을 건드리면 된다. 예를 들어 외모에 문제가 있는 친구에게 "넌 참 재수 없게 생긴 놈"이라고 무심코 던진 그 한마디가 둘 사이를 평생 동안 갈라놓게 될 수도 있을 것이다. 그러나 이 세상이 행복해지기를 원한다면 영국의 작가 키플링이 자신의 아들에게 보낸 편지의 한 구절을 음미해 보자.

"네가 세상을 향해 웃으면 세상은 더욱 활짝 웃고
네가 찡그리면 세상은 더욱 찡그릴 것이다."

2) 90대 10의 법칙

코비(Stephen Covey)박사는 우리의 일상생활 중에 일어나는 여러 가지 일 중에서 자신이 통제할 수 없는 사건은 10%에 불과하다고 했다. 예로서 출근길 교통 혼잡이나 끼어드는 자동차, 지하철의 연착 등은 나의 통제 밖에 있는 것들이다. 그러나 통제 불가능한 10%의 사건이 생겼을 때 어떻게 대처하느냐에 따라 90%의 삶이 결정된다는 것이다.

예컨대, 아침식사 때 딸이 커피 잔을 건드려 출근할 때 입을 옷을 버리게 된 사례를 보자.

즉각적으로 화를 내며 어린 딸을 혼내주고 아내도 책망하면서 옷을 갈아입고 나와 보니 야단맞은 딸은 울다가 학교 버스를 놓쳐 버렸다. 도리 없이 자기 차에 태워 학교에 데려다 주느라 속도를 내다가 과속에 걸려 벌과금까지 물면서 회사에도 늦어 버렸다. 뿐만 아니라, 서두르다가 집에 서류가방을 놓고 나왔기 때문에 하루 일과는 완전히 엉망이 되어 버렸고 퇴근 후 불편한 가정 분위기도 계속되었다.

하루를 망쳐 버린 원인은 커피인가, 어린 딸인가, 교통경찰관인가? 원인은 자신이 참지 못했던 불과 몇 초간의 반응이 하루를 망친 것이다. "괜찮아, 다음부터 조심하면 돼!"하고 자제반응을 보였더라면 평온한 하루, 행복한 하루가 되었을 것이다.

둘의 시작은 같으나 결과는 크게 다르다. 어떻게 반응하는가에 따라 삶의 90%가 결정된다. 결국 행복한 하루도 불행한 시간도 내가 만드는 것이다.

3) 신비로운 행운과 알 수 없는 악운

살다 보면 의도하지도 않았던 좋은 일들이 생겨나기도 하고 논리적으로 설명할 수 없는 신비스러운 일들을 경험하게 되는 경우가 있다. 전혀 알지도 못하거나 관계도 없는 사람을 통해 행운이 오기도 하고 행운으로 생각했던 일들이 액운으로 작용하면서 사람의 운명이나 삶의 모습을 바꾸어 놓기도 한다.

신비스러운 경험

1998년 민선 2기 자치단체장 선거운동이 한창 진행되던 어느 날, 교회를 돌면서 선거운동을 하던 아내가 "이번에 출마한 이원종 후보 가족입니다." 하고 말을 건네자 목사님 얼굴에 순간적으로 읽기 어려운 미묘한 표정이 스쳐지나가더라는 것이다. 무언가 불편한 느낌이 들어서 "잘 부탁합니다." 하며 물러나려 하자 굳이 당회장실로 안내한 후 놀라운 이야기를 들려주었다고 한다.

목사님이 며칠 전에 구하게 된 산삼을 먹기 위해 감사기도를 드리던 중에 선거벽보에서 본 이 후보의 얼굴이 떠오르더라는 것이다. 이 후보와는 만난 적도 없고 아무런 연고도 없는 터라 그에게 관심을 두어야 할 까닭이 없지만 마음에 부담이 되더라는 것이다.

그리하여 다음날 저녁 다시 기도하는 중에 똑같은 생각이 떠올라서, "그러면 앞으로 3일 안에 전할 기회가 있으면 그에게 전하겠습니다." 하였는데 오늘이 꼭 3일째가 되는 날이라면서, "오늘 사모님이 오셨으니 이는 하나님의 뜻이 아니겠습니까? 반드시 승리하실 것입니다." 하는 축복의 말씀과 더불어 산삼 세 뿌리를 받아 왔다.

그때 선거의 개표 결과는 상대방 후보의 세 배에 가까운 놀라운 득표였다. 지금도 무어라 설명할 수가 없다. 오로지 신비롭고 감사할 따름이다.

사람이 만드는 행운과 악운

연암 박지원이 쓴 『열하일기』 중 황금대기(黃金臺記)에 다음과 같은 이야기가 있다.

도둑 셋이서 무덤을 도굴해 황금을 훔쳤다. 기분이 좋아 자축도 할 겸 술을 한잔하기로 했다. 한 명이 술을 사러 가면서 금을 셋이 나누는 것보다는 독차지하고 싶은 욕심이 생겨 술에 독약을 타 가지고 돌아왔다. 그새 나머지 둘은 자기네끼리 나눠 갖기로 하고 술을 가지고 오자마자 다짜고짜 그를 때려 죽였다. 그러고 나서 남은 두 사람은 기분 좋게 독이 든 술을 나눠 마시고 공평하게 죽었고 황금은 길 가던 사람의 차지가 되었다.

황금을 손에 넣은 도둑들은 행운을 얻은 것 같지만 목숨을 잃는 액운이 되었고 길 가던 사람은 뜻밖의 횡재로 행운을 얻게 되었다. 악한 마음을 가진 자에게는 행운도 액운으로 변해 돌아올 수 있다는 교훈이다.

행운이란 쉽게 일어나는 것은 아니지만 우리에게 희망을 주고 기쁨을 주는 말이다. 그래서 남의 행운을 빌어주는 것은 그에게도 복이 되고 나에게도 복이 된다. 행운을 빌어주는 뜻으로 흔히 2달러짜리 지폐를 선물하기도 하는데, 유명한 여배우 그레이스 켈리가 영화에 함께 출연했던 프랭크 시나트라로부터 2달러짜리 지폐를 선물 받고 나서 모나코 왕비가 되자 그때부터 2달러 지폐가 행운의 상징이 되었다고 한다. 정성이 담긴 행운의 선물이나 축복의 말 한마디가 행복한 인간관계를 만들어 주고 때로는 현실로 이루어지는 신비로운 힘을 발휘하기도 한다.

말이 씨가 된다

1986년 국방대학원에 다닐 때의 일이다. 국방대학원은 각 군의 장교들과 정부 각 부처의 간부직들을 일 년간 교육시키는 기관인데, 연수생 수가 200여 명이 넘어서 다양한 인간관계를 넓히는 데에 좋은 기회가 되었다. 그 중 경찰청에서 온 김화남 경무관을 보니 인품이 훌륭했다. 그래서 어느 날 그에게 축복의 말 한마디를 던졌다.

"김 경무관! 당신은 인품이나 능력으로 보아 경찰 총수가 될 만한 인물이니 더욱 열심히 하세요."

그는 펄쩍 뛰며 무슨 가당치도 않은 말이냐며 "이 선배야말로 서울시장 감이니 시장되시거든 찾아가더라도 박대나 하지 마세요."라고 하는 것이었다. 피차간에 아끼고 축복을 담은 말이기는 하나 이제 중간 간부급에 불과한 우리가 스스로 생각해도 그저 덕담 수준의 말들이므로 까맣게 잊어버리고 있었다.

그러고 나서 칠 년이 지났다. 그런데 그의 말대로 서울의 한복판 태평로에 있는 서울시청 3층의 시장실이 내 집무실이 되었다. 그 후 얼마 되지 않아 내가 말했던 대로 그 또한 경찰 총수가 되어 부임하였다. 우리 두 사람은 마주앉아 오찬을 하는 자리에서 칠 년 전의 덕담을 떠올리며, 우리가 받은 과분한 축복을 서울시민에게 갚자며 또 한 번 덕담의 시간을 가졌다.

"말이 씨가 된다."는 속담이 있다. 말을 하는 것은 밭에 씨를 뿌리는 것과도 같아서 좋은 말을 하는 사람은 좋은 열매를 맺고 악담을 하는 사람은 남에게 상처를 입히고 자신에게도 해가 되는 나쁜 열매를 맺게 된다. 세계 제일의 갑부인 빌게이츠는 '오늘은 왠지 큰 행운이 있을 것 같다. 그리고 무엇이든지 다 해낼 수 있다.'고 날마다 두 가지의 최면을 자신에게 걸었다고 한다. "하면 된다."는 구호가 새마을 운동을 성공으로 이끌었듯이, 이왕이면 나를 위해서도 남을 위해서도 멋진 말, 좋은 말, 축복의 말을 하도록 하자.

··· 축복의 메시지를 보내자

4) 신바람 나는 일터

지금 하고 있는 일을 즐겨라

지금 하고 있는 일이 즐겁다면 그는 행복한 사람이요, 이미 성공한 사람이며, 앞으로 더 큰 성공을 이룰 사람이다.

중세 때 한 영주가 정원을 거닐다가 젊은 정원사가 화분에 열심히 조각하고 있는 모습을 보고 물었다.

"삯을 더 주는 것도 아닌데 왜 힘든 일을 하고 있는가?"

"저는 그저 재미있어서 하고 있을 뿐입니다."

그 청년의 이름은 미켈란젤로였고 훗날 그는 조각예술의 거장이 되어 그가 남긴 작품 속에 지금도 영원히 살아 있다.

『논어』 옹야편(雍也篇)에 "알고만 있는 자는 그 일을 좋아하는 자만 같지 못하고 일을 좋아하는 자는 그 일을 즐기는 자를 이길 수 없다."는 말이 이를 잘 뒷받침해 주고 있다. 지금 내가 하고 있는 일을 즐기며 할 수 있다면 경쟁력을 높이며 성공가도를 향해 달려가게 된다.

윗사람은 나를 믿고 아랫사람은 나를 따르게

직장 내에서 상사에게는 점수가 좋은데 아래 직원들은 혀를 내두르는 사람이 있는가 하면, 직원들이나 동료들한테는 인기가 좋지만 윗사람에게는 인정받지 못하는 사람도 있다. 둘 다 바람직하지 않다. 윗사람은 나를 믿고 아랫사람은 따르게 하는 것이 바람직한 처신이다. 인심 얻는 방법도 여러 가지가 있겠지만 술 사 주고 밥 사 주고 대접해서 좋은 소리 듣는 것도 하루 이틀이지 오래도록 감당할 장사가 없다. 신뢰와 존경을 받으며 보람 속에 직장생활을 하려면 다음 세 가지만 실천해도 효과가 크다.

첫째, 자신에게 떳떳해야 한다.

남에게 떳떳하기는 비교적 쉬우나 자신에게 떳떳하기는 어렵다. 남은 속일 수 있지만 자기 양심은 속일 수 없기 때문이다. 생각이 깨끗하고 돈에 깨끗하고 대인관계에 깨끗하면 자신에게 떳떳해지고 자신감도 생긴다. 골프 황제 타이거우즈도 바람 한 번 피우더니 부인한테 골프채로 얻어맞고 수렁에 빠져드는 모습이 전 세계에 보도되기도 했다. 선망의 대상으로 잘나가던 사람들이 무너질 때 보면 대체로 두 가지, 즉 돈 아니면 이성 문제에서 떳떳하지 못하여 곤경에 처하는 사례가 많다.

둘째, 부단하게 실력을 쌓아야 한다.

실력은 바로 능력과 자신감으로 나타나며 부지불식간에 카리스마를 형성한다. 폭넓은 지식과 정확한 판단은 아랫사람에게 존경의 대상이 되게 하고 윗사람으로부터는 신뢰를 얻게 된다. 그러므로 어떤 직장, 어떤 일에 종사한다 하더라도 지속적인 자기연찬의 노력이 필요하다.

셋째, 남에게 공을 돌려야 한다.

짐 콜린스(Jim Collins)가 쓴 『좋은 기업을 넘어 위대한 기업으로』라는 책에 '창문과 거울'에 대한 이야기가 소개되고 있다. 훌륭하지 못한 기업의 리더들은 나쁜 결과에 대해서는 창밖의 사람들에게 책임을 묻고 잘될 때는 거울 앞에서 자신에게 공을 돌린다. 하지만 위대한 기업의 리더들은 일이 잘되었을 때에는 창밖을 내다보며 남에게 찬사를 보내고 어려울 때는 거울을 들여다보며 자신에게 책임을 묻는다. 그러나 창문 밖의 사람들은 찬사를 보내 주는 리더를 향하여 "그의 리더십이 아니었다면 오늘의 우리는 없다."며 찬사를 되돌려준다는 것이다.

조직 내에서도 제일 손해 보는 처신은 "내가 혼자 다 했어!" 하며 공을 독차지하려는 것이다. 공을 위아래로 나누어 줄 때 이자가 붙어서 내게 다시 돌아오면서 신바람 나는 일터, 행복한 일터가 만들어지게 된다.

조직과 기합의 역학관계

인간이 모여 사는 공동사회, 조직사회가 존재하는 한 기합은 피할 수가 없다. 기합이란 잘못을 바로잡고 단련한다는 뜻에서 윗사람으로부터 가해지는 고통인데, 군대나 학교, 직장같이 단체생활을 하는 곳에서 주로 이루어지지만 자라나는 동안 부모형제로부터 받는 기합도 있으므로 기분 나빠도 어차피 함께 가야 할 삶의 한 과정이다.

아마도 살아오는 동안 어떤 형태의 기합이든지 받아 보기도 하고 주어 보기도 했을 것이다. 대부분은 다 잊어버려도 특별한 몇 가지는 생생히 머릿속에 남아 있을 것이다. 자존심에 상처를 남긴 기합, 억울했던 기합, 개인적인 감정이 개입된 기합도 잊히지 않지만, 부끄러웠던 기합, 받고 나니 오히려 속 시원했던 기합도 있었을 것이다. 기합의 방법과 내용에 따라 조직의 활력을 떨어뜨리고 인간성을 황폐하게 만드는 경우도 있지만 오히려 방향성을 잡아 주고 역동성을 더해 주는 기합이 될 수도 있다. 기합의 내용과 방법에 따라 약이 되기도 하고 독이 되기도 한다.

천당과 지옥

내가 서울시 내무국장으로 일할 때 기합에 관해 기억에 남는 일이 하나 있다. 매년 여름이면 전쟁이 일어난 비상사태를 가상해 놓고 밤낮없이 며칠간 계속하는 국가 차원의 을지연습이 실시되고 있었다. 당시에는 대통령께서 직접 지하 연습장까지 오셔서 진행상황을 보고받았는데, 상황을 종합하여 보고서를 만드는 일이 보통 힘든 일이 아니었다. 그래서 매일 밤 능력 있는 엘리트 과장급들을 선발하여 보고서 작업을 담당케 했다. 그런데 자정이 넘어 보고서를 작성해야 할 시간이 지났는데 차출해 놓은 요원들의 얼굴이 하나도 보이지 않는 것이었다. 난감한 가운데에도 짐작되는 바가 있기에 청사 한구석 외떨어진 곳을 찾아가 보니 으슥한 방에서 불빛이 새어나오고 있었다. 확인할 겨를도 없이 문을 확 밀치고 들이닥쳤다. 아니나 다를까, 예측한 대로 한데 모여 고스톱을 치고 있었다. 인사권을 가진 국장으로부터 불의의 습격을 받은 일행은 차렷 자세로 일어선 채 손가락 하나 움직이지 못하고 얼어붙어 있었다.

그 순간 전광석화같이 몇 가지 생각이 머리를 스쳐지나갔다.

'전쟁이 벌어지고 있는 현장에서 공직자들의 노름판?'

시장에게 보고되면 중징계감이요, 기자가 알게 되면 톱뉴스감이다. 행위의 질보다도 명분에서 살아날 길이 없다. 그런데 그들 모두 장래가 촉망되는 젊은이들이고 서울시가 아끼는 일꾼들이다. 사색이 되어 서 있는 그들에게 기합이 내려졌다.

"서울시를 대표한다는 우수한 놈들이 전쟁 중에 노름판을 벌이고 있다니 모두 죽고 싶은가? 그것도 잔돈푼이나 놓고 이걸 노름이라고 해? 시시한 놈들!"

그러고는 지갑에 들어 있던 돈을 몽땅 꺼내어 테이블 위에 탁 소리 나게 던져 놓고, "똑같이 나누어 가지고 놀다가 한 놈이라도 돈 떨어지면 바로 상황실로 복귀해. 그리고 이 일이 밖으로 새 나가면 너희도 죽고 나도 죽어 이 놈들아, 알겠나?"

문을 쾅 닫고 아무 일도 없었다는 듯이 상황실로 돌아왔다.

그 후 상당한 세월이 흘러갔고 도지사로 근무하고 있을 때 서울에 출장 왔다가 과거에 근무하던 국장실이 보고 싶어 잠시 들렀더니 젊은 내무국장이 반색을 하며 말했다.

"지사님! 그땐 지옥과 천당을 동시에 왔다 갔다 했습니다."

"아니 뜬금없이 천당과 지옥이라니?"

그로부터 을지연습 때의 사건을 듣고 나서야 까맣게 잊어버렸던 기억이 되살아났다.

"그래, 그때 노름꾼들은 다 잘 있는가?"

"말씀도 마십시오. 모두 다 국장 이상 요직들을 맡고 있습니다. 저희가 모이면 지금도 소름끼치는 그때 이야기를 가끔씩 합니다. 평생 잊지 못할 사건이니까요."

그의 환하게 웃는 얼굴 모습을 보면서 그때 그런 방법으로 기합 주기를 잘했구나 하는 생각이 들었다.

기합이라면 우선 괴로운 일이라 피하고 싶은 생각부터 하게 된다. 기합 받는 과정도 싫지만 받은 후에도 피차간에 개운치 않기 때문이다. 그러나 모든 기합이 부정적인 것만은 아니다. 기합을 주는 사람이나 받아들이는 사람들이 좀 더 사려 깊게 생각하고 긍정적인 방향으로 받아들이면 오히려 조직에 활력을 넣어 주고 신바람 나는 일터에도 보탬이 될 수 있다.

3. 가치의 발견과 행복의 질

1) 모두가 원하는 행복

행복이란 내가 원하는 가치를 찾아가는 것

사람들은 내가 원하는 것을 위해 땀 흘리고 노력한다. 입시를 앞둔 수험생처럼 미래의 행복을 위해서 현재의 어려움을 극복하며 살아간다. 돈·명예·권력 등은 보편적으로 중요하게 여기는 가치에 해당한다. 그것은 인간의 삶을 풍요롭게 하고 편리한 삶의 수단이 되게 하며, 행복의 기초를 마련해 준다. 그러나 삶의 질을 한층 높이기 위해 놓쳐서는 안 될 중요한 것들이 있다. 내 삶과 관계를 맺고 있는 여러 가지의 가치를 알고 살아가는 것이다. 돈·명예·권력 등은 때로는 갈등을 일으키게 하고 고통의 원인이 되기도 한다. 하지만 내 삶이 있게 하는 수많은 것들의 가치와 의미를 깨달으면 우리의 삶은 한층 더 진정한 행복에 다가설 수 있다.

2) 삶의 질을 높이는 가치
나 자신의 가치

한 천체물리학자의 말에 의하면 인간 같은 생명체가 우주 내에 존재할 가능성은 수없이 많은 부품으로 이루어진 자동차가 폭발하여 산산이 부서져 공중으로 치솟아 올랐다가 땅으로 떨어져 내리면서 본래의 모습대로 복원될 확률과 같다고 한다.

또 우리의 육체는 어떤가? 약 60조 개의 세포로 이루어진 우리 몸은 세포마다 핵이 있고 핵 속에는 23쌍씩 염색체가 들어 있으며, 유전형질을 결정하는 사다리꼴 DNA의 총 길이는 지구에서 태양까지 360번을 왕복할 만한 길이다.

이토록 우리 몸은 소우주로 태어났으며 더구나 70억 인류 중에서 나와 똑같은 사람은 단 한 명도 없다. 나는 이 세상에서 유일무이한 존재로서 창조주의 섭리가 아니고서는 존재할 수가 없다. 그러므로 나는 얼마나 가치 있는 피조물(Creation)이며 내게 주어진 소명이 무엇인지를 깨달아야 한다. 육체만 해도 이렇게 신비로운데 하물며 보이지도 않는 정신세계는 무엇으로 설명이 되겠는가?

유명 미술작품들의 경매가가 1천억 원을 넘는다는 보도를 보고 놀라지만, 이는 인간 생명의 가치와는 비교가 되지 않는다. 기적을 뛰어넘는 확률을 통해 태어난 나의 가치는 이 세상의 어떤 것과도 비교할 수 없다. 따라서 나는 시시하게 살아서는 안 되는 존재다. 멋지고 행복하게 살아야 할 의무가 있고 권리가 있다.

사소한 것들의 큰 가치

나를 숨 쉬게 하는 공기는 감사하기는 고사하고 무관심의 대상이다. 그러나 우주선 속에서 필요한 공기도, 하수도 맨홀 속에서 질식한 사람에게 필요했던 공기도 동일한 것이다. 이러한 공기를 무제한으로 쓸 수 있다는 것에 감사할 수 있다면 나는 더 행복해질 수 있다. 식탁에 오르는 음식물이 그 자리에 올 때까지의 과정과 수고한 사람들의 정성을 생각하면 쌀 한 톨 버릴 수 없고 맛없는 음식이 있을 수 없다. 농부는 벌레 먹은 채소 한 포기도 버리지 않고 과수원 주인은 사과껍질도 두껍게 깎지 못한다. 가치를 알고 의미를 생각하면 모든 것이 소중해지고 그만큼 나도 더 행복해진다.

3) 인생길의 동행자들

동승자(A Fellow Traveler)

이것은 영국의 저널리스트였던 알프레드 G. 가드너(Alfred George Gardiner)의 수필 제목이다.

퇴근길에 런던 교외로 향하는 막차를 탄 주인공은 다른 승객들이 다 내리고 텅 빈 객차 안에 혼자가 되자 자리에서 일어나 저물어 가는 하늘을 바라보며 자유로움을 만끽한다. 그러나 자리에 앉아 신문을 읽기 시작했을 때 그곳에는 다른 동승객이 있음을 알게 된다. 그것은 모기였다.

쫓아도 계속 귀찮게 달려드는 모기를 향해 화가 난 주인공은, '무임승차 한 데다가 식권도 없이 먹으러 덤빈다는 죄목'으로 사형을 선고한다. 그리고 사형을 집행하기 위해 객차 내를 이리저리 쫓아다녔지만 허사였다. 꼭 노련한 투우사에 놀림당한 황소가 된 기분으로 자리로 돌아오면서 "인간의 도덕적 존엄성으로 자비를 베풀어 사형선고를 취소한다."며 더 이상의 공격을 포기한다.

그리고 다시 자리에 앉아 신문을 펼쳐들었을 때 달갑지 않은 동승자는 어리석게도 신문지 한복판에 내려와 앉았다. 신문을 탁 접기만 하면 일은 끝난다. 그러나 이제는 죽일 수가 없다. 사형은 이미 취소되었을 뿐만 아니라, 그것 또한 이제는 단순한 한 마리의 벌레가 아니라 자신처럼 삶을 구가하는 생명체로 인식되었기 때문이다. 운명은 그들을 여름밤의 동승자로 만들어 주었고 어둠 속에서 들어와 객차 속의 불 켜진 램프 주위를 잠시 맴돌다가 알 수 없는 어둠 속으로 다시 사라져 가는 생명의 기적과 신비로움 또한 인간생명과 다를 바 없다고 생각한 것이다.

이 글은 작고도 단순한 내용이지만 우리 주변에 살고 있는 수많은 생명들의 가치와 신비로움까지 일깨워 주는 섬세한 메시지가 담겨 있다.

동행자들의 가치

사람은 생명을 부여받는 순간부터 동행자들과 함께한다. 내 삶에 없어서는 안 되는 사람들이 수없이 많다. 목숨을 걸고 날 낳아 주고 길러 주신 부모님, 한 핏줄의 형제자매, 나에게 인생을 걸고 살아 주는 배우자, 갈 길을 인도해 주는 스승, 마음이 통하는 친구, 선후배, 직장 동료 등 헤아릴 수 없이 많다. 인간은 홀로 살아갈 수 있는 존재가 아니다. 그 동반자들의 가치가 내 삶의 질과 행복에 영향을 미친다.

행복을 만들려면 인생길을 동행하는 모든 사람의 귀한 가치를 발견하고 감사하는 일부터 시작해야 한다. 수필가 가드너는 객차 안에서 만난 미물에게서도 생명의 가치를 발견해 내는데 내 인생의 동행자들을 어찌 여기에 비교할 수 있겠는가? 행복해지려거든 가까운 사람부터 소중하게, 주변 사람들부터 소중하게 생각해 보자.

4) 생활 속의 가치 발견

모르면 호강도 고역

문화유산의 결정체라고 하는 오페라는 바그너의 말처럼 인류가 창조해 낸 종합예술로서 음악·미술·무용·의상 그리고 건축에서 과학까지 여러 장르가 융합되어 관객의 가슴에 감동을 일으키는 종합예술이다. 그러나 오페라의 가치와 내용을 모르고 듣는 사람에겐 지루한 고역의 시간이 된다. 공연장에 가기 전에 미리 내용과 관련 사항들을 검색해 보면 기쁨과 감동을 맛볼 수 있듯이 나의 삶과 관계되는 주변의 가치와 의미를 찾아내면 행복감은 더욱 커진다. 그것이 삶의 질을 높이는 좋은 방법의 하나이다.

또 여행사의 안내를 받아 단체여행을 다녀온 사람들에게서 흔히 듣는 말들이 있다.

"가는 곳마다 비슷한 것뿐이라서 볼 것이 별로 없더라."

"비행기 타고 내리는 것만 기억에 남고 피곤만 얻어왔다."

그야말로 여행이 아니라 노동을 하고 돌아온 것이다. 여행 코스는 대체로 역사적 의미가 있거나 명승지 중심으로 이루어지지만 그곳이 가지고 있는 독특한 의미와 가치를 모르고 떠난다면 신바람 나는 여행 시간을 노동과 피로의 시간으로 바꾸어 놓는 결과가 된다.

이토 히로부미를 저격한 안중근 의사의 총성이 느껴지지 않는 한 하얼빈 역 방문은 의미가 없고 프랑스대혁명의 신호탄이 된 바스티유 감옥 습격 사건을 모르면 광장 방문은 다리만 아플 뿐이다. 밖으로 보이는 모습이 비슷하더라도 내면의 가치와 의미는 천차만별이다. 그것의 가치를 알고 행복의 도를 결정하는 것은 바로 나 자신이다.

5) 소중한 삶의 터전

즐거운 나의 집(Home sweet home)

나의 삶과 관련되어 있는 것마다 소중하게 느껴진다면 그는 행복한 사람이다. 미국의 극작가였던 존 하워드 페인(John. H. Payne)이 이국 땅 낯선 거리에서 가정을 그리워하며 한 곡의 노래를 지었다. 1852년 그는 알제리에서 죽었고 그가 죽은 지 30여 년이 지난 후 미국 정부는 그의 유해를 본국으로 이송해 오면서 화려한 환영 퍼레이드를 열었다. 군악대의 연주와 예포 소리가 울려 퍼졌고 대통령을 비롯한 정부요인들과 수많은 사람이 운집했다. 평범한 소시민에 불과했던 그가 그토록 국민의 관심을 끌었던 것은 그가 작사한 단 한 곡의 노래, 그 노래가 사람들에게 가정이 얼마나 소중한 것인지를 가슴속에 심어 주었기 때문이다.

> 즐거운 곳에서는 날 오라 하여도 / 내 쉴 곳은 작은 집 내 집뿐이리
> 내 나라 내 기쁨 길이 쉴 곳도 / 꽃 피고 새 우는 내 집뿐이리

이 노래는 미국뿐 아니라 세계인들의 애창곡이 되고 있다. 그 이유는 삶의 근본이 되는 '가정의 행복'을 노래하고 있기 때문이다. 소중한 가족, 행복의 샘터, 가정만 한 곳이 이 세상 어디에 있을까?

다음으로는 가정 못지않게 중요한 곳이 일터다. 잠자는 시간을 제하고 나면 가족과 함께하는 시간보다 직장 동료들과 보내는 시간이 훨씬 더 많다.

출근길이 신바람 나고 직장 일에 재미가 있다면 그는 성공한 사람이요 행복한 사람이다. 특히 함께 일하는 동지들과 고락을 함께하면서도 두터운 정을 나눌 수 있다면 이 또한 행복의 요인이 된다.

사람의 향기

　나는 서울시와 충청북도에서 공직생활의 대부분을 보내면서 많은 사람들에게 신세도 지고 정도 들었다. 그 중에서도 특별한 인연이 있었던 사람들을 말하라면 지근거리에서 나를 도와주었던 운전기사와 비서들을 빼놓을 수가 없다.

　초임 용산구청장에서 충북도지사까지 사반세기가 넘는 세월을 지나다 보니 비서진만도 50명에 달했는데 서울과 충북 팀들이 자연발생적으로 하나가 되어 「117회」라는 모임이 되었다. 비서실 요원으로 발탁되는 사람들은 모두가 우수한 인재들이었으므로 세월이 지나면서 실무직이었던 그들이 사무관과 서기관은 물론이요 서울시 부시장과 국회의원까지 배출하는 자랑스러운 그룹으로 성장하였다. 뒤돌아보면 나는 비서들에게 가혹했다. "비서로 일하는 동안에는 얼굴도 이름도 없어야 한다. 비서들의 말 한마디나 표정 하나도 상대방들은 기관장의 것으로 받아들인다."며 언행과 처신에 각별히 신경 쓸 것을 요구했다.

　그리고 그들의 희생과 노력 덕분에 26년간의 기관장 시절을 원만하게 지낼 수 있었다.

　은퇴 후 어느 날 혼자 엘리베이터를 탔는데 한참이 지나도 움직이지 않는 것을 알아채고 쓴웃음을 지었다. 버튼을 누르는 것도 수행비서의 일이었으니까. 지하철 계단을 오르내리고 은행창구에서 서툴게 일보면서 그동안 그들의 도움이 얼마나 크고 고마운 것인지를 실감하게 된다. 다시 살아볼 수 있다면 좀 더 잘해 줄 수 있을 것이라 생각해 보지만 이제는 다 소용없는 일이라 미안한 생각만 남는다.

　그런데도 그들이 함께 일할 때에 느꼈던 생각이나 일화를 『**사람의 향기**』라는 책으로 엮어 내게 선물로 주었다. 무심코 던진 말 한마디, 표정 하나가 그들에 의해 글이 되었고 잊고 있었던 지난날의 추억들을 되살려 주었다.

우리의 삶터 대한민국

우리의 삶의 터전 대한민국은 참으로 대단한 나라다.

100여 년 전 고종황제의 특사가 국제회의장에 들어가지도 못하던 나라에서 UN사무총장이 연임되고 2010년에는 G20 의장국이 되어 우리나라 대통령이 회의를 주재하는 기적 같은 일들이 일어났다. 춘궁기를 맞으며 보릿고개를 힘겹게 넘었던 우리나라가 불과 몇 십 년 만에 '원조를 받던 나라'에서 '원조를 하는 나라'가 되었다.

아이돌의 노래와 춤이 문화의 자존심 유럽을 열광케 하고 한류는 아시아에서 유럽과 미국을 거쳐 남미까지 지구를 한 바퀴 돌았다. 그리고 세계인을 단시간에 하나로 만든 평범한 한국인 싸이의 「강남 스타일」은 도대체 무엇인가? 런던 올림픽에서 축구 종주국 영국과 숙적 일본을 격파하는 장면은 국민들을 신바람 나게 했고 종합 5위의 빛나는 성적은 대한민국에 영광을 안겨주었다.

우리나라는 참 좋은 나라요, 우리 국민들은 참 대단한 사람들이다. 자랑스러운 대한민국의 긍지를 느끼며 자부심을 더할 때 우리의 행복도 함께 성장해 갈 수 있다.

삶터의 중심, 서울을 소중하게

우리의 삶터 서울은 6백 년을 지나오는 동안 바위 하나 나무 한 그루에도 전설과 설화가 생겨났고 무심코 흐르는 한강 물에도 굽이굽이 역사적 사실이 깃들게 되었다.

나라에 기쁨과 영광이 있을 때도 그랬지만, 비참하고 쓰라린 아픔이 있을 때에도 서울은 언제나 그 중심에 있었다.

임진왜란으로 초토화되어 버린 한양은 비참했다. 거리에는 인마의 시체 썩는 악취로 가득하고 궁궐과 종묘까지 불타 버린 채 공사 간의 건물은 기왓장만 뒹굴었다고 기록되어 있다. 피난에서 돌아온 선조도 머물 곳이 없어 덕수궁 자리에 있었던 월산대군의 구택을 행궁으로 쓸 수밖에 없었다.

병자호란 때 삼전도에 내려와 곤룡포 대신 남색 군복을 입은 인조가 세 번 절하고 아홉 번 머리를 땅에 부딪치는 삼배구고두(三拜九叩頭)로 항복했던 삼전도의 굴욕이 세월 속에 묻혀서는 안 된다. 그리고 일제 강점기와 6·25의 아픔은 아직도 진행형이다.

나라가 힘이 없고 지도자들이 지혜롭지 못하면 국민들이 비참해진다는 교훈을 절대 잊어서는 안 된다.

그러나 불타고 무너져도 고난을 이기고 다시 일어선 서울, 이제 수준 높은 세계도시로 성장한 서울은 저력 있는 역사의 땅이다. 서울을 소중히 여기고 역사의 혼을 되살리며 긍지를 느낄 때 더욱 자랑스럽고 행복한 삶의 터전이 될 것이다.

지하철이 혼잡해도, 자동차 길이 막혀도, 날씨가 뜨거워도 우리에게 서울보다 더 좋은 삶터는 없다. 그래서 우리는 행복하다.

사랑은 받는 것이 아니라 주는 것이며,
얻는 것이 아니라 바치는 것이다.
그래서 가정은 행복이 시작되는 곳이요,
행복한 가정은 미리 누리는 천국이다.

4. 행복의 샘터, 가정

1) 가정이란 곳

가장 평화롭고 사랑이 샘솟는 곳

미국의 자동차 왕 헨리 포드가 고향에 가서 자그마한 집 한 채를 지었다. 대기업 총수의 집이라고 보기에는 너무나도 초라한 집이었다. 그것을 본 사람들이 그에게 물었다.

"이건 너무하지 않나요? 호화롭지는 않더라도 생활하는 데 불편은 없어야지요."

그러자 포드가 미소를 띠며 대답했다.

"가정은 건물이 아닙니다. 비록 작고 초라하더라도 평화롭고 사랑이 넘친다면 그곳이야말로 가장 위대한 집이지요."

웃음꽃이 피어나는 화목한 가정

어릴 때 어른들로부터 들은 옛날이야기가 있다.

세탁기가 없을 때, 빨래를 솥에 넣고 삶은 후에 물에 헹구며 빨래를 했던 시절의 이야기다.

어느 집에서 어린 며느리를 보았는데 아직 일이 서툴러서 시아버지 옷을 삶다가 그만 시커멓게 태워 버렸다. 이건 보통 낭패스러운 일이 아니어서 나이 어린 며느리는 그만 울음을 터트리고 말았다. 이를 본 신랑이 아내를 달래며 말했다.

"여보, 그것은 당신 잘못이 아니라 내가 게을러서 물을 길어다 놓지 않은 탓이요."

옆에 있던 시어머니가 두 사람 사이에 끼어들며 말했다.

"너희들 잘못이 아니라 내가 눈이 어두워서 솥에 물을 충분히 채워 주지 못하였구나."

멀리서 지켜보던 시아버지가 다가오며 말했다.

"내가 근력이 부쳐 장작을 굵게 쪼개 놓았더니 불길이 너무 강했나 보구나."

화목하기로 소문난 이 가정은 세월이 지나면서 논을 사도 문전옥답만을 사게 되고 소를 사도 새끼 밴 암소만 사게 되면서 부자로 잘살았다는 이야기다.

웃음꽃이 피어나는 화목한 가정은 이토록 상대방을 배려하고 아껴 주는 데서부터 시작된다. 남에게 책임을 묻고 이유를 따지는 곳에서는 화목의 꽃이 피어나지 않는다.

2) 남편과 아내

말 한마디의 차이

우리나라가 근래 들어 OECD 국가 중 1위라는 말이 나올 만큼 이혼 사례가 높아졌다. 그들의 공통점은 대부분 성격 차이 때문이라고 말한다. 『화성에서 온 남자, 금성에서 온 여자』처럼 남녀 간에 만나 처음에는 다른 점이 있어서 좋아하지만 나중에는 왜 나와 다르냐며 갈등을 일으킨다. 하지만 자라온 환경과 걸어온 길이 각기 다른 사람들이 만났는데 서로 다르지 않다면 그 또한 이상한 일이다.

『주역』에 보면 지천태괘(地天泰卦)와 천지비괘(天地否卦)라는 것이 있다. 지천태괘는 "하늘의 기운이 땅을 받쳐 주면 천하가 태평해진다." 즉 "남편이 부인을 존중하면 그 가정이 태평해진다."는 뜻이고 천지비괘는 "하늘의 기운이 땅을 누르면 천지가 비색해진다." 즉 "남편이 아내를 무시하면 힘들어진다."는 뜻을 가지고 있다. 이처럼 배우자의 언행은 상대방의 길을 열기도 하고 막기도 하므로 5천 년 전 선각자들이 이미 터득한 가정평화의 논리는 오늘에도 여전히 유효하다.

한창 정치활동을 왕성하게 하던 루스벨트는 39세 때에 갑자기 소아마비에 걸려 휠체어를 타야만 했다. 절망에 빠진 그의 모습을 지켜보던 아내 엘레나 여사는 비가 그치고 맑게 갠 어느 날, 남편을 휠체어에 태우고 정원을 산책하며 대화를 주고받았다.

"비가 온 뒤에는 이렇게 맑은 날이 찾아오네요. 당신도 마찬가지겠지요. 뜻하지 않게 다리는 불편해졌지만 당신이 달라진 건 아무것도 없어요. 여보, 조금만 더 힘을 내세요."

"하지만 나는 이제 영원한 불구자요. 그런데도 당신은 나를 사랑할 수 있겠소?"

“아니, 그러면 지금까지 내가 사랑했던 것은 당신의 다리뿐이었다는 말인가요?”

아내의 말에 루즈벨트는 용기를 얻었다. 그리고 휠체어를 탄 장애인의 몸으로 대통령에 당선되어 뉴딜정책으로 경제공황을 극복했고 제2차 세계대전을 승리로 이끌었던 영웅이 되었다.

사랑에서 우러난 배우자의 말 한마디는 절망을 희망으로, 좌절을 용기로 바꾸어 준다.

결혼생활은 둘이 하나로 되어 가는 과정

연인이었을 때는 꿈속에 있지만 결혼을 하고 나면 현실로 넘어와야 한다. 연인 시절에는 맹목적으로 그 사람만을 바라봤지만 결혼식을 치르고 부부가 되고 나면 꿈에서 벗어나서 현실에 발붙이고 살아가야 한다. 그렇게 현실에 부대끼며 살아가다 보면 그동안 보이지 않던 부족한 것들이 보이기 시작한다. 결혼생활은 부족함이 있기 때문에 필요한 것이며 서로 간에 부족한 점을 채워 줌으로써 완전한 하나로 되어 가는 과정이다. 히말라야 설산(雪山)에 산다는 전설의 새 공명조(共命鳥)이야기는 결혼생활에 시사하는 바가 크다.

몸은 하나인데 머리는 둘인 공명조가 행복하게 살고 있었는데, 하루는 한쪽 머리가 졸다가 깨어 보니 다른 쪽 머리가 맛있는 먹이를 혼자 먹어치운 것을 알게 되었다. 이에 화가 난 한쪽은 상대방을 괴롭히겠다는 생각으로 독이 있는 과일을 찾아서 먹었다. 그러자 독은 전신으로 삽시간에 퍼져서 결국 함께 죽어 버리고 말았다.

행복한 가정은 타산과 경쟁이 아니라 사랑과 헌신으로 서로를 채워 주며 하나가 되어가는 곳이다.

부부는 닮아 간다

우리나라 전통혼례를 보면 대례상(大禮床) 위에 살아 있는 수탉과, 소나무와 대나무 가지 그리고 청실홍실을 올려놓고 신랑신부가 맞절을 한다.

상징물 중 수탉은 신랑에게 아내를 보호하고 아끼는 용맹과 슬기를 배우라는 것이고 송죽은 곧은 절개와 변치 않는 신부의 다짐을 요구하는 것이다. 그리고 청실홍실은 서로를 하나로 이어줌으로써 일심동체로 살아가라는 뜻이다. 설탕이 물에 녹아 설탕물이 되듯이 두 사람이 하나가 되면 더 이상 바랄 것이 없다. 그러나 하나가 되는 것이 쉬운 것만은 아니다. 노력과 인내와 양보와 세월이 필요하다.

나도 결혼 초에는 서로 다른 점이 너무 많아 불편하기도 하고 다투기도 많이 했다. 아내는 태어난 이후 결혼할 때까지 줄곧 서울에서만 살았고 나는 석유등잔으로 어둠을 밝히는 농촌에서 자랐으니 취미나 생각, 생활패턴이나 음식 등 모두가 달랐다. 하지만 세월이 지나면서 차이가 서서히 줄어들었다. 이제는 줄어들었다기보다 거의 같아져 버렸다. 말을 하지 않아도 표정이나 동작만으로도 잘 통한다. 어떤 상황에 반응하는 방식이나 생각도 같아 하루에도 몇 번씩이나 동시에 똑같은 말을 하게 된다.

부부가 오래 같이 살다 보면 생각과 행동뿐만 아니라 피부색이나 얼굴의 분위기도 같아진다. 가정의 행복은 논리의 차이나 외형적 조건에 있지 않다. 서로 닮아가며 하나가 되어 살아가는 데에 있다.

3) 외형이 보장해 주지 않는 행복

호화 결혼식이 급기야 부작용을 일으키며 사회문제가 된 지도 오래되었다. 자존심과 체면 때문에 겉모양을 갖추려는 부모들의 자존심이 신랑 신부의 순수한 사랑에 상처를 입히고 파경으로 몰아가는 사례도 생긴다.

늦은 감이 있지만 몇 년 전부터 '부모의 눈물로 울리는 웨딩마치'에서 벗어나기 위해 '작은 결혼식 캠페인'이 사회적 운동으로 확장되어 가고 있는 것은 반가운 일이다. 외형이 화려한 결혼식이 행복으로 이어지지 않는다는 것을 깨닫게 해 줄 것 같아 다행스러운 일이다.

그리스의 선박 왕 오나시스는 화려한 무대에서 노래로 관객을 사로잡는 마리아 칼라스에게 반했고 행복을 꿈꾸며 열일곱 살 아래인 그녀와 결혼하게 된다. 그러나 결혼생활 8년이 되기 전에 주부로서 너무 모자라고 권태를 느낀다며 이혼하고 만다.

그 후 세상을 떠들썩하게 하며 케네디 대통령의 미망인이었던 재클린과 다시 결혼했지만 채 일주일도 되지 않아 실수를 했다고 후회하며 고민에 빠졌으나 이혼도 못 하고 살았다 한다. 그러다가 "나는 인생을 헛살았다. 하나님께서 주신 축복을 쓰레기로 던지고 간다."며 69세의 아쉬운 나이로 세상을 뜨고 말았다.

노래 부를 때 천사처럼 보이던 칼라스와 살아도, 세상의 명성을 한 몸에 받았던 재클린과 살아도 그 속에 행복은 없었다. 남들이 모두 부러워하는 재력과 명성도 그에게 행복을 만들어 주지 못했다.

이와 대조적으로 순박하고 욕심 없는 사랑으로 행복을 찾고 있는 사람

들에게는 장만영의 「사랑」이란 시처럼 가난해도 상관없고 좁은 공간이라
도 하늘이 내려준 선물이 될 수 있다.

서울 어느 뒷골목 / 번지 없는 주소엔들 어떠랴 /
조그만 방이나 하나 얻고 / 순아, 우리 단둘이 살자.
숨바꼭질하던 / 어린 적 그때와 같이 / 아무도 모르게 /
꼬옹꽁 숨어 산들 어떠랴 / 순아, 우리 단둘이 살자.
단 한 사람 / 찾아 주는 이 없은들 어떠랴 / 낮에는 햇빛이 /
밤에는 달빛이 / 가난한 우리 들창을 비춰 줄 게다 /
순아, 우리 단둘이 살자.
깊은 산 바위 틈 / 둥지 속의 산비둘기처럼 / 나는 너를 믿고 /
너는 나를 의지하여 / 순아, 우리 단둘이 살자.

기찻길 옆 작은 둥지

아무것도 가진 것 없는 나에게 맏딸을 맡기지 않으려는 처가의 반대에도 불구하고 우리는 결혼을 강행했다. 그런데 신혼살림을 꾸리자니 거처할 장소가 없었다. 내가 들어 있던 방세를 빼고 아내가 직장 다니며 모은 얼마간의 돈을 합쳐도 대책이 서지 않았다. 그래도 남의 집에 세 들어 사는 것보다는 내 집을 가져 보자며 둘이서 시외버스를 타고 무작정 의정부 쪽을 향해 나가 보았다.

이곳저곳을 돌아다니다 보니 도봉산 입구의 철로 옆에 조그만 무허가 건물이 하나 있었다. 지금은 시가지가 다 되었지만 60년대 그곳은 농지와 산만 보이는 머나먼 곳이었다. 그곳에 삶터를 정하고 저녁이 되어 자리에 함께 누우니 엉성하게 덮어 놓은 천정 틈새로 하늘의 별이 보였다. 그래도 우리 집을 가졌기에 대견하고 흐뭇했다. 철로와는 불과 10m 정도밖에 떨어지지 않은 집이라서 기차가 지나갈 때마다 요란한 것은 물론이고 구들장이 흔들렸다.

그래도 우리의 자력으로 마련한 삶의 둥지라서 좋았다. 집 근처가 종점인 시외버스를 타고 시내까지 오는 길은 멀기도 했지만 시간도 많이 걸렸다. 당시 첫아이를 임신 중이던 아내는 철로 옆길 외딴집에서 하루 종일 내가 퇴근하기를 기다리면서도 힘들어하지 않았고 동네 산파 집에서 첫딸 규진이를 낳았다.

일 년쯤 지난 후에 우리는 시내가 조금 더 가까운 삼양동의 조그만 집으로 이사를 했다. 역시 무허가 건물이었지만 나는 출퇴근 거리가 조금 더 가까워져서 편해졌고 아내는 인근에 시장이 있어서 좋아했다. 그런데 집이

쓰레기 더미 옆이라 파리 떼와 악취에 시달리는 것도 힘들었지만 수도시설이 없는 것은 정말 불편하기 짝이 없었다. 골목에는 공동수도가 하나밖에 없었는데 그나마 자정이 되어서야 한 시간쯤 물이 나왔다. 그 물 나오는 시간을 놓칠세라 집집마다 밤잠을 설치며 물을 받아 가느라 장사진을 이루었다. 모두가 나누어 써야 할 물이므로 한 집에 한 통 이상은 받아 갈 수가 없었다. 아내는 내가 세수한 물을 받아 두었다가 그 물로 걸레도 빨면서 그런 생활을 당연한 것으로 생각하며 살았다. 우리만이 아니라 그 골목 사람들도 모두 그렇게 살고 있었으니까.

그 다음으로 이사한 곳이 마포구 도화동이니 드디어 서울시내까지 진출한 셈이었다. 그 집은 기둥에 지붕만 얹은 옛날 시장터의 건물을 칸칸이 막아 놓은 기다란 연립주택인 셈이었다. 출입구를 제외한 삼면의 벽이 모두 다른 집과 붙어 있어서 창문이 없었다. 그러나 집 안에 있는 수도꼭지만 틀면 물이 펑펑 쏟아지니 아내는 이런 호강이 어디 있느냐며 만족해했다.

시청까지 가는 나의 출근길도 아주 편해졌고 이웃들의 인심도 좋았다.

다만 불편한 것은 한 세대의 면적이 네 평밖에 되지 않아 비좁았다. 출입문 겸 부엌을 제하고 난 작은 방에 가재도구를 놓고 나면 간신히 발 뻗고 누울 공간만이 남았다. 삼면의 벽은 옆집과 판자로 막아 놓은 것이어서 약간 긴 못을 박으면 옆집으로 삐져 나갔고 옆집의 말소리도 두런두런 들렸다.

그런데 이런 것쯤은 별 문제가 되지 않았으나 정말로 불편했던 것은 화장실이 없는 것이었다. 골목 밖에 떨어져 있는 재래식 공중화장실을 주민들이 모두 함께 써야 했다. 더구나 아침에는 이용자가 몰려드는 바람에 차례를 기다리다 보면 악취가 문제가 아니라 다급함에 진땀이 날 때도 많았다.

그래도 가족과 함께 편히 살 수 있는 내 집이 있어서 좋았다. 주말이면 벽지를 사다가 아내는 풀을 칠하고 나는 벽에 붙이면서 신바람이 났고 모래와 시멘트를 사다가 낡은 곳을 서툰 솜씨로 수리하는 일도 즐거웠다.

가슴 아린 기억 하나

그런데 그 집과 관련해서 지금 생각해도 가슴 아린 기억이 하나 있다. 세 살 된 첫딸 규진이가 골목에서 놀다가 집으로 들어오기를 싫어하는 것이었다. 저녁때가 되어 아내는 밥도 짓고 집안일도 해야 하는데, 이제 집으로 들어가자고 하면 아이는 한사코 도리질을 하는 것이었다. 방이라야 출입구를 제외하고는 사면이 막혀 있어서 캄캄했고 창문 대신 지붕 한 곳을 뚫어 유리판을 대어 놓은 곳으로 빛이 들어오게 되어 있으니 어린 마음에 캄캄한 실내가 무섭고도 답답했던 모양이다.

화창한 오월의 어느 일요일, 아이를 데리고 남산에 올라가 잔디 광장에 내려놓았다. 넓은 공간에 세워 놓자 낯선 듯 주위를 한참 두리번거리던 아이는 갑자기 두 팔을 하늘로 향해 쭉 뻗고 "으하하! 으하하!" 하고 탄성을 지르며 경중경중 뛰어다니기 시작했다. 새장에 갇혀 있던 새가 하늘을 박차고 날아오르듯이 아이는 덩실덩실 춤까지 추었다. 비좁은 골목 어두운 공간에 갇혀 있던 아이가 넓은 세상을 만나 해방감을 만끽하고 있는 것이었다. 푸른 하늘을 신비로운 듯 쳐다보며 사면이 확 터진 공간을 뛰노는 모습은 바로 작은 천사의 모습이었다. 저 어린 것을 좁고 어두운 공간에 가두어 둘 수밖에 없는 못난 애비의 가슴이 저려 왔다. 나는 속으로 다짐했다.

'그래, 비록 내 능력이 없을지라도
그 어느 아이들보다도 너를 귀하게 길러 내마.'

그 이후 규진이의 애칭은 '으하하'가 되었다.

몇 년 전에 '으하하'는 박사가 되었고 남산 광장보다 넓은 뉴욕에 가서 전공과 관련한 특강을 멋지게 했단다. 미안하고 대견하고 감사한 일이다. 가족들이 함께 모일 때면 의례히 옛 이야기들이 오가고 지금도 '으하하'에 얽힌 얘기도 종종 나온다. 규진이는 그 집이 기억도 안 나니 더 이상 마음에 담아두지 말라지만 나는 지금도 가슴이 저리다.

지금은 좋은 아파트에서 편하게 살고 있지만 직접 벽지를 붙이고 시멘트를 바르던 그때의 행복감이 잊혀지지 않는다. 비록 현실은 어려워도 내일 떠오를 태양 같은 희망이 있었기에 힘들지 않았다. 서로 의지하며 힘을 합해 주는 아내가 있었기에 외롭지도 않았다. 우리에게 맡겨진 어린 생명들이 있었기에 아무렇게나 대충 살아갈 수가 없었다. 살아가는 동안 어떠한 어려움을 만나도 부부가 하나 되어 힘을 합치면 극복되지 않을 문제란 없고 태풍이 불어도 흔들리지 않는 견고한 행복의 성이 된다.

4) 거문고와 비파

금(琴)이란 거문고요 슬(瑟)은 비파를 말한다. 둘 다 아름다운 소리를 내는 좋은 악기다. 그런데 거문고는 거문고대로 비파는 비파대로 자기 소리를 따로 낸다면 그것은 음악이 아니라 소음이 된다. 그러나 두 악기가 조화를 이루며 소리를 낼 때 심금을 울리는 음악이 된다.

부부도 똑같다. 각자 자기생각, 자기주장을 내세우면 가정이 시끄러워진다. 가정의 분위기를 좌우하는 것은 북핵문제나 지구온난화 같은 큰 문제가 아니다. 작은 말 한마디, 표정 하나에 분위기가 달라진다.

어린 아들이 미운 짓을 할 때 "용케도 제 애비를 닮았다."고 하는 아내의 말을 남편이 들었다면 아내에 대한 사랑은 물론이요 사다 주고 싶었던 선물 생각도 달아나 버린다. 반대로, 어린 딸이 상을 타 왔을 때, "우리 집 꼬마천사는 역시 당신을 닮았어."라고 하는 남편의 말 한마디에 아내는 하루종일 기분이 좋아질 것이다.

작은 불씨 하나가 온 산을 태우듯이 잘못된 말 한마디가 파경에 이르게 할 수도 있고 적절한 말 한마디로 천하를 얻기도 한다. 서로 자기 기분, 자기 기준에 맞추어 행동하면 가정의 평화는 오지 않는다. 금슬이 좋아지려면 서로 조화를 이루어야 하고 조화를 이루는 방법 중 가장 좋은 것은 상대방의 생각과 기준에 나를 맞추어 주는 것이다. 그러기에 상대방에 대한 배려와 양보는 금슬의 기초가 되고 부부간에 지켜야 할 기본 에티켓이기도 하다.

오 헨리의 「크리스마스선물」은 우리에게 잔잔한 감동을 준다.

짐에게 줄 선물을 살 수 없었던 아내 델라는 결국 탐스러운 자신의 금발을 팔아 남편의 시곗줄을 마련했다. 하지만 남편 짐은 자기의 시계를 팔아 아내가 그토록 갖고 싶어 했던 머리핀을 사 가지고 왔다. 서로를 확인한 두 사람은 감동의 눈물을 흘리며, "지금 당장 사용하기엔 너무 좋은 물건들이니 크리스마스 선물은 당분간 그냥 두자."고 한다. 결국 소용없는 선물들이 되어 버렸지만, 그들이 주고받은 것은 물건이 아니라 사랑이었고 헌신이었다.

사랑은 받는 것이 아니라 주는 것이며, 얻는 것이 아니라 바치는 것이다. 그래서 가정은 행복이 시작되는 곳이요, 행복한 가정은 미리 누리는 천국이다. 천국 같은 가정에서는 많은 말이 필요 없다. 다음 세 마디면 족하다.

사랑해요!(I Love You!)
행복해요!(I am Happy!)
감사해요!(Thank You!)

가시버시의 만남과 그 이후

눈 내린 광화문 거리

9급 공무원이 된 후 첫 근무지인 광화문 전화국의 민원업무 창구에서 일하고 있을 때였다. 어느 날 정신없이 바쁜 하루를 보내고 일과가 끝나 갈 무렵 오래전부터 기다렸다며 덕성스레 보이는 한 처녀가 창구 앞으로 다가섰다.

자신은 변호사 사무실에서 일하고 있고 전화 관련 일을 지시받고 왔는데 아무것도 모르니 해결 방법을 가르쳐 달라는 것이었다. 서류를 내미는 손가락에 반지를 끼고 있었는데 언뜻 보니 '이법(梨法)'이라는 두 글자가 눈에 띄었다. 나는 궁금한 생각이 들어 그 반지에 새겨진 글이 무슨 뜻이냐고 물었더니 이화여대 법대의 졸업기념 반지란다. 법학을 전공한 사람이 이 정도를 몰라서 나 같은 사람에게 묻느냐고 농담을 한 후 소상하게 설명해 주고 곧바로 퇴근길에 올랐다.

청사 문을 함께 나오면서 별 생각 없이 행선지를 물었더니 마포로 간다며 내가 타고 다니는 같은 노선의 전차를 이용한다는 것이었다. 그런데 정류장까지 가는 길은 낮에 내린 함박눈이 얼어붙어 빙판길을 이루고 있었고, 굽 높은 하이힐을 신은 아가씨는 얼음 위의 소처럼 어쩔 줄을 몰라 쩔쩔맸다. 나는 신사도를 발휘한다며 한마디 했다.

"오늘은 어차피 내 도움을 받는 날이니 넘어지지 않으려면 내 팔을 잡으세요."

그래서 그 처녀는 한평생 끼어야 될 줄도 모른 채 최초로 내게 팔짱을 끼었다.

생명을 지켜 준 보호자

아내는 부모님의 완강한 반대를 무릅쓰고 내게로 시집을 왔다. 하지만 신혼의 단꿈을 꾸기도 전에 나는 폐결핵 환자로 판명이 났다. 내 인생도 큰일이지만 결혼 초에 황당한 일을 당한 아내는 우선 주위의 공격에 시달렸다.

"꼴좋다. 그렇게 말렸건만 제가 제 눈 찔렀지!"

"하루라도 빨리 보따리 싸!"

실망도 컸겠지만 주위의 눈총과 스트레스도 엄청났을 것이다. 그러나 아내는 나를 떠나지 않았다. 심신이 날카로워진 환자가 쏟아내는 신경질과 투정을 말없이 받아 주었고 반지를 팔고 시계를 잡히며 구해 온 가나마이신을 하루도 거르지 않고 직접 주사를 놓아 주며 정성껏 간호해 주었다. 그렇지만 한두 해가 지나도 증상은 전혀 개선되지 않았다. 시간이 흐르면서 나는 점점 절망 쪽으로 기울어지고 있었다. 혼자 조용히 누워 있는 시간이 많아졌고 희망과 용기를 서서히 놓아 가고 있었다.

그러던 어느 날, 아내는 무엇을 하는지 부엌에서 밤을 새우며 부산하게 움직이고 있었다. 무슨 일이냐고 묻자 특별히 배워 온 비방이라며 소위 '개소주'를 내린다는 것이었다. 지쳐 있던 아내도 이번에는 마지막 기대를 걸고 있는 듯했다.

그동안 의사가 처방해 주는 약이란 약은 다 먹어도 소용이 없었는데 무슨 효과가 있겠느냐며 심드렁한 심정이었으나 정성에 미안한 생각이 들어 '개소주'라는 것을 열심히 먹었다.

그런데 참으로 신기한 일이었다. 아내의 정성이 하늘에 닿았음인가, 몇 달간 약을 계속해서 먹자 체력도 나아지고 의사의 소견도 조금씩 개선되고 있다는 긍정적 결과가 나왔다.

세 번째 만들어 준 비방 약을 다 먹을 즈음, 그렇게 앞을 가로막았던 어둠이 서서히 걷히면서 마침내 길고도 어두운 수렁에서 살아나올 수 있었다.

사람이 살려면 자기를 살려 줄 사람과 약을 만나야 한다. 아내의 희생과 인내, 헌신이 없었다면 나는 지금 이 글을 쓰고 있지 못할 것이다. 아내는 내 생명을 지켜 준 보호자였다.

맞춤형 공직자 가족

결혼 초에 크게 놀랐던 아내는 한평생 나의 건강관리에 가장 정성을 들였고 다음으로는 공무원 가족으로서 흠결 없이 처신하는 데 철저하였다. 혹시 거절할 수 없는 선물을 받았을 경우에는 그에 상응하는 선물로 답례하여 재발을 방지해 주었다.

그리고 남 앞에 서거나 우대받기를 천성적으로 싫어하는 아내는 겸손하다는 평으로 두 번의 선거를 치르는 동안에도 득표에 도움이 되었다. 그런데 나한테는 인색한 야당이었다. 업무에 대한 비판 기사를 보면 철저히 따지고 들었고 행사장에서 연설이 좀 길다 싶으면 손가락으로 X자를 만들어 저지하는 등 야당 역할을 철저하게 하였다.

또한 결혼 초에 너무나 고생한 경험 때문에 소박과 절약이 몸에 배어 버렸다. 1993년 봄, 월간지에 「서울시장 이원종·김행자 부부의 결혼 이야기」라는 기사 속에 아내의 사진 여러 장이 실렸다.

아파트 단지 내 상가에 물건을 사러 간 아내를 보고 가게 주인이, "아줌마! 혹시 「가정조선」 보았어요? 그곳에 나온 시장부인이라고 하는 여자가 아줌마하고 꼭 닮았던데, 혹시 언니나 동생 있어요?" 하고 묻더란다. 그래서 아내는, "아네요, 인상이 비슷한 사람들이 많아서 그렇게 보셨겠지요."

라고 하면서 곧바로 돌아섰단다.

아내는 평소에 소박한 모습으로 살면서 남의 관심이나 입에 오르내리는 일이 없었고 친정 등 가까운 친척들에게는 야박할 정도로 접근조차 못 하게 처신하면서 내 공직생활의 방어막이 되어 주었다.

··정원에서 여성대표들과 환담하는 아내

5) 가장 좋은 학교, 가정

가정은 생명이 탄생되는 곳이고 생명이 성장하는 곳이며, 인성이 형성되는 곳이다. 들판의 벼이삭도 이른 아침 농부의 발자국 소리를 듣고 자라듯이 자녀들은 부모의 사랑을 먹고 자란다. 자녀들은 화목하게 살아가는 부모의 모습을 보고 아름다운 삶의 지혜를 익히며 아름다운 인격체로 성장해 간다. 심신의 상처도 화목한 가정에서는 아름답게 치유된다. 따라서 화목한 가정은 가장 좋은 학교요, 정갈한 병원이며, 그러한 가정에서 훌륭한 인재가 배출된다.

지금 우리 사회의 교육 현실에는 풀어야 할 문제가 많다. 그림자도 밟지 않는다는 옛날의 스승 모습까지는 기대할 수 없어도 최소한 교실에서 매맞는 스승이 있어서는 안 된다.

작금의 교육현장에서는 올바른 가치관이나 국가와 시대를 짊어질 사명감을 가르치지 못한 채 시험이나 취직 등 경쟁 속에 남을 이겨야 내가 사는 점수교육, 기계적 교육에 치중하다 보니 목적 달성을 위해 모든 수단이 동원되고, 달성 이후에는 도덕적 해이까지 이어지는 병리현상이 생겨난다.

그러므로 내 자녀가 훌륭한 인재로 자라나기를 원한다면 인성교육이나 건전한 가치관 등 공공교육에서 이루지 못한 부분을 가정교육을 통하여 채워 주어야 한다. 자녀들에게 있어서 부모는 최초의 교사이며 최고의 안식처다. 가정교육에는 고도의 이론이나 지식을 필요로 하지 않는다. 자녀들은 부모의 삶을 보며 영육이 함께 성장해 가므로 평소에 열심히 살아가는 모습을 보여 주는 것만으로도 충분하다.

　다만 유의해야 할 것은 부모가 원하는 인생길을 자녀에게 강요하지 말
라는 것이다. 많은 부모들이 '점수 차이'에 기준을 두고 다른 아이들과 비교
하며 스트레스를 더해 주고 있는데, 그것보다는 '개성 차이'에 역점을 두고
다른 아이들보다 잘할 수 있는 것이 무엇인지를 찾아내어 칭찬하고 격려해
주어야 한다. 유태인의 어머니들이 "남보다 뛰어나려 하지 말고 남과 다르
게 되라."고 가르친다는 사실은 우리도 본받을 만하다.

고향과 가족

어린 날의 고향마을을 생각하면 두 가지 노래가 머리에 떠오른다.

"파란들 남쪽에서 바람이 불면 냇가에 수양버들 춤추는 동네" 하는 「고향의 봄」과 "국화꽃 져버린 겨울 뜨락에 창 열면 하얗게 무서리 내리고" 로 시작되는 「고향의 노래」다. 나는 그런 마을에서 겨울이 스무 번 바뀔 때까지 살았다.

아버지는 과묵한 분이셨는데, 선비는 희로애락의 표정을 얼굴에 드러내서는 아니 된다면서 내게 항상 덕망을 키울 것을 주문하셨다. 중원에서 가져온 예리한 칼을 조부께서 주시면서 "이 칼은 갈아야 빛이 나느니라." 하셨다는 어머니의 태몽 이야기를 해 주시며, 사람을 해치는 칼이 아니라 많은 사람을 이롭게 하는 데에 쓰라고 주신 것이니 실력과 덕망을 키우는 일을 게을리해서는 안 된다고 당부하곤 하셨다.

한말 혼란기에 조부께서 일찍 돌아가시자 가세는 급하게 기울었고 적수공권이 되어 버린 아버지는 삶의 터전이 되었던 마곡리(馬谷里)를 떠나 미당리(美堂里)로 이주하셨다. 그리고 아무런 기반도 없는 그곳에서 일제 강점기와 6·25전쟁 등 암울하고 고통스러운 비극의 시대를 지나셨다. 특히 6·25전쟁이 휩쓸고 지나간 폐허 속에서 흙벽돌로 집을 짓고 잔솔밭 산비탈을 개간하고자 달밤에도 돌 더미를 나르고 한 평의 밭이라도 더 일구면서 가족의 생업을 위해 진력하셨다.

고달픈 일상 속에서도 지필묵을 가까이 하셨는데, 어머니께 써 주신 한시 마지막 구절에서 "몸은 청산에 남겠으나 영혼은 천국으로 가리"(身在靑山魂極樂) 하시고 사흘 후에 돌아가셨다. 비록 가난하긴 했지만 바르고 열심히 사시는 부모형제의 모습을 보며 아름다운 자연 속에서 자라났던 어린 날의 정서가 내 삶의 바탕을 형성해 주었다. 결국 어린 날 우리 가정은 내게 가장 좋은 학교였다.

어머니는 어려운 환경 속에서도 6남매를 건강하게 키워 주신 강인한 분이셨다. 그중에서도 몸이 허약한 나를 애틋이 여기고 더 챙겨 주셨다. 봄철이면 뒷산에서 산나물을 뜯어다가 읍내 저잣거리에 나가서서 팔고 몇 푼안 되는 돈에서 나를 위해 새 모양의 과자를 한 개씩 사 오시곤 했다. 동구밖을 내다보며, 이른 새벽에 시내로 나가신 어머니가 돌아오시기만을 기다리다가 사 오신 과자를 받아들고 아까워서 조금씩 뜯어먹던 그 맛은 지금도 잊을 수가 없다. 먹을 것이 있으면 당신 몫까지 모두 우리에게 주셨기에 어머니는 항상 배부른 것으로만 알고 있었다. 그렇지만 우리가 잘못한 일은 반드시 짚어 주고 일깨워 준 뒤에야 넘어가는 철저함이 몸에 배어 있으셨다.

··노모께 드리는 도지사 임명장

지방자치 직선제가 시작되기 전인 1992년 충북도지사로 임명된 후 보름이 지난 뒤에야 비로소 임명장을 들고 제천에 계신 고향의 어머니께 인사를 드리러 갔다.

그때 너무 늦게 와서 죄송하다며 절을 올리려 하자, "잠시 기다려라." 하시더니 새 옷으로 갈아입으신 후에 근엄한 자세로 앉으셔서 절을 받으셨다. 그러고 나서 임명장을 찬찬히 읽어 보시더니, "우리 넷째 아드님 참 장하십니다. 나라를 위해 일하라고 관찰사로 보냈는데 어미를 찾아오는 것이 먼저 할 일이 아니지요. 앞으로 성심을 다해 훌륭한 목민관이 되세요!" 하고 경어까지 쓰시며 당부하시는 어머니의 모습과 말씀이 두렵게까지 느껴졌다.

4자와의 특별한 인연

우연히도 나는 4자와 인연이 많다. 형제 중에 네 번째 아들로 태어났고 주민등록상 생일도 4월 4일이다. 행정고시도 4회에 합격하였으며 공직생활도 충북도지사 퇴임 시까지 44년을 근무했고 서원대학에서도 4대 총장을 역임했다. 자녀로는 딸만 넷을 두었는데, 사위도 물론 넷이다.

육 년 반 동안 강의하며 사용했던 연구실이 성균관대학교 법학관 4층이었고 공직의 마지막 직책이라고 생각했던 대통령직속 지역발전위원회 사무실 또한 경복궁과 북악산이 한눈에 보이는 정부서울청사 4층의 전망 좋은 방이었다.

‥ 딸도 넷인 4자와의 인연

2016년 5월엔 뜻밖에 대통령 비서실장의 중책을 맡게 되었는데 박근혜 대통령 취임 이후 허태열, 김기춘, 이병기 실장에 이어 4번째 비서실장이 되고 보니 '4'자와는 특별한 인연이라 하겠다.

우리나라 사람들은 '4'자를 꺼리는 사람이 많지만 '4'자처럼 중요한 글자도 없다. 동서남북, 춘하추동 등 지구의 운행 기본도 네 가지로 구성되고 팔과 다리, 전후좌우 등 우리 인체도 마찬가지다. 자동차 바퀴도 네 개이고 우리가 쓰는 책상, 걸상, 침대 등이 모두 다리가 네 개인 것은 그것이 가장 안정적인 구조이기 때문이다. 그래서 나는 4자를 귀하고도 소중하게 여긴다.

지나고 보면 아쉬운 일들

대부분의 사람들이 밖에서는 대인관계에 신경을 쓰지만 가족 등 가까운 사람들에게는 인색하고 함부로 대하기가 쉽다. 그것은 가족이니까 다 이해될 일이고 또 언제든지 잘해 줄 수 있다는 생각에서 그렇게 하기 쉽다.

··도지사 공관 숲길

그러나 영원할 것 같은 시간은 부지불식간에 지나가고 언제나 옆에 계실 것 같던 부모님이 돌아가시고 나면 잘해 드리지 못한 아쉬움은 아픔으로 변한 채 세월이 지나도 아물지를 않는다. 바쁘다는 핑계로 무관심했던 일들, 다음에 하면 된다며 미루었던 모든 일이 후회가 된다.

'보청기'란 말만 들으면 아내와 나는 마음이 아프다.

지난 추석 때 성묘 차 들린 장인 내외분의 산소 앞에서 아내의 독백소리가 들려왔다.

"아버지의 고장 난 그 보청기가 여전히 제 가슴속에 있습니다. 먹고 살기도 어려웠던 시절, 저희 오남매 길러내시느라 막막하고도 힘드셨지요? 마감 날짜에 쫓기며 등록금 마련하시느라 가슴 뜯으시던 엄마 모습도 제 가슴속에 그대로 있습니다. 이 세상에 계실 때에 왜 그리도 부모님께 인색했는지 후회뿐입니다."

아내의 얼굴은 온통 눈물로 젖었고 울먹이는 말소리는 더 이상 알아들을 수가 없었다.

충북도지사 시절, 힘든 하루를 보낸 내게 아내가 말했던 기억이 난다.

"여보, 친정아버지 보청기가 고장이 났는지 무척 불편하다고 하시던데…."

나는 그저 아내가 알아서 하겠거니 생각하고 "그런가?" 하며 건성으로 들어 넘겼고 세월은 흘러갔다.

아내에게 단 한 번 처음으로 하신 보청기 말씀을 무심히 지나쳐 흘려버린 나의 무관심이 가슴을 아프게 한다. 평소 친정 일로 부담을 주기 싫어하는 아내 역시 어렵게 보청기 이야기를 내게 했을 것이다. 무덤 앞에서 눈물을 쏟는 아내 모습을 보며 장인께 죄를 짓고 아내에게도 못 할 짓을 하게 된 것이 못내 후회가 된다.

　장인께서는 어려운 시대를 살아오면서 홀로서기의 철저함이 몸에 밴 분이셨다. 결혼 초 아내가 쓰레기통으로 쓰고자 빈 사과상자를 들고 나오다가 혼이 났다.
　"친정 것에 손대지 마라, 모든 것을 너희 자력으로 살아가거라!"

　당시에는 섭섭하고도 야박하다는 생각이 들었다. 훗날에서야 그것이 새끼를 매몰차게 떼어내며 강인하게 키우는 맹수의 철학임을 알았다. 연로하신 후에도 소주 몇 잔 하시면 천하를 얻은 듯 행복해하셨고 특히 도지사 공관 숲속을 거닐며 기뻐하시던 모습이 아직도 눈에 선하다.

　"나무는 조용히 있고자 하나 바람이 그치지 않고 자식이 효도코자 하나 부모님이 기다려 주지 않는다."는 옛말이 있다.
　영원히 함께 있을 것 같은 착각 속에서, 해야 할 일들이나 사랑하는 사람들을 허무하게 떠나보낸 후에야 가슴 아파하고 후회하는 것이 우리의 일반적인 모습이다.
　지금 그냥 지나쳐서는 안 될 일이 없을는지 가끔씩은 살펴볼 필요가 있다.

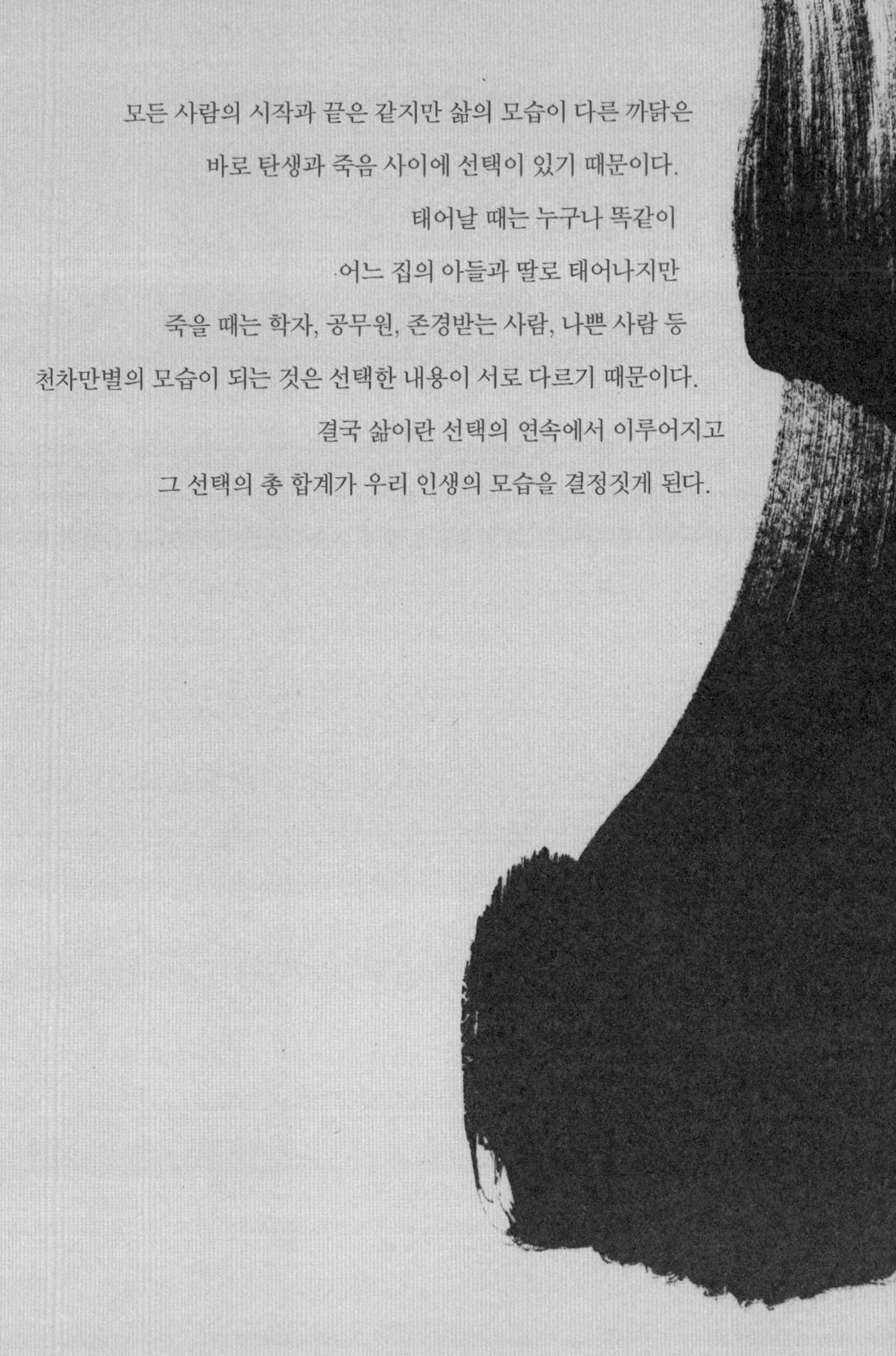

모든 사람의 시작과 끝은 같지만 삶의 모습이 다른 까닭은

바로 탄생과 죽음 사이에 선택이 있기 때문이다.

태어날 때는 누구나 똑같이

어느 집의 아들과 딸로 태어나지만

죽을 때는 학자, 공무원, 존경받는 사람, 나쁜 사람 등

천차만별의 모습이 되는 것은 선택한 내용이 서로 다르기 때문이다.

결국 삶이란 선택의 연속에서 이루어지고

그 선택의 총 합계가 우리 인생의 모습을 결정짓게 된다.

내 인생의 영토 확장

운이란 아무에게나 가는 것이 아니라
운을 맞이할 수 있는 여건과 감당할 수 있는
능력을 갖춘 사람들을 향해 간다.
그래서 운도 실력이란 말이 생겨났다.

1. 인생과 선택

1) 인생이란 무엇인가?

장 폴 사르트르는 "인생이란 탄생(Birth)과 죽음(Death) 사이에서 이루어지는 선택(Choice)"이라고 했다. 그런데 탄생과 죽음이라는 이 두 가지는 우리 능력으로 통제할 수가 없다. 내가 태어나는 시간이나 부모를 선택할 수 없듯이 죽는 시간도 내가 결정하지 못한다.

이렇게 모든 사람의 시작과 끝은 같지만 삶의 모습이 다른 까닭은 바로 탄생과 죽음 사이에 선택이 있기 때문이다. 태어날 때는 누구나 똑같이 어느 집의 아들과 딸로 태어나지만 죽을 때는 학자, 공무원, 존경받는 사람, 나쁜 사람 등 천차만별의 모습이 되는 것은 선택한 내용이 서로 다르기 때문이다. 결국 삶이란 선택의 연속에서 이루어지고 그 선택의 총 합계가 우리 인생의 모습을 결정짓게 된다. 그런데 살아가는 동안 끊임없이 이루어지는 수많은 선택 중에서 어떤 것이 내 인생에 있어 중요한 것인지를 정확하게 알 수가 없다. 사소한 일 하나가 내 인생의 물줄기를 바꿀 수도 있고 중요하게 생각한 것이 아무것도 아닐 수 있기 때문이다.

눈에 띄는 일화 한 가지가 있다.

젊은 학생 둘이 시험공부에 시달리다가 주말이 되자 스트레스 풀러 가자며 노름판으로 가는 도중 교회 앞을 지나가게 되었다. '죄의 삯은 사망'이라는 그날의 설교 제목을 보고 한 학생은 생각을 바꾸어 예배당으로 들어가고, 한 친구는 곧바로 노름판으로 갔다. 그 후 30여 년의 세월이 흐른 뒤 예배당으로 들어갔던 소년은 대통령 취임식장의 주인공 자리에 앉아 있게 되었는데, 노름판으로 갔던 학생은 감옥 속에서 친구의 얘기를 듣고 회한의 눈물을 흘렸다는 것이다.

이것은 미국의 제22대 클리브랜드 대통령에 대한 실제 이야기다. 그 당시 노름판이냐 교회냐의 선택은 별로 중요한 결정도 아니었을 것이고, 그들의 운명을 그렇게 바꾸어 놓으리라고는 상상도 못 했을 것이다. 이토록 지금 내가 하고 있는 사소한 선택의 하나가 내 운명의 방향을 바꿀 수도 있다.

2) 인생의 3대 선택

우리의 삶 전체가 선택의 연속이지만 그 중에도 가장 중요한 세 가지, 즉 인생의 3대 선택을 들라면 배우자의 선택, 직업의 선택, 가치관의 선택이라고 할 수 있다.

배우자의 선택

사람은 누구를 만나는가에 따라 인생의 방향과 내용이 달라진다. 즉 어떤 스승, 어떤 상사, 어떤 친구를 만나느냐에 따라서 인생이 달라진다. 마치 산소분자 하나가 수소분자 두 개를 만나면 생명을 살리는 물이 되지만 산소분자 하나가 탄소 하나를 만나면 사람을 죽이는 연탄가스가 되는 것처럼 사람도 누구를 만나느냐에 따라서 인생이 달라질 수 있다. 그중에서도 가장 중요한 사람은 일생을 함께 사는 배우자다. 미인과 결혼하면 3년이 행복하지만 착한 아내를 맞으면 30년이 행복하고, 지혜로운 여인을 배필로 맞으면 3대가 행복해진다는 말을 기억해 두자.

직업의 선택

직업사전에 의하면 이 지구상에 존재하는 직업은 모두 3만 5천 가지쯤 되고 우리나라도 1만 가지 이상의 직업이 존재한다. 직업은 기본적으로 가족을 위한 생계수단이 되고, 타인에게 기여하는 사회적 역할을 하게 되며, 인생의 꿈을 펼치며 자아실현을 할 수 있는 기반이 된다.

직업을 단순히 생계수단으로만 본다면 그 직업(Job, Occupation)에서는 노동의 대가 이상을 얻을 수 없으며, 몇 푼 더 주는 곳이 있으면 언제든지 떠날 수 있게 된다. 그러나 직업을 천직으로 생각하고 소명의식(Calling, Profession, Vocation)을 가지고 자신이 추구하는 가치를 향해 나아가면 결국 자아실현의 경지에 이를 수 있는 것이다.

그러므로 어떤 직업을 갖든 중요한 것은 직업관의 문제다. 예로서 간호사들을 보면 천사같이 보이지만 실제로는 어렵고 힘든 일의 연속이다. 환자와 고통을 함께하며 밤새워 일하는 어려움이 있어도 가장 고귀한 사람의 생명을 다룬다는 천직의식 때문에 기쁨으로 일할 수 있는 것이다. 간호사들이 가관식(加冠式)을 할 때 왼손에 촛불을 들고 오른손을 높이 들어 나이팅

게일 선서를 한다. 이는 촛불처럼 자신을 태워 헌신하겠다는 다짐을 하나님과 자기 양심에 서약하는 것이다. 그런 정신이 천직의식이고 소명의식이다. 우리가 어떤 직업을 선택하든지 천직관과 소명의식을 가질 수 있다면 행복하고 성공적인 삶을 살아갈 수 있을 것이다.

가치관의 선택

같은 사람이라도 어떤 생각, 어떤 가치관을 갖느냐에 따라 인생의 격이 달라진다. 관상(觀相)보다 체상(體相)이 중요하고, 체상보다 심상(心相)이 중요하다고 한 것처럼, 사람은 외형적인 모습보다도 생각이나 가치관이 더욱 중요하다. 심리학자들에 의하면 "생긴 대로 사는 게 아니라 사는 대로 생긴다."고 한다. 어릴 때 타고나는 모습은 어른이 됐을 때 20~30%만 남아 있고 살아 온 내용에 따라 70~80%가 바뀐다는 것이다.

레오나르도 다빈치가 그린 〈최후의 만찬〉에 얽힌 일화가 있다. 그 그림은 예수님이 십자가에 못 박힌 후 1,500년 정도 지난 후에 그린 것이니까 아무도 실제 얼굴을 아는 사람이 없었을 것이다. 그래서 다빈치는 선하고도 잘생긴 청년을 모델로 먼저 예수님의 얼굴을 그렸고, 7년이나 지난 후에 범죄자 가운데에서 한 청년을 골라 배신자인 가롯 유다를 그렸다. 그런데 알고 보니 예수님과 가롯 유다의 모델이 동일 인물이었다고 한다. 같은 사람이라 하더라도 7년 세월의 잘못된 삶이 극단적인 모습으로 외형까지 바꾸어 놓았다는 사실을 생각하면 가치관의 선택이야말로 두려우리만큼 중요한 것이다.

2. 운도 실력이다

1) 능력이 때를 만나면 행운이 된다

성공한 사람들을 상대로 조사한 결과 운이 작용했다는 답이 90%를 넘을 정도로 운은 중요하다. 그러나 운이란 아무에게나 가는 것이 아니라 운을 맞이할 수 있는 여건과 감당할 수 있는 능력을 갖춘 사람들을 향해 간다. 그래서 운도 실력이란 말이 생겨났다.

낚시로 한가롭던 태공망이 주나라의 문왕에게 발견됨으로써 천하를 평정하고 제나라의 시조가 된 일이나, 27세의 백면서생 제갈량이 유비의 삼고초려로 발탁될 수 있었던 것은 능력과 때가 함께 만남으로써 상승작용을 일으킨 경우이다.

만일 태공망이 정치·철학·병법까지 통달하지 않았다면 문왕의 발걸음이 향하지 않았을 것이요, 제갈공명에게 번뜩이는 지략과 충성심이 준비되어 있지 않았다면 삼고초려라는 말은 생겨나지도 않았을 것이다.

요행을 바라서는 안 된다. 기회가 왔을 때 선택될 수 있는 조건을 갖추고 있는 것이 중요하다.

새로이 출범한 제5공화국의 서슬이 푸르렀던 1980년 초에 공직사회의 정화작업이 강도 높게 진행되고 있었다. 공직사회의 위기였다. 으스스한 분위기 속에서 사표를 내고 나간 간부급들의 빈자리가 많이 생겨났다. 불안한 분위기가 가라앉기도 전에 후속인사가 발표되었는데 발탁 위주의 인사가 특징을 이루고 있었다. 평소에 능력과 참신성을 인정받고 있던 사람들이 때를 만나 행운을 얻은 것이다. 나 역시 다행스럽게 운 좋은 사람들 속의 한 사람이 되어 서울시청 행정과장에서 일약 용산구청장으로 승진 발령되었다.

기회를 만나는 것도 중요하지만 선택 받을 수 있는 조건을 갖추고 있지 못했다면 행운은 옆을 지나쳐 다른 사람에게로 가고 말았을 것이다.

2) 정성을 다하면 운도 따라준다

하늘이 감동하여 행운을 내려 준 사례는 적벽대전을 앞둔 제갈량의 동남풍 빌기만 한 것이 없을 것이다. 북방을 평정하고 노도와 같이 밀려오는 조조의 백만 대군 앞에 유비의 운명은 위태롭기 그지없었다. 그러나 제단을 쌓고 꼬박 7일 동안 이어진 제갈량의 정성 끝에 서북풍이 불어오는 차가운 동짓달임에도 반대로 동남풍이 불어 주는 기적이 일어난 것이다.

반대방향으로 불어 주는 바람의 힘을 빌려 조조의 대군을 화공으로 섬멸하고 적벽대전에서 대승을 거둠으로써 유비는 형주를, 손권은 강남을, 조조는 강북을 차지하는 천하삼분지계를 이룰 수 있었던 것이다.

금강산의 성화

제갈공명만이 아니라 우리도 정성을 다하면 기적과 같이 운이 따라줄 때가 있다.

2004년에 85회 전국체전을 치를 때의 이야기다. 개회식의 하이라이트는 역시 성화인데, 민족의 명산 금강산의 채화를 위해 360여 명의 채화단이 북을 향해 출발하였다. 9월 초순의 멀쩡하던 날씨가 비무장 지대를 들어설 때는 무서운 기세의 폭우로 변했고, 숙소인 장전항에 도착했을 때는 몸을 가눌 수 없을 정도로 거센 비바람이 몰아쳤다. 자정이 넘어도 폭풍우의 기세는 꺾일 줄 몰랐다.

일행은 모두 가슴 졸이며 기도하는 마음으로 한마음이 되어 있었다.

동행했던 목사님도, 스님도, 체육계 인사도 모두 한마음으로 간절히 기도하거나 가슴 태우며 밤을 새우다시피 하였다.

다음날 아침, 다행히도 비는 멎었지만 온 하늘을 뒤덮은 두터운 구름은 햇빛을 완전히 차단하고 있었다. 그래도 실낱같은 희망을 안고 우리 일행이 금강산을 오르기 시작하자 서쪽 하늘부터 서서히 구름이 걷히기 시작하더니 채화 장소인 삼선암에 도착했을 때는 거짓말처럼 구름 한 점 없는 푸른 하늘에 눈부신 태양이 빛나고 있었다.

"정말로 빛을 주셨습니다, 저희의 기도를 들어 주셨습니다!" 하며 일행 모두는 기쁨과 신비로운 마음으로 가득 차 있었고 이때처럼 햇빛을 소중하고 감사하게 느껴 본 적은 없었다.

2004년 9월 8일 10시, 금강산 위로 쏟아지는 햇빛의 정기를 머금은 불꽃이 채화경에 옮겨 붙는 순간, 가슴 뭉클했던 감격은 아직도 잊을 수가 없다. 아마도 모두가 한마음이 되어 정성을 다해 햇빛 주시기를 원했기에 그 소망이 이루어진 게 아닐까 싶다. 더구나 신기한 것은 뒤따르는 팔선녀 앞에서 성화봉 높이 들고 삼선암을 내려올 때 머리 위로 일곱 빛 눈부신 무지개가 쏟아지는 사진이 찍혔는데 그것은 나의 전 공직생활을 통해 가장 은혜로운 사진이 되었다.

··성화 위로 찬란한 무지개빛이 쏟아져 내리고 있다

3. 창조활동

1) 나는 창조한다, 고로 존재한다

근대 철학의 아버지 데카르트는 "나는 생각한다, 고로 존재한다."고 말했지만 지금 우리는 '나는 창조한다, 고로 존재한다.'는 생각으로 살아가야 한다.

창조란 문제의식을 가지고 크든 작든 남에게 도움이 되는 가치를 창출하는 모든 활동을 말한다. 상대방을 기쁘게 하는 말 한마디, 마음을 따뜻하게 해 주는 미소 띤 얼굴, 가족들을 위해 준비하는 주부의 정성들인 반찬 등 모두가 가치를 창조하는 일이다. 이처럼 우리가 살아가는 동안 모든 활동은 남에게 보탬이 되는 긍정적 창조활동이 되어야 한다.

하지만 이러한 수준에 그치지 않고 내가 이루어 낸 창조활동의 결과가 더 많은 사람의 행복, 더 큰 발전에 기여할 수 있다면 더할 나위 없이 좋은 일이다.

예를 들어 코페르니쿠스의 지동설이 세상의 중심이 지구라는 고정관념을 깨고 우리의 시야를 우주로 확대시켜 놓은 사실이나, 의약 장비의 발달로 우리가 장수사회를 누릴 수 있게 해 주는 사람들처럼 나 자신이 열정을 가진 '창조적 소수'가 되어 인류의 역사와 문화를 바꾸어 놓는 사람이 된다면 얼마나 멋진 일인가.

작고 큰 모든 창조활동은 관심, 즉 문제의식에서 출발한다. 오랜 세월을 두고 계속해서 땅으로만 떨어지는 사과를 뉴턴만이 보았을 리가 없고, 끓는 주전자 뚜껑이 제임스 와트 앞에서만 덜컹거렸을 까닭이 없다. 창조의 힌트는 언제 어디서나 우리의 눈앞을 지나가고 있다. 조금만 더 관심을 기울이면 '나는 창조한다, 고로 존재한다.'는 것이 바로 내 생활의 연속이요, 습관이 될 수 있다.

특히 지식산업사회에 있어 창의적인 자세는 생존경쟁력 그 자체이다. 주어진 일에만 충실하면 됐던 산업사회의 미덕은 이미 경쟁력을 잃었고 새로운 것을 창조해 내지 않으면 살아남기 어려운 세상이 되었기 때문에 창조적 생활태도는 바로 나의 생존능력을 키우는 일이기도 하다.

2) 난관의 극복과 관심

창조활동에 있어 난관은 반드시 따르는 법이다. 특별히 지도자들이 공공의 목적이나 새로운 목표를 향해 앞서가는 계획을 실행하고자 할 때에 더욱 많이 발생한다. 그것은 관련자들에게 얽힌 복잡한 이해관계로부터 이상과 현실의 격차에서 오는 경우가 많다. 앞서 끌고 가려는 지도자는 꿈을 꾸지만 일반 사람들은 현실 속의 이익이 더 중요하기 때문에 격차의 발생은 필연적이다. 이때 격차를 줄이는 것이 지도자의 몫이요 의무다. 어렵다고 해서 현실적 욕구에 맞춘다면 그것은 바로 포퓰리즘이며, 그렇게 되면 꿈을 향한 발전은 포기해야 한다.

파리의 상징 에펠탑의 건립 과정은 순탄하지 않았다. 프랑스대혁명 100주년을 기념하는 만국박람회를 기념하기 위해 젊은 건축가 에펠(A. Gustave Eiffel)의 야심찬 설계가 채택되지만 낯선 건축물에 거부감을 느낀 시민들은 조직적인 반대운동에 나섰다. 품위 있고 중후한 파리에 300미터가 넘는 흉물스러운 철탑은 가당치도 않다는 것이 이유였다. 이때 만일 반대를 극복하지 못했다면 전 세계인이 모여드는 관광명소, 파리의 상징은 태어나지 못했을 것이요, 건축가 에펠의 이름도 기억되지 못했을 것이다.

지금 에펠탑의 브랜드 가치가 616조 원이나 된다니 얼마나 멋진 일인가.

오늘도 창조활동을 일깨워 주는 수많은 메시지가 내 앞을 지나가고 있다. 다만 문제의식을 가지고 고심하는 사람들에게만 그 메시지들이 눈에 띄고 귀에 들리는 것이다. 내 주위에 가득한 창조의 힌트가 내 눈에 띄도록 조금만 더 관심을 갖자.

3) 인류의 4대 혁명

토인비가 말한 대로 인류의 역사는 '창조적 소수'가 이끌어 온 끊임없는 발전의 역사요, 변화의 역사였다. 인류는 400만 년의 긴 세월을 살아오는 동안 네 차례의 혁명적 변화를 이루어 왔다.

첫 번째의 큰 변화는 농업혁명이었다.

약 1만 년 전 빙하기가 끝나면서 사람들은 비옥한 땅을 찾아 씨앗을 심기 시작했다. 이후 떠돌며 살던 수렵과 채취에서 벗어나 정착해 사는 농경사회를 이루었고, 집단생활은 시간이 지나면서 왕조를 탄생시키는 계기가 되었다.

두 번째는 산업혁명이었다.

영국에서 시작된 기술혁신은 사회 경제 구조를 변혁시킴으로써 농업 중심에서 공업사회로 이행시키면서 인간에게 부와 편리함을 주었다. 그러나 힘의 불균형이 생기면서 식민지 경쟁이나 환경파괴 등 공해문제의 부작용도 생겨났다.

세 번째로는 IT 혁명이다.

컴퓨터·통신·소프트웨어가 융합된 정보화 기술은 밤이 없는 세계, 빛의 속도로 일하는 세계를 등장시킴으로써 지금 우리가 누리고 있는 IT 혁명을 일구어냈다. 자그마한 스마트폰 하나로도 많은 일을 할 수 있을 뿐만 아니라 우리의 생활 패턴과 시스템, 그리고 가치관까지도 빠르게 바꾸어 놓고 있다.

끝으로 네 번째의 혁명적 변화는 BT 혁명이다.

선진국을 중심으로 치열한 경쟁이 벌어지고 있는 바이오 혁명은 인간 공통의 꿈인 무병장수의 풍요로운 시대를 열어 갈 꿈의 신산업이다. 1953

년 왓슨(J. Watson)과 크릭(F. Crick)이 DNA의 2중 나선 구조를 발견한 이후 반세기가 지난 2001년 2월에는 '인간 유전자 지도'의 완성 사실이 발표되고 30억 쌍이 넘는 염기서열을 밝혀냄으로써 생로병사에 관한 열쇠를 인간이 갖게 된 것이다.

선진국마다 불로초를 찾던 진시황의 소망을 이루어 줄 생명과학 연구에 불이 붙었고 시장 규모도 폭발적으로 확대되어 가고 있다. 불치병과 난치병을 해결할 신약 개발과 장기의 교체, 개인별 특성에 따른 맞춤의약, 진단과 예방, 노화방지 등에 이르기까지 바이오산업은 꿈의 신산업으로 자리매김하였다. 바이오산업은 의약 부문만이 아니라 식량·환경·에너지 문제 등 광범위한 산업 부문에서 응용과 융합을 통해 영역을 확대해 나가고 있어 21세기 번영의 나라로 가는 유일의 다리요, 최선의 생존전략이 되고 있다.

변해야 산다

일 년도 안 되는 임명제 도지사 시절, 일해 볼 만한 시간도 제대로 가져 보지 못한 채 도청을 떠난 후, 5년 만인 1998년에 민선 도지사가 되어 다시 충북 도청으로 돌아왔다. 사람도 분위기도 별로 바뀐 것이 없고 그때 집무실에 배치해 놓았던 팔각 탁자와 소파, 벽에 걸어 두었던 액자까지도 그대로 있었다.

수행비서로 나를 돕던 홍승원 비서관은 당시에 내가 신던 운동화를 보관하고 있다가 다시 가지고 왔다. 다시 만날 기약도 없는 마당에 헌 신발을 그렇게 오랜 세월 동안 보관해 온 것은 감동스토리기도 하지만 그만큼 인정이 변하지 않았다는 것이기도 하다.

여하간 충북은 그동안 변한 것이 거의 없었다. 당선자 시절에 미리 업무 보고를 받으면서 독백처럼 내뱉은 말은 "충북은 왜 이리도 가라앉은 호수처럼 변함이 없을까?"였다.

국토의 한복판에 있어 외침 등의 환란이 있을 때나 태풍 등의 자연재해도 타 지역을 거친 후 이차적 영향을 받거나 비켜가는 경우도 많아 축복의 땅이기도 하다. 하지만 평온한 전통문화 속에 안주해 온 주민들은 새로운 변화에 대해 소극적이었고, 그 결과 농업 위주의 전통사회를 탈피하지 못하고 있었다.

그래서 나는 선거 때 "Change, 변해야 산다!"고 외쳤는데, 충북 도민들은 그런 나를 선택해 주었다.

바이오토피아

74%가 넘는 높은 득표율로 당선된 나는 자신감이 생기고 기쁘기도 했으며, 도민에게 하루빨리 보답하고 싶었다. 희망찬 비전을 제시하며 지역의 모습을 멋지게 바꾸어 갈 수 있는 미래의 땅으로 가고 싶었다.

고심하던 중 한 생각에 미치자 나는 가슴이 뛰었다.

'바로 이것이다.

충북을 인류 최첨단 산업인 생명과학의 전진기지로 만들어 가야 한다.'

그래서 도정의 캐치프레이즈를 바이오토피아(BIOTOPIA)라고 정하였다.

생명과학(Biotechnology)과 유토피아(Utopia)를 합성하여 생명산업의 이상향으로 만들겠다는 의지의 표현이었다.

그런데 낭패스러운 일이 생겼다. 아무도 공감을 표하거나 관심을 갖는 사람이 없는 것이다. 무슨 뜻인지도 알 수 없는 낯선 외국어, 과학자나 전문가들이나 하는 소리로 치부하고 있었다. 1998년 당시만 해도 바이오산업에 대하여 아는 사람도 별로 없었고, 도전과 개척보다는 안정과 평화적 특성이 강한 지역이라는 것을 간과한 것이다. 아무리 좋은 시책이라도 공무원들이 뛰어 주지 않고 도민들이 따라 주지 않는다면 아무런 성과도 거둘 수가 없다. 고지를 점령하려면 모든 병사들이 목숨 걸고 함께 공격에 나서야 하는데 장군 혼자서 전쟁터에 나설 수는 없는 것이었다.

하지만 선진지역으로 탈바꿈하려면 바이오산업 이외에는 선택할 수 있는 다른 길이 보이지 않았다.

달성하고 싶은 꿈의 높이와 현실 사이에는 너무도 격차가 벌어져 있었다. 꿈을 포기하지 않는 한 그 간격을 채우는 일은 전적으로 지도자의 책임일 수밖에 없다.

교각살우(矯角殺牛)의 우를 범하지 않기 위해서는 시간이 필요했다. 그들에게 생명산업이 어떤 것인지, 왜 그 길로 가야 하는지, 바깥세상은 어떻게 변해 가고 있는지를 이해시키지 않고는 앞으로 나가 보아야 소용이 없다. 시간과 경비가 들더라도 보고 듣고 경험해 보는 종합적인 교육 과정이 필요했다. 그래서 세계적으로도 유례가 없는 장장 30일 간의 종합 바이오엑스포(BIOEXPO) 구상에 들어갔다.

바이오엑스포

나는 곧바로 정예요원들을 선정하여 바이오엑스포 준비 작업에 들어갔다. 도민을 비롯한 국민교육, 세계 석학들의 학술대회와 정보교환, 국내외 바이오기업의 제품전시와 수출입 상담, 관심을 높여 주는 축제 등 광범위한 계획을 요구하였다.

그러나 넘어야 할 산이 너무 많았다.

미국이나 독일 등지에서 이루어지는 엑스포는 신상품을 선보이고 판매에 역점을 두는 단기간의 행사일 뿐이지, 우리가 원하는 것처럼 교육에 중점을 둔 종합적이며 장기간에 걸친 행사는 선례도 자료도 찾아볼 수가 없었다.

결국 우리가 스스로 창출해 내는 방법밖에 없었다. 바이오 분야의 학회, 협회 연구원, 교수, 전문가, 기업가, 그리고 기획사 등에서 96분을 선정한 후 수많은 회의와 브레인스토밍 과정을 거치면서 자료의 구성과 유치, 전시 연출의 기획, 기술적 자문과 검증 등을 통해 방법을 모색해 나갔다. 설계도를 놓고 집을 짓는 것이 아니라 쌓았다 헐었다 반복하며 계획을 발전시켜 나갔다.

한범덕 사무총장을 비롯한 요원들에게는 충북의 미래를 위해 자신의 운명을 걸 것을 요구했다. 난공불락의 요새를 함락시키는 것은 정규군이 아니라 소수 특공대의 몫이라고 몰아붙였다. 그들은 특공대가 되어 몸을 던져 일하기 시작했다.

나 또한 바이오에 미쳐 있었다. 대상이 누구든지 상관하지 않고 대회사, 축사, 격려사, 회의, 지시, 대화 등 어떤 곳에서도 바이오를 주제로 하였고, 자다가도 아이디어가 떠오르면 일어나서 메모하였다.

나는 요원들에게 "불광불급(不狂不及). 미치지 않으면 미치지 못한다. 모두 바이오에 미쳐라!"라고 요구하였고, 요원들은 고맙게도 함께 미쳐 주었다.
그러나 주위 사람들은 여전히 백안시하는 분위기였고 도의회에서는 개막 일주일 전까지도 "엑스포가 동네잔치로 끝날 공산이 큰데, 그렇게 되면 지사는 책임을 져야 할 것"이라고 몰아붙였다.

여러 가지 우여곡절을 거치면서도 결국 '생명 속의 생명'을 주제로 한 '2002 국제 오송바이오엑스포'는 햇살이 눈부시게 쏟아지던 9월 25일 많은 외교사절과 전문가들이 참석한 가운데 드디어 개막되었다.

정원식 전 총리를 조직위원장으로 모시고 한 달 동안 열린 엑스포는 기대 이상의 성과를 거두었다. 흥미 위주의 다른 행사와는 달리 교육 위주의 전문 엑스포이기 때문에 입장객을 하루 만 명씩 30만 명으로 계획하였지만 그 두 배가 넘는 80만 명이 다녀감으로써 폭넓은 대중교육과 파급효과를 거두었다.

특히 고심이 컸던 학술회의에는 노벨상 수상자와 세계적인 석학을 비롯하여 줄기세포 발견자인 제임스 톰슨, 가상심장을 발견한 제레미 레빈 박사, 인간게놈 회장인 요시유키 사사키 등 세계 최고의 전문가들이 18명이나 연사로 참석해 주어 학계와 언론계의 비상한 관심을 끌었다.

바이오 기업관에서는 해외기업 127개와 국내기업 107개가 참여하여 내실 있는 정보와 비즈니스 교류의 장이 되었다.

그러나 무엇보다도 가장 큰 성과는 바이오산업에 대한 도민 인식의 통합이 이루어진 것이다. 남의 일이라고 관심 없던 농민단체들도 '바이오 농업'이란 플래카드를 내걸었고, 곳곳의 회식자리에서도 건배 구호는 "바이오!" 하고 선창하면 "토피아!"로 화답하는 것이 유행이 되었다.

이에 힘입어 우리나라 최초 생명과학단지가 오송에 조성되었고 오창의 IT산업단지, 충주 첨단산업단지, 제천의 바이오밸리, 단양의 나노신소재로 이어지는 바이오산업 벨트가 형성되었다.

누군가 대를 이어 줄을 타는 곡예사에게 "당신은 어찌하여 그리도 쉽게 줄을 타는가?"라고 묻자, "단지 목적 지점에만 시선을 고정하면 됩니다. 아래를 보면 떨어져요. 머리가 가면 몸도 따라가거든요."라고 대답했다고 한다.

··바이오 엑스포 개막식

그처럼 바이오 특공대로 불린 요원들은 오직 목표만을 향해 달려왔고, 결국 바이오토피아의 문을 열어 주었다.

당시 바이오산업에 대한 나의 집념은 사실상 위험한 도전이었다. 그러나 앞서가는 곳을 따라가는 것만으로는 후미 그룹을 영원히 면할 길이 없었다. 그들도 멈추어 있는 것이 아니라 계속해서 빨리 달려갈 것이기 때문이다.

무슨 일을 하든지 목표를 올바로 정하는 것이 중요하다. 그리고 그 목표를 위해 미쳐야 한다. 그것은 개인이나 공인이나 마찬가지다. 벌써 옛날이 되어 버린 그때 바이오에 대한 도전은 지금 생각해도 참 잘한 선택이었다고 생각한다.

엑스포가 끝날 때까지는 불확실성과 긴장의 연속이었기 때문에 다른 것은 아무것도 보이지 않았다. 그러나 한 달간의 행사가 모두 끝나고 손님들이 다 돌아간 잔치마당처럼 텅 빈 후에야 비로소 지나간 일들이 하나씩 보이기 시작했다.

불가능하게 보였던 국비 확보 문제에서부터 우연하게 만난 사람들의 도움으로 세계적인 석학들을 모시게 된 것이나 전시장 조성이 가능토록 시간에 쫓기며 그린벨트가 가까스로 해제된 것 등 참으로 아슬아슬한 고비를 수없이 넘겼다.

또 신기한 것은 행사기간 내내 청명한 가을 날씨가 이어졌고, 비가 오더라도 꼭 밤에만 내렸다. 행사기간을 연장할까 망설이기도 했지만 엑스포가 끝나자마자 추위가 몰려왔다. 어찌 이런 일이 사람의 노력만으로 가능할 수 있겠는가.

하나님이 보여 주시는 기적이란 산이 무너지고 바다가 메워지는 것이 아니라 필요한 때에 필요한 사람을 만나게 해 주시고 어려운 고비도 넘을 수 있도록 상황을 전개시켜 주시는 것이다.

"나는 심었고 아볼로는 물을 주었으되 오직 하나님께서 자라게 하셨나니 그런즉 심는 이나 물 주는 이는 아무것도 아니로되 오직 자라게 하시는 이는 하나님뿐이니라."고 한 사도 바울의 고백처럼 하나님께서는 내게도 힘들 때마다 길을 터 주시고 필요한 사람을 만나게 해 주셨다. 그리하여 어려운 일들을 형통케 하시고 넘치도록 잔을 채워 주셨다.

4. 내일을 위한 인생수업

1) 내 안의 상자를 깨라

나의 중심과 세상의 중심

아빈저 연구소가 낸 책『내 안의 상자를 깨라』에서 주는 메시지는 인상적이다. 세상의 모든 것을 다 보고 다 아는 사람은 없다. 세상은 아는 것만큼 보일 뿐이므로 나의 중심과 세상의 중심은 일치하지 않는다. 그럼에도 불구하고 대부분의 사람들은 자신은 많은 것을 알고 있고 자신의 생각과 판단은 누구보다도 옳다고 생각한다. 결국 자신의 제한된 지식과 경험이라는 좁은 상자 속에 갇혀 있으면서 자신의 판단을 넘어서는 충고나 다른 의견에 저항하면서 살아가고 있는 것이다.

『장자(莊子)』'추수편(秋水篇)'에 우물 안 개구리(井底之蛙)에 대한 이야기가 있다.

황하의 신 하백(河伯)이 처음으로 끝없이 펼쳐져 있는 바다를 바라보며 놀라자 바다의 신 '약(若)'이 그에게 세 가지 충고를 들려주었다.

"우물 안 개구리에게 바다를 설명한들 소용이 없는 것은 살고 있는 자신의 공간에 갇혀 있기 때문이요, 여름 숲 속에서 울어대는 매미에게 겨울을 이해시킬 수 없는 것은 살고 있는 시간에 얽매여 있기 때문이다. 그리고 식견이 좁은 선비에게 도를 말할 수 없는 것은 제가 배운 것에만 묶여 있기 때문이다."

이 이야기는 우물 안의 개구리처럼 자신의 세계에 갇혀 있는 우리에게 주는 충고가 아닐 수 없다. 그러므로 나를 가두어 놓고 있는 공간과 시간과 지식의 그물을 파괴하여야 한다. 보다 넓은 세계로 나가기 위해서는 나를 가두어 놓고 있는 껍질을 깨고 내 인생의 영토를 더욱 확장해 가는 노력이 필요하다.

지혜의 보고, 인문학

문학·역사·철학 등 인문학은 오랜 세월을 통해 이루어진 지혜의 보고이므로 이를 통하여 안목을 넓히고 지혜를 키워 갈 수 있을 뿐만 아니라 상상력·창의력·경쟁력을 샘솟게 할 수 있다. 알렉산더나 세종대왕도 인문 고전에서 지혜를 얻었고, 에드워드 기번의 로마제국 쇠망사가 처칠의 운명을 바꾸어 주었다. 전혀 다른 분야를 다루던 스티브 잡스도 자신의 상상력은 IT기술과 인문학의 결합이라고 고백한 바 있으며, 빌 게이츠 또한 인문학이 없었다면 자신도 컴퓨터도 없었을 것이라고 한 것은 널리 알려진 말이다. 지금은 지구촌 시대, 좁디좁은 내 안의 상자 속에만 갇혀 있다면 현대를 살고 있는 것이 아니다. 시간적으로 과거와 미래를 섭렵하고 공간적으로 지구촌에 무엇이 일어나고 있는지를 알아야 하는 세상이 된 것이다.

2) 탕왕의 반명(盤銘)

날로 새로워라

일신우일신(日新又日新), 이 말은 '날마다 새롭게 살아가라'는 뜻으로『대학』에 나오는 말이지만, 원래는 은나라 탕왕이 자신을 경계하기 위해 세숫대야에 새겨 놓았다는 데서 유래한다. 몸에 묻은 때는 씻을 수 있지만 마음의 때까지는 씻을 수 없음을 경계하며 몸을 씻을 때마다 마음도 새롭고 깨끗해지기 위해 다짐하였다고 한다.

우리는 같은 환경 속에서 같은 모습으로 살아가지만 그중에는 날마다 새롭게 성장해 가는 사람도 있는 반면 과거의 경험 속에 정지해 있거나 오히려 후퇴해 가는 사람들도 많다. 사서삼경을 공부하고 벼슬길에 나아가면 그것으로 한평생 살아가는 데에 아무런 지장이 없었던 옛날에도 날로 새로워지라고 권면하고 있는데 하물며 하루가 다르게 변해 가는 오늘의 현실에서는 새로워져야 하는 것은 경쟁력을 넘어 생존수단이 되고 있다.

강한 자와 적응하는 자

생존이란 관점에서 볼 때 인류의 역사는 정복의 역사라기보다 적응의 역사였다. 그러기에 찰스 다윈도 "생존하는 것은 강한 종(種)이 아니라 적응에 성공한 종"이라 하였다. 인류역사 400만 년의 긴 여행을 거치는 동안에도 기후·환경·여건 등 주로 자연적인 변화에 적응한 종족들만이 살아남았다.

더욱 주목해야 할 것은 이젠 서서히 진행되는 자연적인 변화가 아니라 인간이 만들어내는 변화, 그것도 빛의 속도로 변하는 세상에 적응해야 살아남는 세상이 되고 말았다. 정보통신 기술의 고도화는 불과 몇 십 년 사이에 지구촌을 하나의 경제권으로 만들어 놓았고 지구 반대편에서 일어나고 있는 일들에 동시성을 부여한 지 오래되었다.

얼마 전까지만 해도 상상도 못 할 일이었다. 하지만 이제는 그것이 새로울 것도 없고 놀라울 것도 없다. 그리고 우리를 편리하게 만들어 주는 첨단 분야일수록 일등만이 살아남는 무서운 세상으로 변해 가고 있다. 그동안 우리는 나날이 좋아져 가고 있는 휴대폰의 편리함을 무심코 즐기고 있지만 관련자들이 겪고 있는 치열한 기술 경쟁은 국경에 관계없이 힘 있는 자만이 살아남는 정글의 법칙에 다를 바 없다.

이러한 IT 관련 분야는 이제 서막일 따름이다. 무한소(infinitesimal, 無限小)를 추구하며 인간생명의 비밀열쇠를 선점하려는 BT 분야와 무한대(infinity, 無限大)를 지향하는 우주개발 경쟁은 꿈의 신산업으로 자리매김하면서 의약 부문만이 아니라 식량·환경·에너지 등 모든 산업 부문에서 치열한 선두 경쟁이 이루어지고 있다.

이렇게 하루가 다르게 변해 가는 세상에 적응하며 집념에 찬 노력을 기울이지 않으면 경쟁력을 잃게 되어 있다. 전문가·기술자·학자·기업가는 물론이요, 야심 있는 젊은이로부터 국가 지도자에 이르기까지 새롭게 변해야 한다.

첨단산업 분야가 앞으로 쏟아낼 결과들은 물질세계만이 아니라 인류의 정신세계까지 어떻게 변화시킬지 예측하기 어렵다. 개인이든 국가든 날로 새롭게 변해 가는 미래를 예측하고 대비하기 위해 날로 새로워지라는 반명(盤銘)의 경계를 깊이 생각할 때이다.

3) 멈추어 있지 말자

삶에 생동감이 넘치려면 고여 있지 말고 흐르는 물처럼 살아 움직여야 한다. 특별히 성공적인 리더를 꿈꾸는 사람은 더더욱 그렇다. 직위가 높다는 것만으로는 충분치 않다. 회식자리에서 유머를 할 때에도 누구나 다 아는 오래된 내용을 되풀이하면 체면상 웃어 주기는 하지만 진부한 사람이라는 인상을 피할 길이 없다. 그렇다고 특별한 연찬 과정이나 시간을 마련한다는 것은 바쁨에 쫓기는 사람들에게는 꿈같은 일이다.

그래서 나는 내 방식으로 다음의 몇 가지를 시도해 보았다.

첫째는 자투리 시간을 이용하는 것이다.

언젠가 조각난 헝겊으로 만들어진 조각보를 보고 자투리 시간도 이어붙이면 쓸모가 있겠다고 생각했다. 중·고등학교 6년간은 편도 6km를 걸어 다녔는데, 오가는 데 두 시간 이상이 걸렸다. 지루하고 힘들었다. 그래서 영어 단어나 격언, 명시나 시험에 잘 나는 고문(古文) 등을 암기하며 걸었더니 지루하지도 않고 공부에도 도움이 되었다.

세월이 지나도 그 버릇이 남아서 지금도 조금만 시간이 나면 손에 잡히는 대로 읽을 것을 펼쳐 드는 습관이 생겼다. 그래서 집무실 책상에서부터 침실과 승용차 안에도 항상 책이 놓여 있다. 책은 종류를 가리지 않았고, 서점에 가서도 제목과 머리말만 읽고 맘에 들면 무조건 샀다. 내용이 좋으면 밑줄을 치며 읽었고, 아니면 미련 없이 버렸다.

책을 읽을 때에도 처음부터 끝까지 다 읽는 방식이 아니라 목차 중에서 관심이 가는 곳만 골라 읽었다. 그러다 보면 청주에서 서울까지 출장을 오가는 승용차 안에서 한 권쯤을 대충 보게 된다. 이런 독서 습관을 모르는 수행비서가 나를, 책을 대각선으로 읽는 속독가라고 과장된 소문을 내기도 했다.

두 번째 방법은 많이 듣는 것이다.

공무든지 사적인 모임이든지 학자·전문가·교수 등 누구든지 내가 모르는 분야의 이야기를 할 때에 열심히 들어 주면 상대방은 신바람이 나고 내게는 새로운 지식이 된다. 공짜로 쓸모 있는 것들을 얻어듣는 재미도 쏠쏠하다.

셋째로는 메모하는 습관이다.

좋은 말을 듣든지, 무엇을 보든지, 머리에 아이디어가 떠오르면 즉시 메모를 하는 것이다. 밤에 자다가도 어떤 생각이 떠오르면 즉시 메모해 둔다. 이렇게 메모하는 습관을 들이면 업무 추진과 조직 지휘에 많은 도움을 준다.

사람을 대할 때 신선감은 좋은 인상을 준다. 한두 번만 만나도 지루하게 느껴지는 사람이 있는가 하면, 만날수록 좋아지고 매력을 느끼게 되는 사람이 있다. 그것은 외모가 아니라 대화에서 결정된다. 모임에 나가 보면 과거와 똑같은 이야기를 토씨 하나 안 틀리고 만날 때마다 반복하는 사람이 생각 이상으로 많다. 속담에도 '듣기 좋은 꽃노래도 세 번'이라 하였는데, 그렇게 하면 모임을 지루하게 만들고 듣는 이를 지치게 만든다. 이것은 새로워지려는 노력을 하지 않기 때문이다. 성공적인 대인관계를 원한다면 흐르는 물처럼 움직이며 새로운 것으로 채워가는 노력을 습관화해야 한다.

5. 물이 받쳐 주어야 배가 뜬다

『순자(荀子)』에 보면 '군자는 배요, 백성은 물'이라는 말이 나온다. 순탄한 물은 배를 띄워 주지만 성난 파도는 배를 뒤집어엎어 버리기도 한다. 백성을 섬기고 신뢰를 얻으면 성군으로 존경과 신뢰를 받지만 정사를 그르치고 폭정을 일삼으면 성난 민심이 뒤집어엎을 수도 있다는 말이다.

당나라 태종은 『정관정요(貞觀政要)』에 이 말을 기록해 놓고 자신의 행동을 경계하였다고 하는데 이것이 왕도에만 해당되는 것이 아니라 우리 모두에게 필요한 처세의 기준이 된다. 그러므로 평소 관련된 사람들의 마음을 읽고 상대방이 원하는 것이 무엇인가를 생각하며 살아간다면 그들이 내 인생의 배를 띄워 주는 물결이 되어 줄 것이다. 배는 물이 받쳐 주어야 뜨듯이 남들의 도움이 있어야 나도 무슨 일이든지 해낼 수 있게 된다.

대책 없는 실업자

내가 50세가 되던 해에 대통령 비서실 내무행정 비서관에서 충북 도지사로 임명되었다. 당시 언론들은 금의환향을 한 도백(道伯)이라며 반겨 주었지만 시골 우체국장이 꿈이었던 내게는 과분한 자리였다. 그러나 고향은 따뜻한 곳이어서 작은 일을 해도 호의로 받아들여 주었다. 차를 타지 않고 걸어가거나 야근하는 직원들을 찾아가 격려해 주어도 이를 신선한 충격으로 받아들였고, 들판에서 농민들과 함께 막걸리를 마셔도 서민적인 지사라며 반겨 주었다.

그런데 어느 날 갑자기 뉴스를 통하여 후임 도지사가 발표되었다. 문민정부가 출범하면서 제주를 제외한 전국의 시·도지사를 모두 바꾸어 버린 것이다. 부임한 지가 채 일 년도 안 된 때라 경질 소식에 충격을 받았지만 임명권자인 대통령의 전권사항이므로 이의가 있을 수도 없는 일이었다. 이제 50 고개를 막 넘어선 나이에 졸지에 실업자가 되어 버린 것이다.

공직을 천직으로 알고 살아 온 나는 허탈감에 빠졌다. 한창 공부 중인 딸들의 학업은 물론 생계 대책부터 막막했다. 서둘러 퇴임식을 마치고 서울로 올라와 집에 틀어박혀 곰곰이 생각했지만 묘책이 없다. 소외감, 무력감, 자괴감 속에서 아무리 고민해 보아도 당장 할 수 있는 일은 아무 것도 없었다. 3일 동안을 두문불출하다가 너무도 답답하여 서점에 나가 책 몇 권을 사 가지고 집으로 돌아왔다.

부재중에 걸려온 전화

집에 돌아오자, 나를 찾는 전화가 왔었다며 전화번호를 적은 메모를 아내가 건네주었다. 누군가 위로의 전화를 했을 것이라는 생각을 하며 전화를 걸었더니 뜻밖에도 박관용 비서실장이었다. 곧바로 연결된 김영삼 대통령이 당황스러워하는 내게 거두절미하고 "서울시장을 맡아 일하라."는 것이었다. 너무나 갑작스러운 일이라 무어라고 답했는지 기억도 나지 않는다.

당시 문민정부는 첫 서울시장으로 김상철 변호사를 임명했지만 일주일 만에 사임하게 되어 공석 상태가 되어 있었다. 나는 공직생활을 하는 동안 정치권과는 무관하게 지냈고 대통령과도 별다른 인연이 없던 터라 서울시장에 임명되리라고는 꿈에도 생각하지 못한 일이었다.

훗날에 들어 보니 새로운 시장을 물색하기 위해 여러 사람을 검증하는 과정에서 나도 포함되어 있었는데, 각계의 여론이 크게 뒷받침이 되었고 결정 과정에 관련되어 있던 사람들이 긍정적인 의견을 모아 추천해 주었던 것이다.

결국 내가 서울특별시장으로 선택된 것은 지난날 고락을 함께했던 서울시 동지들과 고향인 충북도민들의 우호적 여론이 뒷받침되었고, 평소 인연을 맺으며 지내 온 수많은 분들이 긍정적으로 평가해 준 덕분이었다. 평소에 맺어 온 좋은 인연들이 물이 되어 내 인생의 큰 배를 받쳐 주었던 것이다.

꿈을 꾸는 사람

꿈이란 말을 들으면 머리에 먼저 떠오르는 두 사람이 있다.

꿈이란 억압된 소망의 충족이라고 한 프로이드(Sigmund Freud)와 30세에 애급의 총리대신이 된 창세기 속의 인물 요셉(Joseph)이다. 프로이드는 꿈이란 잠재의식의 거울이며 무의식세계로 통하는 길이라고 논리적으로 접근하였고, 꿈꾸는 자로 불리는 요셉은 꿈을 통하여 하나님의 뜻을 읽으며 하나님이 기뻐하시는 삶을 행동으로 실천한 사람이다.

우리는 모두 꿈을 꾸며 살아가고 있으며 믿던 안 믿던 꿈은 생활의 일부가 되고 있다.

일상생활 속의 꿈은 대부분 의식 속에 남아있지도 않지만 때에 따라서는 잊혀지지 않는 꿈, 신비로운 꿈, 현실로 나타나는 꿈 등도 경험해 본 적이 있을 것이다. 그러므로 꿈은 사람에 따라, 때에 따라 대단한 것이 될 수도 있고 생각해 볼 가치조차 없는 것일 수도 있다. 그러므로 꿈의 내용이 문제가 아니라 나 자신이 어떻게 생각하고 어떤 자세로 받아들이느냐가 중요한 것 같다. 그래서 '꿈보다 해몽'이라는 말이 생겨났을 것이고 긍정적으로 받아들이면 길몽 아닌 꿈이 없을 것이다.

다음은 당시 서울시청을 출입하던 서울경제신문의 박성태 기자가 쓴 글의 일부이다.

하루 전에 출범한 김영삼 정부가 조각 발표하는 날인 1993년 2월 26일 아침, 나는 서울시청기자실에 도착하자마자 공보담당관에게 '충북지사 하시던 이원종 씨가 서울시장이 될 것 같은데 프로필 준비해 놓아야 될 것'이라고 자신 있게 말했다. 그러자 무슨 뜬금없는 소리냐며 아무도 귀담아 듣지 않고 오히려 핀잔만 받았다. 노태우 정부 때 도지사를 지난 사람이 어떻게 서울시장으로 발탁되겠느냐는 것이었다. 그렇지만 나는 누구 말이 맞는지 내기를 하자고 고집까지 부렸다. 그런데 막상 조각발표를 보니 서울시장에는 변호사 출신의 김상철 씨가 낙점이 됐고 나는 하루 종일 실없는 사람 취급 받으면서 머쓱해진 기분으로 새 시장의 프로필과 인터뷰 기사를 쓸 수밖에 없었다.

내가 이렇게 호언장담 했다가 웃음거리까지 된 데에는 그만한 사연이 있다. 바로 그날 새벽에 정말 믿기지 않는 신기하고도 신통한 꿈을 꾸었기 때문이다. 잠을 자던 중 새벽녘에 꿈을 꾸었는데 서울시 공무원 출신으로 충북지사를 지낸 이원종이라는 분이 서울시장으로 부임하는 꿈이었다. 나는 그가 서울시장으로 온다는 것을 기이하게 생각하면서 꿈에서 깨어났는데 그 꿈이 너무나도 선명해서 꼭 현실같이 느껴졌다.

그분과는 일면식도 없는 사이인데 왜 그런 꿈을 꾸었는지 이상하기도 하고, 한편으로는 계시를 받은 것 같은 느낌이 들기까지 하였다. 그래서 꿈속에서 본 대로 이루어질 것이라 생각하고 강력히 주장을 하였는데 딴 사람이 발령이 나고 보니 나는 완전히 이상한 사람으로 취급 받으면서 웃음거리가 되었고 개꿈 쟁이라는 놀림까지 받았다.

그런데 새로 부임한 김상철 시장은 기자들과의 첫 만남에서 복마전 서울시를 개혁할 것이고, 기자들도 개혁 대상이라는 뉘앙스로 강하게 얘기하자 기자들은 시장 본인은 정말 흠결이 없는가에 관심을 갖고 취재하게 되었다. 그 결과 급기야는 신임시장의 주택이 그린벨트를 훼손한 사실이 불거졌고, 김 시장은 결국 부임 7일 만에 시장 자리에서 물러나게 되었다.

이어 며칠 뒤인 3월 8일 후임 시장이 발표되었는데 어찌 이럴 수가!
이원종 충북지사가 서울시장으로 온다고 하지 않습니까?
나는 노스트라다무스라도 된 기분으로 길길이 뛰면서 이 방 저 방을 들락 거렸고 많은 사람들이 "박성태 기자 꿈이 기막히게 용하다."며 신기해하였다. 지금 다시 생각해도 그 꿈은 정말 신기한 수준을 넘어 신비롭기까지 한 일이었다. 그러한 인연으로 이 시장님도 나를 참 아껴주셨고 벌써 20년 세월을 훌쩍 넘어 내가 한국대학신문 사장직을 맡고 있는 현재까지도 '시장님, 시장님'하며 각별하게 지내는 사이가 되었다.

우리가 살아가는 동안 남을 축복하는 일은 상대방에게도 내게도 좋은 것 같다.

말을 해도, 꿈을 꾸어도 축복의 꿈을 자주 꾸었으면 좋겠다.

1,419대 서울특별시장

이렇게 해서 나는 조선조의 초대 판한성부사 성석린(成石璘)으로부터 1,419번째로 서울특별시장이 되었다. 정승 시절 일화를 많이 남긴 황희(黃喜), 맹사성(孟思誠)을 비롯하여 서거정(徐居正), 지석영(池錫永) 선생 같은 명인들도 한성판윤을 지냈고, 건국 후에는 윤보선(尹潽善) 대통령을 비롯하여 이기붕(李起鵬), 허정(許政) 선생 같은 분들도 서울시장을 역임하였다.

이토록 크고 영광스러운 자리였지만 막상 대통령으로부터 시장직 임명 통보를 받고 보니 걱정이 앞섰다. 왜냐하면 서울시 행정은 일천만 시민의 다양한 욕구가 방대하고도 복잡하다는 것을 누구보다도 더 잘 알고 있었기 때문이다. 이에 더하여 국회와 시의회 등 정치적인 문제 또한 보통 일이 아니었다.

더 현실적인 문제는 한솥밥을 먹으며 친구처럼 지내 온 국장과 구청장 등 간부들 70여 명이 시장으로서의 권위를 인정하고 따라줄까도 걱정이었다. 학벌도 국내 명문대를 비롯하여 하버드대 출신 등 유학파에 이르기까지 기라성 같은 인재들이 포진해 있는데 나는 기껏해야 야간대학 출신이 아닌가. 고민하던 나는 다음날 아침에 가족들의 권유로 교회에 함께 나갔다. 그런데 그날 목사님 말씀은 "선택받은 자는 무조건 순종해야 하고, 소명에 충실해야 한다. 선택은 하나님의 전권사항이므로 이의가 있을 수 없다."는 것이었다. 그 말씀이 꼭 나를 위한 것으로 생각되면서 격려가 되고 용기가 생겼다.

다음날인 1993년 3월 8일, 내가 시장에 취임하자 언론들은 긍정적으로 보도해 주었다.

'칡뿌리를 캐던 소년이 서울시장이 됐다'
'첫 공직은 전화기의 동전 수거원'
'주경야독으로 행시 합격'
'눈물의 우동 한 그릇으로 청운의 꿈 키웠다' 등등….

이 밖에도 '동생은 시장인데 형은 경찰관'이라는 집안 이야기와 힘들었던 고시생 시절의 일화 등이 여기저기에 소개되기 시작했다.

그러던 어느 날, 경찰서에서 근무하던 바로 위의 홍종(弘鍾) 형님이 사표를 내고 돌연 잠적해 버렸다. 무슨 사고가 있었는지 걱정도 되고 불안했다.

오랜만에 연락이 닿아 이유를 물었더니 동생이 시장이 되자 방송사와 잡지사, 월간지 등에서 취재하기 위해 끊임없이 찾아오는데, 말 한마디라도 실수하면 동생에게 누가 될까 봐 사직원을 내고 피해 버렸다는 것이었다. 한창 일할 나이에 동생인 나를 지켜 주기 위해 아무런 생계 대책도 없이 실업자의 길을 택했던 것이다.

어릴 때에도 형님은 모든 것을 양보하고 힘든 일을 도맡아하면서 몸이 허약한 나를 보호해 주었는데, 이제는 시장이 된 동생을 위해 직장까지 버린 것이다. 사람들은 이제 동생 덕 좀 볼 것이라고 생각했을 터인데, 나를 위해 자신을 희생한 형님의 가슴 깊이를 생각하면 감사함을 넘어 평생을 두고도 갚을 수 없는 커다란 빚으로 내 가슴속에 남아 있다.

　부임 초, 정신없이 바쁜 가운데 일주일이 지나자 70여 명의 국장, 구청장급 간부들이 모였다는 보고가 들어왔다. "우리와 함께 한솥밥을 먹으며 지내 온 이원종 시장을 모시고 서울시의 자존심을 살릴 때다. 이 시장을 중심으로 서울시의 긍지를 높이자."는 결의대회를 하고 있다는 것이었다. 동료요 친구였던 그들이 나를 상사로서 인정하고 지도력과 권위를 세워 주자는 것이었다. 그 순간 "하나님께서 선택하시면 책임까지 지신다."는 목사님의 설교 말씀이 머릿속에서 되살아났다.

6. 순풍과 역풍

1) 벼락 맞은 대추나무

사람이 살아가다 보면 순풍에 돛 단 듯이 매사가 순조로울 때도 있지만 예기치도 않았던 역풍을 만나 어려움을 당하거나 뜻을 이루지 못할 때도 있게 된다. 그래서 사람들은 액운은 비켜가고 행운이 이어지기를 바라는 마음에서 벼락 맞은 대추나무를 '벽조목(霹棗木)'이라 하여 신비한 힘이 있다고 믿고 도장을 새기거나 부적 등을 만들어서 몸에 지니고 다녔다. 이런 옛 풍습 속에는 그것의 효험 여부를 떠나서 순풍이든 역풍이든 모두 피할 수 없는 인생 역정의 하나이며, 극복하며 살아가려는 소망이 담겨져 있기도 하다. 나의 공직생활 중에도 수많은 순풍과 역풍의 세월을 지나왔지만 서울 600년 사업의 유일한 시정 책임자로서 보람된 일과 더불어 괴롭고 아쉬웠던 사례도 많았다.

2) 명암이 엇갈린 서울 정도 600년

서울, 새로운 탄생

시장으로 취임한 다음해인 1994년에는 서울 정도(定都) 600주년이 되는 행운의 해였다. 나라마다 수도가 있지만 6백 년이 넘는 역사를 가진 수도는 많지 않다.

오랜 역사의 뿌리를 돌아보며 1,100만 시민의 긍지를 살려 희망찬 21세기를 열어 가자는 취지에서 '서울, 새로운 탄생'을 주제로 4대 분야 228개 사업으로 구성된 방대한 서울 정도 6백 년 사업이 연중 내내 진행되었다.

첫째, '서울 뿌리 찾기' 사업으로 한양 정도제, 서울 성장사, 서울학 육성, 다리 밟기 등이 대표적으로 이루어졌고,

둘째, '서울 모습 다듬기' 사업으로 남산을 가리고 서 있던 아파트를 철거하는 한편 궁궐과 성곽을 복원하고 역사문화 탐방로를 조성하는 등 제 모습 찾기에 역점을 두었다.

셋째, 신명나는 서울 사업으로는 '서울, 새로운 탄생 전'과 함께 10월 28일을 시민의 날로 제정하고 전시·공연·축제 등의 문화 사업이 연중 이어졌다.

넷째로는, 세계로 미래로 열려 있는 서울을 만들기 위해 자매도시 축제, 타임캡슐 매설 등과 함께 국제 경쟁력을 위한 5대 거점지역 개발 등 시간을 필요로 하는 사업들도 포함되어 있었다.

서울이 국제적인 거대 도시로 성장할 수 있었던 데에는 한강의 역할이 큰 몫을 했다. 그래서 '한강의 재등장'이라는 주제 아래 한강변을 따라 마곡·상암·여의도·용산·뚝섬 등 5개 거점지역을 개발하는 국제화 종합대

책도 마련하였다.

하지만 당시 서울의 최대 과제는 교통문제였기 때문에 1974년 청량리 서울역 간 1호선이 개통된 이후 지속되어 오던 지하철 건설에 역점을 두었다. 그리하여 지하철 5~8호선 145km를 24시간 돌관 작업으로 추진하고 3기 9~12호선을 결정하는 등 세계 도시 역사에 유례없는 지하철 건설에 박차를 가했다.

빚더미 위에서 건설한다고 공격도 많이 받았다. 하지만 지하철은 수백 년을 사용하는 시설이므로 다음 세대도 분담해야 된다며 버티어냈다. 지금도 확장건설이 계속 이루어지고 있는 시민의 발 지하철, 미친 듯이 건설하던 시절이 없었다면 서울 교통은 상상만 해도 끔찍하다. 지금 세계 어느 도시에 내놓아도 서울의 지하철은 자랑거리다. 지하철을 즐겨 타며 홍수처럼 밀려드는 활기찬 시민들의 모습을 볼 때마다 가슴 뿌듯한 보람을 느낀다.

서울600년사와 인과율(因果律)

사노라면 인연(因緣)이라는 단어를 생각나게 할 때가 있다. 세상사 모두가 번뇌라며 속세와의 인연을 끊겠다고 깊은 산속 절을 찾아가던 처녀가 버스 옆자리에 앉은 군인과 두 달 만에 결혼했다던데 끊을 수 없는 인연의 줄이 작용했는지 모를 일이다.

이러한 인연이란 사람과의 관계만이 아니라 일과도 무관하지 않은 것 같다.

내가 1975년 서울시 기획담당관 당시에 시작했던 「서울600년사」 편찬사업의 결과물을 20년 후에 열린 서울정도600년 기념사업 전시회에서 김영삼 대통령께 보고 드리며 감회가 새로웠던 일이 있었다.

어느 날 망중한을 틈타 시사편찬위원회 사무실에서 장기를 두다가 책장 속에 꽂혀있는 몇 권의 역사책에 눈길이 머물렀다. 우리나라 수도 600년 역사인 「서울시 통사(通史)」는 작고 빈약한 데 반해 일제강점기 35년을 주축으로 한 「경성부사(京城府史)」는 분량과 규모면에서도 비교가 되지 않을 정도로 크게 차이가 나는 것이었다.

'아니, 이게 뭐지?' 내 마음속엔 수치심이 끓어올랐고 '내 손으로 서울의 자랑스러운 역사책을 만들고야 말겠다.'는 생각을 하게 되었다.

당시 시사편찬위원회 상임위원이던 원영환 박사와 뜻이 통하여 곧바로 기본계획이 만들어졌다. 종합적인 역사를 다루는 일반사(一般史) 6권과 인물, 지지(地誌), 전설과 설화 등을 담는 특수사(特殊史) 3권으로 하되 분량은 권당

1천 페이지 이상으로 하고 사륙배판으로 크기와 외양도 무게 있게 만들기로 하였다.

꿈에 부풀어 일사천리로 만든 편찬계획을 들고 관련부서의 협조를 구하기 위해 먼저 국사편찬위원회를 찾아갔다. 그러나 첫 단계부터 제동이 걸렸다.

"행정기관이 역사책을 만들면 실적 위주의 기록으로 왜곡된 역사가 되므로 협조할 수 없다."는 것이었다.

맞는 말이다. 하지만 당초부터 그러한 역사를 만들 생각은 없었다. 한적하고도 자그마했던 한양이 오랜 세월 동안 온갖 풍상을 겪으면서도 오늘날 세계적인 대도시로 성장할 수 있게 해준 조상들의 발자취를 더듬으면서 민족의 문화사인 동시에 생활사며 향토사적 성격을 담은 방대한 종합적 역사를 편찬하자는 생각이었다.

그러므로 일반적인 역사 외에 각종제도, 건설, 사회, 경제, 교육, 사상, 신앙, 풍속, 의복, 음식에 이르기까지 시민생활 전반에 걸쳐 그 변천을 기술코자하는 것이므로 그 분야의 전문가들이 대거 동원되어야 가능하다. 그러나 시간이 갈수록 그런 분들이 계속 줄어들기 때문에 지체할수록 충실한 기록은 어려워질 수밖에 없다. 또한 이러한 방대한 작업은 개인이나 학자들이 할 수 없는 것이다. 그러므로 집대성하는 작업과 예산상의 뒷받침을 서울시가 하겠다는 취지의 간곡한 설득 끝에 결국 협조를 얻어 낼 수 있었다.

그리하여 당대 사학계의 거목인 이병도(李丙燾), 신석호(申奭鎬) 선생을 비롯한 원로들로 편집위원회가 구성되고 분야별 전문가 수십 명이 집필위원으로 위촉되었다.

다음으로 중요한 것은 예산을 확보하는 일이었다.

당시 서울시 인구는 폭발적으로 증가하고 있었고 이에 따른 수요를 감당키 위해 도시개발과 건설업에 총력을 기울이고 있었으므로 역사책 편찬은 호사스런 일로 보일 수밖에 없었다. 아니나 다를까 예산심의와 결정권을 가진 총리실의 심의 과정에서 전액 삭감되고 말았다. 참으로 낭패스러운 일이었다. 나는 이판사판의 심정으로 예산관련 최고책임자를 찾아갔다. "존경하는 조정관님! 서울시가 혼이 없는 도시가 되어가는 것을 보고만 계실 것입니까?"

30대 초반의 젊은이가 내뱉는 무례한 언동에 불쾌해진 그분은 노기 띤 얼굴로 말했다.

"지금 무슨 소리를 하고 있는가?"

"죄송합니다. 무례함을 용서하십시오." 사과부터 드리고 나서 600년사 편찬의 취지와 필요성을 설명해 나갔다. 그리고 "예산이라 생각마시고 저 개인한테 상금 주신다고 생각해 주십시오. 그러면 결과로 보답하겠습니다."

한참을 생각하던 그분은 "그래, 젊은 친구 열정을 한번 믿어보지!"

뛸 듯이 기쁜 마음에 문을 닫고 나와서도 "감사합니다." 하며 꾸벅 절을 하고 돌아왔다.

이렇게 시작된 서울600년사 편찬사업은 계속 진행되어 당초계획 9권이 20년 만에 완성되었다. 그 이후에도 분야별로 행정사, 건축사, 교통사, 한강사 등의 서울역사서가 계속 발행되어 현재까지 총 20권을 넘는 방대한 규모에 이르렀다.

외형적으로는 눈에 띠지 않는 일이지만 후세로 연결하는 다리 하나 시작하였다는 점에서 보람을 느낀다. 그리고 철없을 때 객기(客氣)로 시작했던 일이 20년이 지난 후 시장이 되었을 때 그 결과물을 국가 원수에게 직접 보여

드리며 설명하게 된 것이 우연만은 아닌 것 같다.

씨를 뿌리면 시간이 걸려도 언젠가는 열매를 거둘 수 있다는 점에서 인과율(因果律)이란 말을 떠올리게 한다.

무너진 꿈, 베세토 선언

1990년대 초까지도 국경 없는 세계(Borderless World)가 화두의 중심에 있었고, 글로벌화되어 가는 중에도 지방화가 동시에 진행된다는 합성어 Glocalization이 강조되던 시기였다. 세계경제 또한 글로벌화되어 가면서도 블록별로 협력체제가 강화되어 가고 있었다.

1992년부터 중국과의 수교가 이루어짐으로써 1993년 10월 우호도시 협력 체결을 위해 북경을 방문한 후 곧 이어 세계 수도 시장회의에 참석키 위해 동경으로 건너갔다. 이때 리치엔(李其炎) 북경시장과 스즈키 준이치(鈴木俊一) 동경도지사를 만나 베세토 협력선언을 제의했다. 세계가 글로벌화되면서도 EU, NAFTA, ASEAN 등 블록화되어 가는 추세에 비추어 볼 때 베이징(Beijing)-서울(Seoul)-도쿄(Tokyo)를 연결하는 협력 벨트를 형성하고 3개 수도가 협력하여 21세기 아시아 태평양 시대를 주도해 가자는 제안이었다.

명조 이래 중국 수도인 북경이나 정도 600년을 맞는 서울이나 경제 대국 일본의 수도인 동경은 모두 인구 천만이 넘는 국제적 대도시로서 3개 수도를 이어 가는 선상에는 인구 20만 이상 도시 109개가 도시 회랑지대(回廊地帶)를 형성하고 있다. 규모 면에서도 EU나 NAFTA에 뒤떨어질 이유가 없다.

또한 3개 지역은 지리적으로 근접해 있을 뿐만 아니라 문화의 유사성과 상호 보완적인 특성을 감안하면 어느 지역보다 강점이 있다는 설명에 양측 모두 공감해 주었고, 3개 수도의 머리글자를 따서 'BESETO'라 명명하자는 나의 제안을 흔쾌히 받아들여 주었다. 곧이어 3개 도시가 동참하는 협력준비단이 구성되었고, 경제·문화·예술·정보·인적 교류 등의 사업계획들이 연이어 세워지고 일부는 실행에 들어갔다.

그리고 나는 서울 600년 사업의 대미를 장식하는 사업으로「베세토 협력선언」을 계획하였다. 새로 정한 시민의 날인 10월 28일에는 시청광장에 있었던 분수대 물줄기 위에 하늘무대를 설치하고 3개 수도시장이 함께 올라가 BESETO의 탄생을 선언하며 우주중계를 통해 세계에 알리려 했다.

나는 그때 과거에 하지 못했던 서울 주도(主導)의 역사를 쓰고 싶었다. 서울이 주도하는 동북아 협력 체제, 베세토를 탄생시키고 싶었다. 그런데 베세토 선언 꼭 일주일을 남겨 놓고 성수대교가 무너졌다. 바로 사직서를 내고 물러나면서 베세토 선언의 꿈도 함께 무너지고 말았다.

모사재인(謀事在人)이나 성사재천(成事在天)이란 말이 있다. '일은 사람이 꾸미지만 이루는 것은 하늘에 달렸다.'는 말이다. 싸움에 나선 제갈량이 좁은 계곡으로 적을 유인하여 불태워 섬멸시키려는 순간 갑자기 소나기가 내려 전략이 수포로 돌아가자 탄식하며 한 말이다.

모든 일은 다 내 뜻대로 되는 것만은 아니다. 그렇다고 미리 염려하여 주춤거리면 아무것도 하지 못한다. 하늘의 뜻은 사람이 헤아릴 수 있는 일이 아니다. 그러므로 옳은 일이라고 판단되면 몸을 던져 도전해야 한다. 최선을 다했다면 설사 뜻을 이루지 못했어도 후회는 되지 않는다.

서울 천 년 타임캡슐

퇴계로에서 남산1호터널로 올라가다 보면 왼쪽에 남산골공원이 있다. 원래 수도방위사령부가 주둔해 있던 자리를 도심 공원으로 조성한 것이다. 한옥촌 등 전통문화와 자연의 정취를 느낄 수 있는 공원 상단부에는 400년 세월을 기다리며 하늘을 향해 열려 있는 이색적인 공간이 있다. 서울 600년 사업의 일환으로 조성한 '서울 천 년 타임캡슐 광장'이다. 타임캡슐사업은 세월의 벽을 넘어 후손과 만나자는 역사 인식에서 계획된 것이다.

이 시대 삶의 모습을 서울 천 년이 되는 날 후손들이 보게 함으로써 그들이 우리 시대를 이해하고 다음 세대를 준비하는 지혜와 사명감을 갖게 하자는 것이었다. 수장품은 1994년 당시 서울시민의 삶과 문화, 기술과 가치 등 여러 분야를 대표하는 것으로서 도둑이 훔친 물건까지도 포함하여 모두 600점이 선정되었고, 수장품의 수명 시험과 아울러 포장과 보관 등을 위해 첨단기술이 동원되었다. 캡슐은 보신각 종 모양을 본떠 제작되었고, 캡슐 광장의 모습은 분화구 모양으로 조성되었다. 분화구 중앙의 땅 속 15m에 캡슐이 매설되고 지상에는 원형 판석을 설치하였다. 그리고 판석 위에는 서울시와 자매우호도시 관계를 맺고 있는 대도시 시장들의 메시지와 친필 사인들도 새겨졌다. 캡슐 매설지로 들어가기 위해서는 포석정 모양의 부드러운 곡선을 이룬 서울성곽 형태의 진입로가 조성되었으며, 외부 광장에는 개봉 때 기념이 될 수 있는 은행나무도 심어 놓았다. 그리고 다음과 같이 '서울 천 년 시민에 대한 시장의 메시지'도 캡슐에 넣었다.

"올해는 1994년.

400년을 앞서 살고 있는 우리들은 서울 천 년을 맞아 축제 한마당을 벌이고 있을 서울시민 여러분께 사랑과 축복을 보냅니다. (중략)

지금 우리는 대중교통 확충을 위해 지하철 5, 6, 7, 8호선 145km를 동시

에 건설하고 있으며, 더 맑은 공기, 더 맑은 물, 더 많은 주택을 위해 노력
하고 있습니다.

400년 후의 서울!

그 엄청난 변화를 지금 가늠할 수는 없지만 지난 세월에도 그랬듯이 여
러분들도 지금 우리들이 머릿속으로 그리는 상상의 세계 이상을 현실로 이
루어 놓았을 것입니다. (중략)

그러나 그 변화만큼이나 지금 이 시대의 것들은 많이 소멸되고 잊혀질
것이기에 지금 이 시대를 살고 있는 서울시민들의 진솔한 삶의 모습을 담
은 600가지를 캡슐에 담아 생생한 사실들을 전하고자 합니다. 몇 세기를
앞서 살았던 선대의 생활상과 희로애락의 편린들을 되새기면서 세월의 의
미를 생각해 보시기 바랍니다. 그러나 세월의 흐름이 도시와 삶의 모습을
아무리 바꾸어 놓는다 하더라도 여러분들도 지금 우리들처럼 먹고 자고 사
랑하며 살아갈 것이며, 서울 또한 후손들의 영원한 삶의 터전이므로 우리
들이 이 땅에 정열을 쏟고 있듯이 천 년이 되는 그날에도 25세기를 대비하
며 노력하는 여러분들의 모습에는 변함이 없을 것입니다. (중략) 원컨대, 이
도시 서울이 행복한 삶의 도시, 세계인이 부러워하는 도시, 민족의 긍지가
영원히 살아 숨 쉬는 도시이기를 희망합니다."

며칠 후에 있을 매설 행사만 기다리고 있던 어느 날 아침, 성수대교가 무
너지면서 나는 결국 그 행사를 주관하지 못했다.

후임 최병렬 시장이 김영삼 대통령을 모시고 400년 뒤의 후손들을 위한
역사적 기념물을 완성해 주었다.

몇 년의 세월이 흐른 뒤에 나는 마무리를 하지 못해 아쉬웠던 타입캡슐
광장에 가 보았다. 참으로 인생과 역사를 생각하게 하는 뜻 있는 기념물이

라는 생각을 하며 샅샅이 둘러보고 어루만져 보았다.

100년도 못 사는 우리에게 400년은 까마득한 시간이요 허공같이 느껴지는 세월이다. 이백이 말하기를 "광음자(光陰者)는 백대지과객(百代之過客)이라 했다. 시간이란 백 대를 두고 지나가는 길손이라 하였으니, 영원히 흘러가는 세월 속에 모든 일을 다 할 수 있는 사람이 누가 있겠는가? 내게 허용된 이만큼의 복에 감사하며 400년 후손들에게 영원한 축복이 내리기를 기원한다.

아! 성수대교

서울특별시가 주도하는 3개 수도시장의 베세토(BESETO) 협력 서울 선언이 야심차게 준비되면서 주요 600년 사업들이 마무리를 일주일 정도 남겨 두었던 1994년 10월 21일 아침, 누가 알았으랴! 성수대교가 무너졌다.

더욱 충격적인 것은 어린 학생들을 비롯하여 32명의 고귀한 생명들이 희생된 것이었다. 황당하고 비참했다. 열정을 쏟으며 추진했던 일들도 함께 무너져 내렸다. 뉴스 시간마다 사고 내용과 함께 시장의 책임을 물어 곧 구속될 것이란 보도가 연일 계속되었다.

결국 나는 붕괴의 책임을 조사받기 위해 검찰에 불려나갔다. 평소 검찰에 소환되는 사람들이 포토라인에 서서 카메라 세례를 받는 것을 볼 때마다 저것은 나와는 전혀 상관없는 남의 일이라고만 생각했었다. 그런데 바로 그 자리에 서 있는 나를 발견하고 '인생이란 이런 것인가!' 하는 탄식마저 흘러나왔다.

오랫동안의 경험을 통하여 각급 시설의 취약점과 위험 요인을 잘 알고 있었기 때문에 시장에 취임한 이후로 방재기구와 기능을 대폭 강화하고 예산도 크게 늘렸고, 아울러 주요 시설이나 공사장에는 개인별로 관리책임제까지 실시하였으나 성수대교 붕괴 사건으로 모든 노력은 수포로 돌아갔다.

누구의 잘잘못을 따지기 전에 맡은 자의 책임이 얼마나 막중한가를 실감하면서, 만일 나 한 사람의 희생으로 시민들의 상처가 위로받을 수 있다면 그 또한 감내해야 할 일이라고 각오하고 있었다.

밤새워 조사를 받는 동안 각종 자료와 행적을 확인한 검찰에서는 결국 내게는 사고의 책임을 물을 수 없다 하여 다음날 오전에 집으로 돌아왔다. 하지만 시정의 책임자로서 마음의 고통은 계속되었고, 한동안 내 인생에 패닉현상이 왔다.

『명심보감』의 「순명(順命)」 편에 '시래풍송등왕각(時來風送滕王閣)이요, 운퇴뢰굉천복비(運退雷轟薦福碑)'라는 말이 있다. '운이 좋은 때를 만나니 바람이 등왕각으로 실어 보내고, 운이 물러가니 벼락이 천복비마저 깨뜨려 버렸다.'라는 옛이야기이다.

당나라 시대 젊은 시인 왕발(王勃)은 양자강 가에 세워진 누각으로부터 칠백 리 밖에 멀리 떨어져 있었으나 마침 불어 준 순풍을 타고 하루 만에 도착하여 낙성식에 참석, '등왕각서(滕王閣序)'라는 천하의 명문을 남기는 행운을 얻었다.

하지만 송나라 때의 가난한 선비가 많은 사례금을 받기로 하고 명필 구양순(歐陽詢)이 쓴 천복비(薦福碑)의 비문을 탁본하기 위해 수천 리를 찾아갔으나 비석이 벼락에 맞아 산산조각이 나고 말았다. 왕발의 바람은 행운이 되었으나 벼락은 선비에게 불행이 되었던 것이다.

인생을 살아가다 보면 행운과 불운은 예측하기도 어려우려니와 인간의 능력으로 극복하기 어려운 경우도 많다. 다만 내가 할 수 있는 일은 긍정적으로 순명(順命)하면서 최선을 다해야 하지 않겠는가!

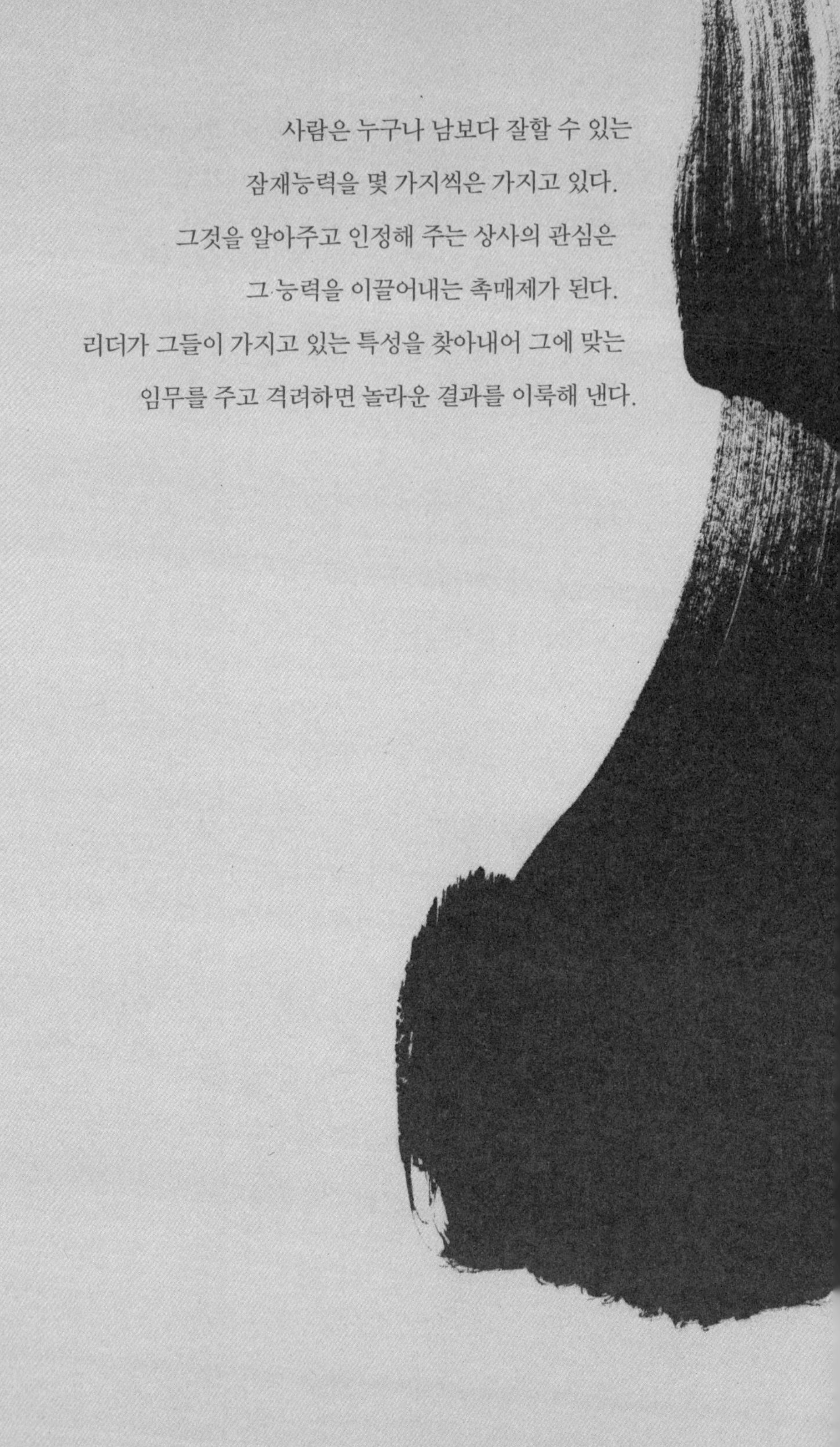

사람은 누구나 남보다 잘할 수 있는
잠재능력을 몇 가지씩은 가지고 있다.
그것을 알아주고 인정해 주는 상사의 관심은
그 능력을 이끌어내는 촉매제가 된다.
리더가 그들이 가지고 있는 특성을 찾아내어 그에 맞는
임무를 주고 격려하면 놀라운 결과를 이룩해 낸다.

젊은이를 위한 리더 수업

과거와 달리 구성원들은 매력을 느끼는
리더를 위해 정열을 쏟으며 목표를 향해 함께 달려간다.
감성과 매력은 권위와 논리를 뛰어넘어 조직의 에너지를 용출시킨다.
그러므로 성공하는 리더가 되려면
자신의 매력지수를 높이는 것이 매우 중요하다.

1. 매력 있는 지도자

1) 사람들의 마음을 훔치는 리더

남의 지갑 안의 돈을 훔치면 도적이 된다. 하지만 사람들의 가슴속에 있는 마음을 훔치면 성공한 지도자의 길이 열린다. 선거를 통해 선출되는 정치인이나 인기 높은 연예인은 물론, 성공적인 사람들은 모두 남의 마음을 훔치는 데 성공한 사람들이다. 좋은 내용으로 시청자를 사로잡는 TV 프로그램이나 멋진 아이디어 상품으로 시장을 독점하는 기업가들 역시 사람들의 마음을 얻는 데 성공한 사람들이다. 직장 내에서도 상사의 신뢰를 받거나 부하들의 존경을 받는 상사들도 마찬가지다.

타인의 마음을 성공적으로 훔치기 위해서는 우선 쉬운 것부터 실천해 보자. 이를 위해 먼저 눈높이를 상대방에게 맞추고 그의 편이 되어 보자.

상대방 입장에서 생각하고 배려하는 마음을 보여 주면 상대방도 내게 마음을 열어 주면서 동지의식이 형성된다.

다음으로는 자기 말에 책임을 지는 자세가 필요하다. 말을 바꾸거나 지키지 아니하면 신뢰는 생겨나지 않는다. 결국 남다른 노력과 절제, 지속적인 진실과 헌신을 통해 형성된 매력이 오랜 세월 쌓이면 사람들은 마음을 내어주고 팬이 되어 준다.

2) 이미지와 경쟁력

이미지란 어떤 사람이나 사물로부터 받는 느낌이다. 우리가 알고 있는 사람들 중에는 이름만 들어도 기분 좋은 사람이 있는가 하면 생각만 해도 싫은 사람이 있다. 그것은 평소 그가 만들어 낸 이미지 때문이다. 이미지는 대인관계에 있어 폭넓게 작용한다. 특히 지도자가 가지는 이미지는 자신뿐만 아니라 그 조직사회의 경쟁력까지 좌우한다.

이미지 형성에 있어서 첫인상은 매우 중요하다. 첫인상이란 용모·복장·태도·목소리 등 주로 외형적으로 보이는 것들에 의해서 결정되는데, 첫인상이 결정되는 시간은 불과 3초 정도에 불과하다. 심리학에서는 첫인상 때에 입력된 정보가 나중의 것보다 더 강한 영향력을 발휘하게 되는데 이를 '초두효과(Primacy Effect)'라 하며, 잘못된 첫인상은 60회 정도의 진실한 만남이 있어야 바로잡히는 '빈발효과(Frequency Effect)'가 나타난다고 하니 대인관계에 있어서 첫인상은 참으로 중요하다.

인생사를 좌우하는 결혼이나 취업을 위한 면접 등 중요한 일들이 첫인상에 좌우되는 경우가 많다. 그러나 주로 눈에 보이는 것들로 결정되는 첫인상은 상품의 포장과 같아서 내면에 숨어 있는 능력과 매력이 뒷받침되지 않으면 오래가지 못한다. 그러므로 항상 새롭고 향기가 느껴지는 이미지를 만들기 위해 지속적인 노력이 필요하다.

내적으로는 탄탄한 능력을 기르고 대인관계에서는 신선한 매력이 느껴지면서 스마트한 외모가 갖추어진다면 그 사람은 멋지게 포장된 명품 같은 이미지를 갖게 될 것이다.

그러나 무엇보다도 자신의 생각이 깨끗하고 누구에게나 떳떳한 처신이 계속 뒷받침될 때 비로소 빛나는 이미지, 오랫동안 변하지 않는 이미지, 존경하고 따르고 싶은 리더의 이미지가 확실하게 형성된다.

교수 채용 면접

　청주에서 대학총장으로 재직하고 있을 때 직접 면접위원으로 참석했다. 응모자 중의 한 사람이 걸어들어 오는데 첫인상부터 별로 마음에 들지 않았다. 티셔츠 차림에 구두도 지저분했다. 그런데 질문을 하는 중에 그 사람의 주머니 속에서 휴대폰이 울려대기 시작했다. 면접관들은 의외의 일에 분위기가 흐트러져 버렸고, 당황한 그는 끄는 방법도 찾지 못하고 허둥대고 있었다.

　나는 그에게 조용하게 말했다.

　"선생님, 교수가 되시는 것보다도 더 중요한 연락을 기다리고 계셨던 모양인데 그만 나가 보시지요."

　경우에 따라 지켜야 할 매너와 격식이 따로 있다. 해수욕장에 넥타이 차림이 어울리지 않듯이 장례식에 반바지 차림은 결례가 된다. 지성인으로 살아가려면 상황에 어울리는 매너를 갖추는 것 또한 중요하다.

3) 높여야 할 매력지수

생사여탈권을 가진 높은 사람

과거의 리더는 부하의 생사여탈권을 가진 높은 사람이었다. 높은 자리에서 권위주의적인 태도로 명령하고 지시하면서 회전의자에 앉아 결재하는 것으로 충분했다.

아랫사람들은 잘 보이기 위해서, 야단맞지 않기 위해서, 쫓겨나지 않기 위해서 참고 복종하며 수직사회의 룰에 순치되어 살아왔다.

그러나 디지털사회로 전환되면서 과거 권위주의적인 수직사회의 명령·복종 관계는 설 땅이 좁아져 버렸다. 설득과 이해, 휴머니티와 감성의 리더십이 필요한 때가 되었다. 아무리 논리적으로 빈틈이 없고 당위성이 있는 정책이라 하더라도 감성적인 공감을 얻지 못하면 자발적인 에너지가 생겨나지 않고 성공할 수도 없다. 정부의 정책도 국민의 지지와 호응을 받을 때 성공할 수가 있으며, 상품도 매력을 느낄 때에 소비자가 지갑을 열어준다.

그리고 과거와 달리 구성원들은 매력을 느끼는 리더를 위해 정열을 쏟으며 목표를 향해 함께 달려간다. 감성과 매력은 권위와 논리를 뛰어넘어 조직의 에너지를 용출시킨다. 그러므로 성공하는 리더가 되려면 자신의 매력지수를 높이는 것이 매우 중요하다.

이름을 부르면 꽃이 되어 준다

　나는 평소에 직원들의 직함보다는 이름이나 별명을 부르기를 좋아했다. 상사가 수많은 사람 중에서 자신의 이름을 기억하고 불러 주면 인정받고 있다는 생각에서 긍지를 느끼게 되고, 맡겨진 일에 더욱 열정을 쏟게 된다.

　다음은 당시의 도청 직원이었던 분이 최근 지방신문에 기고한 글의 일부다.

　"도청에는 천여 명의 직원이 상근한다. 많은 연주자와 악기들이 모여 웅장한 하모니를 내는 오케스트라와 같이 다양한 직종과 각기 다른 직책들이 모여 복잡다기한 '도정'이란 연주를 한다.

　계선조직 특성상 도지사를 직접 상면하기 어려운 일반직원들은 그에게 자신의 이름과 가치를 알릴 기회가 적다. 그러므로 도지사가 자신을 알아보고 관심을 표명하면 일할 맛이 난다. 도지사가 그의 이름을 다정히 부르면 그들은 그에게 호감과 순명이란 메아리를 보낸다. 이원종 지사의 직원 사랑법은 독특했다. 그리고 직원들의 충성심을 자아내게 하는 나름의 독심술을 갖고 있었다. 직원들을 호칭할 때 '김 주사', '이 과장'이라 하지 않고 직원들의 외모나 이름의 특징을 재미있게 변환시켜 애칭으로 부르기를 좋아했다. 이를테면, 도정 현안 사업을 담당하는 계장이 진돗개처럼 악착같이 물고 늘어져 그 일을 추진하면 '진돗개'로 불러 끝내 그 현안을 해결하게 동기부여를 한다든지, 이름이 김철기면 '철기시대'로 부르고, 공무를 수행하기 위해 자기 자동차가 고물이 되도록 전국을 돌아다닌 직원을 '굴타리'라는 별명으로 불러 격려의 대명사가 되기도 했다.

　또한 당시 행우문학 회장이던 필자를 '김 회장'이라 부르듯이 공직 이외의 특이한 직함이 있으면 그 직함으로 불러 각별함이 스며들게 했다.

　성수대교 붕괴사고로 서울특별시장을 사임할 때 미화요원과 운전기사들도 서운해 눈물을 흘렸다고 하니 그의 감성이 어떠한지 가히 짐작할 만하다. 이처럼 이원종 지사는 감성 경영으로 매력을 얻어낸 리더였다.”

사람이 살아가는 동안 알아야 할 이름은 수없이 많지만 상대방이 가지고 있는 이름은 단 하나뿐이다. 이름은 그 사람의 전부다. 리더가 이름을 잘못 부르거나 몰라본다면 그 사람은 조직 내에서 인정받지 못하는 아웃사이더라고 느낀다.

그러나 이름 하나, 별명 하나를 불러 주면 그들은 꽃이 된다. 당신의 인정을 받고 싶어 하는 사람들의 이름을 불러 주면 그들도 행복하고 당신도 행복해진다.

국가는 물론 기업이나 공직 등 어떤 조직이든
리더의 정확한 비전과 신념은 그 집단의 생사와 운명을 좌우한다.
그러므로 비전을 제시하라. 비전이 없으면 리더가 아니다.

2. 리더에게 필요한 세 가지

1) 비전을 제시하라

비전이란 미래를 향한 꿈이요, 앞으로 가야 할 길이다.

불가능하다고 생각되는 일에 대한 과감한 도전이다. 가슴을 뛰게 하는 비전은 조직에 활력을 주고 사람들에게 능력을 솟아나게 한다. 1950년대 스푸트니크 1호를 쏘아 올린 소련에 자존심이 상한 케네디 대통령이 "1960년대가 가기 전에 미국은 인간을 달에 올려놓을 것이다."라고 공언했을 때 많은 사람들은 불가능한 일로 생각했었다. 그러나 1969년에 그 말은 실제로 이루어졌고, 미국인의 가슴에 긍지와 자신감이 넘치게 해 주었다.

개인이든 단체든 뚜렷한 목표가 있어야 하고 확실한 청사진이 있어야 한다. 대통령은 국민에게 희망과 행복을 약속하는 국정 목표와 이의 달성을 위한 통치철학이 있어야 하고, 기업체 대표는 최고의 기업으로 앞서갈 수 있는 비전을 제시해야 한다. 비전이 희망을 주고 경영철학이 신뢰를 줄 때에 비로소 국민들은 애국심이 생기고 구성원들은 긍지를 느끼며 에너지를 쏟아낸다.

비전이 없는 지도자, 경영철학이 확고하지 못한 지도자는 물 위에 떠도는 무동력선과도 같다. 나아가야 할 방향이 분명히 있음에도 여론에 휩쓸리고 인기에 연연하면 물결치는 대로 출렁이다 암초에 부딪혀 산산이 부서지는 난파선과 다를 바가 없다. 세계 5대 경제대국을 자랑하던 아르헨티나가 페론시대의 포퓰리즘으로 아직도 수렁에서 빠져나오지 못하고 있는 것은 대표적인 사례가 되었다. 고대 민주주의의 요람이요, 종교와 문화의 중심지로 선망의 대상이었던 그리스가 빚더미에 올라앉아 휘청거리는 모습 또한 다를 바가 없다.

국가는 물론 기업이나 공직 등 어떤 조직이든 리더의 정확한 비전과 신념은 그 집단의 생사와 운명을 좌우한다. 그러므로 비전을 제시하라. 비전이 없으면 리더가 아니다.

2) 열정을 쏟아라

구성원들은 윗사람이 말할 때 귀로 듣는 것이 아니라 표정을 바라보며 마음을 읽는다.

리더가 무슨 말을 하든 듣는 사람들은 그 말이 진실인지, 열정의 강도가 어느 정도인지 알아차리고 거기에 맞추어 행동한다.

눈빛과 표정과 말의 강도를 통해 리더의 생각과 의지를 읽는 데 아랫사람들은 달인이 되어 있다.

그러므로 꼭 이루어야 할 목표가 있다면 스스로 자기최면을 걸고 성공에 대한 확신을 가져야 한다. 그리고 목표 달성을 위해 열정을 쏟으면 구성원들도 목표를 향해 몸을 던져 일한다.

난공불락의 요새는 없다

인터넷 가장 잘 쓰는 도(道)

2천 년대에 들어설 당시 충북의 정보화 기반은 전국 12위로 하위권에 머물러 있었다.

그러나 도정의 기치를 바이오토피아(BIOTOPIA)로 내건 충북의 입장에서는 먼저 정보화 능력을 갖추는 일이 필수적이었으므로 2000년 1월 1일 신년사를 통해 '전국에서 인터넷 가장 잘 쓰는 도' 시책을 발표하였다.

중요한 사업이라는 인상을 심어 주기 위해 새해 벽두 신년사에 넣어 발표하였는데, 참모들까지도 "우리 입장에서 '인터넷 가장 잘 쓰는 도'라는 말은 과장된 표현"이라고 수군대는 소리가 들려왔다. 그것은 예측한 일이었다. 그렇지만 꼭 가야만 할 길이었다.

지역정보화 선포식

정보화 사업을 추진하려면, 첫째, 초고속 통신망 등 기반 시설을 설치해 줄 중앙정부의 도움이 필요하고, 둘째로는 분위기를 확산시키면서 이끌어 줄 각급 지도자들의 노력이 필요하고, 셋째로는 도민들의 폭넓은 참여가 있어야 했다.

그래서 우선 각계의 공동 노력을 이끌어내기 위하여 2000년 4월 21일, 안병엽 정보통신부장관을 초청한 가운데 도내 관련 기관 단체와 전문가들을 모아 정보화 공동추진 선포식을 강행하였다. 저질러 놓아야 노력을 이끌어낼 수 있기 때문이다.

이제 제일 중요한 것은 몸을 던져 줄 일꾼이 필요하다. 평소 능력을 높이 보고 있던 최복수 과장을 불러 '인터넷 가장 잘 쓰는 도' 사업을 책임지고 성공시켜야 한다고 하자 그는 두려움이 역력한 표정으로 "사실 제가 정보화에 대해 아는 것이 없기 때문에 자신이 없습니다."라고 대답하는 것이었다.

그로서는 무리한 답이 아니었다. 그러나 여기에서 머뭇거리면 앞으로 나갈 길이 끊긴다.

나는 불을 켠 눈으로 그를 바라보면서 소리를 질렀다.

"네가 못 한다면 해낼 사람이 누가 있는지 말해 봐! 고시까지 합격하고 엘리트라고 평가받는 젊은 놈이 자존심도 없는가, 처음부터 아는 자가 어디 있어? 오늘부터 당장 컴퓨터 공부 시작하고 목숨 걸고 해내. 예산이고 뭐고 필요한 것은 다 해 줄 테니까 잔소리 말고 나가!"

그는 패잔병 모습으로 어깨가 축 처진 채 쫓겨 나갔다. 그런데 놀랍게도 그는 얼마 지나지 않아 당당한 모습의 전문가로 바뀌어 있었다. 나의 단호하고도 물러서지 않을 분위기에 도망갈 생각을 포기했고, 엘리트라고 인정해 주는 한마디 말에 도전해 보겠다는 동기가 촉발되었던 것이다.

신념과 목표

바로 이어 추경예산을 편성하여 전 직원 책상 위에 PC를 설치해 주자 상당수는 어리둥절하며 거부감을 나타냈다. 서류를 들고 와서 결재를 받아 가는 종래의 방식을 폐지하고 전자결재 방식으로 바꾸어 버리자 난리가 났다. 하지만 전산교육, 자격증 취득 등을 통하여 단기간 내에 전 직원의 컴퓨터 활용이 일반화되었다. 오래지 않아 여직원 혼자서 과내의 모든 문서를 작성하던 관행도 깨끗이 사라져 버렸다.

다음은 인터넷 접근 기반을 넓히는 일이 급선무였다. 초고속통신망 없이 인터넷을 한다는 것은 도로 없는 곳에 자동차로 물품을 수송하려는 것과 같기 때문이었다. 당시 충북에는 서울에서 대전을 우회하여 청주로 들어오는 155Mbps 통신망이 상징적으로 있을 뿐이었다.

이 문제를 타개하기 위해 정부통신부장관으로부터 한국통신 사장과 충북 본부장 등을 차례로 만나 각별한 배려를 요청했다. 곧이어 우리의 요청은 받아들여졌고, 서울에서 청주를 직접 연결하는 20Gbps 용량의 초고속 통신망을 신설해 줌으로써 과거 1차선이던 자동차 길이 129차선의 고속도로만큼이나 넓혀진 것이다.

그뿐만 아니라 지역 내의 동케이블이 모두 광케이블로 교체되었고, 2001년 6월까지 읍면 지역까지 ADSL이 개통됨으로써 전국 평균 진도가 50% 정도일 때 가장 먼저 100%를 달성하게 되었다. 불가능하다고 생각했던 일들이 현실로 이루어지자 수군대던 공무원들이나 주민들의 생각도 달라지고 있었다.

다음 단계로 대대적인 도민 교육에 들어갔다. 도내 대학들은 각 시군과 정보화 결연을 맺고 대학생 농촌 봉사활동도 주민들의 컴퓨터 교육으로 전환하였다. 교육 초기에 무관심했던 농민과 주부 등 주민들의 참여 속도는 빠르게 확산되어 갔고, 이후 4년 동안 연 인원 125만 명이 정보화 교육을 받았다.

그 결과 '인터넷 가장 잘 쓰는 도' 운동을 시작한 지 4년 만에 도내의 인터넷 가입자는 무려 62배로 증가하였다.

이러한 증가율은 전무후무한 사례이기도 하거니와 도민들로 하여금 자신감과 긍지를 갖게 하면서 지역의 경쟁력도 신장되었다.

이러한 정보화 능력의 향상은 첨단산업지역 조성에도 긍정적으로 작용하였다. 즉 IT산업단지인 오창단지 조성에 도움이 되었고, IT 기반 위에 오송생명과학단지의 BT산업 선점에 뒷받침이 되었다.

또한 중앙정부의 평가에서도 2000년과 2001년에 전국 최우수 도로 평가되었고, 자신 없다는 말에 기합 받고 쫓겨 나갔던 최 과장은 당당한 전문가가 되어 드디어 충북을 정보화 최우수의 반열에 올려놓았다.

장수가 확신에 찬 얼굴로 앞장서서 말을 달리며 적군을 공격해 들어갈 때 병사들이 목숨을 걸고 승리를 이루어 주듯이 리더가 이루고자 하는 야망과 열정이 확고할 때 구성원들의 돌파력은 막강해진다. 꼭 이루어야 할 목표가 있으면 리더부터 확신을 보이며 열정을 쏟아야 한다. 그러면 난공불락의 요새는 없다.

3) 통합하여 함께 가라

어떤 조직이든지 구성원들이 달성하고자 하는 목표와 가치관에 일체감을 가지면 강한 조직이 된다. 이스라엘이 600만밖에 안 되는 적은 인구로 2억이 넘는 적들에게 둘러싸여 있으면서도 살아남은 이유는 이천 년 동안 나라가 없었던 민족의 설움을 기억하며 국가의 중요성에 일체감을 가지고 있기 때문이다.

외형적으로는 지도자를 중심으로 단합이 잘된 것 같은 조직도 실상은 그렇지 않은 경우가 많다. 윗사람에게 잘못 보이면 돌아올 수 있는 손해 때문에 순종하고 있는 것을 가지고 자기를 믿고 따르는 것으로 착각하고 있는 리더들이 의외로 많다. 구성원들의 가치관과 에너지의 통합이 이루어진 경우와 그렇지 못한 경우, 그 조직이 위기에 처했을 때에 극명한 대조를 이룬다. 전자의 경우에는 모두가 단합하여 위기탈출에 나서지만, 후자의 경우에는 서로 책임을 전가하며 자기 살 길만을 찾게 된다. 심지어는 심복으로 믿었던 사람이나 한 식구 같은 비서나 운전기사에 의해 책임자들이 곤경에 처하는 사례도 심심찮게 발생한다.

그러므로 에너지의 통합이 이루어질 때에 성공적인 리더의 길을 갈 수 있다. 이것은 기업만이 아니라 국가경영도 마찬가지다. 세계역사를 보더라도 지도자가 존경을 받지 못하고 국정이 신뢰를 잃었을 때에 국가의 위기가 오고, 긍지와 애국심으로 국민통합이 이루어질 때에 흥륭하는 것은 동서고금을 막론하고 철칙에 속한다.

3. 조직 속의 인사

1) 인사가 만사

인사정책의 중요성

모두가 말한다. "인사가 만사"라고.

그런데 그것이 그렇게 쉽지만은 않다. 어떤 조직이든지 모두가 만족한 만점짜리 인사란 불가능하다. 사람의 인품과 능력을 정확히 잴 수 있는 저울도 없고, 보는 사람에 따라 평가가 다르고, 상황에 따라 필요한 사람도 달라지기 때문이다. 뿐만 아니라 친소관계에 따라 편견이 작용하기 쉽기 때문에 "인사가 만사"라고 모두가 말하지만 만족스런 결과를 거두기는 쉽지 않다.

그렇지만 아무리 어렵더라도 성공하는 인사를 위해서는 절제된 지혜를 동원하지 않으면 안 된다. 편견은 줄이고 객관성을 높이는 데 힘써야 한다. 영향력이 큰 인사일수록 인사의 중요성은 더욱 커지고 그 결과 또한 성패에 크게 영향을 미친다. 그러기에 기업총수의 인재활용이 기업의 경쟁력을 좌우하고 국가 원수의 인사정책이 국가의 운명을 좌우한다.

육험론(六險論)

"어진 신하들을 가까이하고 소인들을 멀리했던 것이 전한(前漢)이 흥륭했던 까닭이요, 소인을 가까이하고 현명한 인재를 멀리한 것이 후한(後漢)이 기울었던 까닭"이라고 제갈공명은 후주(後主) 유선(劉禪)에게 출사표를 올리며 눈물로 충간하였다. 1,800년 전의 말이지만 이는 지금도 불변의 원칙이다.

인재를 시험해 보고 적재적소에 쓰기 위해 활용했다는 진나라의 상국(相國) 여불위(呂不韋)의 육험론(六險論)이 눈길을 끈다. 다음의 여섯 가지 경험을 거치게 한 후에 쓸 만한 인재인지 아닌지를 판단하였다 하니, 결국 자기 자신을 다스릴 줄 아는가에 초점이 맞추어져 있다.

즐겁게 하고 얼마나 빠져드는가?
기쁜 일에 자제할 줄 아는가?
괴롭고 어려울 때 얼마나 참아내는가?
두려울 때 얼마나 의연한가?
슬플 때 얼마나 삭힐 수 있는가?
화났을 때 자신을 다스릴 줄 아는가?

2) 가까운 자와 옳은 자

우리가 오늘까지 살아오면서 힘들었을 때나 성공했을 때, 기뻤거나 슬펐던 때를 뒤돌아보면 그때마다 틀림없이 원인이 되는 사람들이 있다.

먼저 가까운 자에 대하여 생각해 보자.

내게 가까운 자는 편하고 손쉽고 또 믿을 수 있다는 장점이 있다. 하지만 가까운 자들이 지나치게 중심 기능을 독점하게 되면 조직은 이완되고 정도에서 벗어나기 쉽다. 왜곡되고 병든 조직이 될 수 있으며, 종국적으로는 경쟁력을 잃고 부패의 길로 향하기 쉽다. 가족들로만 구성된 기업들의 경쟁력은 한계가 있고, 선거판에 나와서 도와준 사람들이 중요한 자리들을 차지한 후 비리를 저지르며 함께 타고 있는 배에 상처를 입히는 사례들은 자주 볼 수 있다. 가깝다고 생각했던 그들의 겉모습은 충성으로 보이지만 속셈은 지렁이 미끼로 잉어를 낚기 위해 온 사람들도 만만치 않게 섞여 있기 때문이다.

가장 정의로워야 할 국가 권력이 친인척이나 공신들에 의해 위상을 추락시키고 국민의 가슴을 멍들게 하는 사건들이 계속 이어지는 것은 결국 가까운 자들 때문이다. 결국 조직에도 근친교배가 열성을 나타낸다는 멘델법칙(Mendel's law)이 작용하게 되는 것이다.

다음은 옳은 자에 대하여 관심을 가져 보자.

야심찬 꿈이 있다면, 그리고 정도를 가고 싶다면 비록 어려움이 있더라도 가까운 자들이 아니라 옳은 사람들과 함께해야 한다. 제갈공명이 없었다면 유비는 성공하지 못했을 것이다. 아무런 연고도 없었을 뿐만 아니라 스무 살 아래인 제갈공명을 세 번이나 찾아갈 때 유비는 자존심이 없었을까?

링컨도 오랫동안 자기를 괴롭혔던 정적 스탠튼을 참모들의 반대를 무릅쓰고 "지금 이 나라에는 그가 필요하다."며 국방장관에 임명하였다. 남북전쟁을 승리로 이끈 그는 링컨이 암살당했을 때 "가장 위대한 지도자를 잃었다."며 누구보다도 슬피 울었다 한다. 보람찬 성취를 이루려면, 깨끗한 성공을 원한다면 가까운 자보다 공의를 위해 몸을 던져 일해 줄 옳은 자를 찾아내야 한다.

과거를 묻지 마세요

복싱경기에서 사력을 다해 치고받던 선수들이 시합이 끝나고 나면 서로 얼싸안고 등을 두드려 주는 모습은 관객들의 마음을 훈훈하게 해 준다.

1960년대 나애심이 부른 〈과거를 묻지 마세요〉라는 노래가 오랫동안 애창되고 있는 것도 되돌릴 수 없는 과거로부터 자유로울 수 없는 인생의 속성이 이 노랫말에 잘 나타나 있기 때문일 것이다.

공자도 "과거를 묻지 말라(不保其往)."라고 가르치고 있다. 사람을 대할 때 그 사람의 출신이나 지난날 모습을 가슴에 담지 말고 정결한 마음으로 나를 찾아온다면 그 모습 그대로를 인정하라는 것이다(人潔己以進 與其潔也).

선거판에서도 그러한 모습들을 볼 수 있다면 얼마나 좋을까? 하지만 유감스럽게도 선거를 치른 뒤의 후유증은 그리 만만치 않다. 이긴 편은 점령군을 연상시키듯 칼자루를 휘두르고, 진 쪽은 절치부심하며 반격의 기회를 노리는 사례들이 심심치 않게 보인다.

1998년 6월 4일, 제2기 지방선거가 끝났다.

당시는 지금처럼 인터넷이나 대중 감시 기능도 크지 않았으므로 공무원들이 선거에 영향을 미치는 일이 비일비재했다. 특히 지방자치단체장 선거의 경우 간부급들은 자신의 공직 생명을 위해 소속된 단체장의 편을 들 수밖에 없는 분위기였다. 당시 충북도청의 간부들 또한 예외일 수 없었다.

그러나 개표 결과는 3배 가까운 격차로 현직의 참패였다. 선거운동에 나섰던 고위 간부들은 이제 패전국의 장수들과도 같이 불안한 입장이 되어버린 것이다. 나는 그중 대표 격인 기획관리실장을 당선인 사무실로 불렀다. 안절부절못하며 몸 둘 바를 몰라 하는 그의 안주머니에는 분명 사직서가 들어 있지 않았나 싶다.

"조 실장, 선거 때 고생이 많으셨지요?"

그는 머리를 조아리며 "죄송합니다."를 연발하였다.

"아니, 도청 내의 제3인자인데 그냥 있을 수가 없었겠지요. 내가 그 입장이었더라도 어쩔 수 없었을 테니까요."

나를 바라다보는 그의 눈빛에는 처절함이 배어나왔다. '아니, 죽이려면 곧바로 목을 칠 일이지 왜 이렇게 시간을 끄는가. 그것은 확인 과정을 거치는 잔인한 형벌임을 당신은 모르는가?' 하는 표정이었다.

나는 그의 눈을 똑바로 보면서 진지한 목소리로 말했다.

"조 실장! 지난 일들은 다 잊어버리고 나를 좀 도와주시오."

"예?!"

화들짝 놀라는 그의 육중한 몸매가 공중으로 훌쩍 떠오르는 듯했다.

삼국지나 역사에 등장하는 인물들 중에서도 적의 신하였거나 자기를 곤경에 빠뜨렸던 자까지 포용하고 발탁하여 크게 쓰는 사례들을 많이 보았다. 물러날 각오를 했던 그에게 승진과 함께 정무부지사 직책이 주어졌다. 그 이후 자신의 몸을 도끼처럼 쓰며 어떠한 궂은일도 마다하지 않고 몸을 던져 최선을 다해 주었던 그의 헌신을 기리며 감사드린다.

3) 인사작업의 세 가지 원칙

인사 청탁 받기

나는 공무원 생활 중에 인사권을 가진 기관장 자리에 오래 있었는데 인사작업처럼 힘든 일이 없다. 그래서 "인사작업을 어디에 용역 줄 수는 없는가?" 하고 농담 삼아 자주 말했다. 어떤 사람이든지 자신의 신분문제처럼 중요하고도 민감한 문제가 없으므로 인사 청탁은 예나 지금이나 근절될 수

없는 속성을 가지고 있다. 그래서 이를 피하려 하지 않고 나 나름대로 고수
해 온 원칙이 몇 가지 있다.

첫째로는 일단 청탁을 받으면 내용을 소상히 물어 메모하면서 "검토해
보겠습니다." 하고 수락도 거절도 아닌 답변을 하는 것이다. 그러면 상대방
도 일단 기분이 나쁘지는 않다. 그러나 그 메모들은 인사담당 직원들에게
절대로 전달되는 일이 없다. 책상서랍 한구석에 깊숙이 숨겨 놓는다. 인사
팀이 작성해 온 인사안을 보고받으며 잘못된 것은 없는지 꼼꼼히 따지며
확인 절차를 거친다.

이때 인사 담당자의 눈을 바라보면서 대화를 해보면 진실 여부가 쉽게
판단이 선다. 결재가 끝나고 안이 확정되면 그동안 숨겨 놓았던 메모 철을
꺼내어 대조해 본다. 그럴 때마다 언제나 안 된 것이 절대적으로 많다. 인
사작업 결과를 발표하기 전에 청탁했던 분들에게 전화를 걸어 불가능한 이
유를 설명해 주면 누구나 고맙다는 반응이지 그로 인해 섭섭하다며 관계가
소원해지는 경우는 별로 없었다.

개구리가 없는 것이 인생의 한

두 번째로 내가 강조해 온 인사 원칙은 절대로 금품이 오가서는 안 된다
는 것이다. 고려 말기의 문신 이규보 선생이 과거에 낙방하고 초야에 묻혀
살 때 대문 앞에 써 붙여 놓았다는 유아무와 인생지한(有我無蛙 人生之恨)이란
말은 '능력을 갖춘 나는 있으나 개구리가 없는 것이 인생의 한'이라는 뜻으
로 돈 많고 권세 있는 가문의 자제들이나 뇌물이 작용하여 과거에 급제하
는 세태를 한탄한 글이다.

미행(微行)을 나왔던 임금이 글의 연유를 묻자, '꾀꼬리와 까마귀의 노래
시합에서 심판을 맡았던 두루미가 개구리를 선물로 준 까마귀의 손을 들어

주었다'는 이야기로 인재 등용문인 과거시험의 문제점을 설명하자 임금께서 특별히 임시과거를 열어 이규보 선생을 발탁했다는 이야기다. 뇌물이나 금품이 오가는 세태에서는 능력 위주의 인재 발탁은 이루어지지 않을 뿐만 아니라 국가사회를 병들게 만든다.

인사에 돈이 오가면 조직을 망치고 자신도 망신당하게 된다. 인사엔 서열과 경력, 능력과 업적 이외에도 구성원들의 기대와 정서 등 고려해야 할 요소가 많다. 그런데 수긍할 수 없는 의외의 결과가 나타났을 때 구성원들은 외부의 압력이 아니면 금품 가운데 두 가지의 작용이라 판단하면서 인사권자를 의심한다. 그리고 원칙대로 정도를 지키다가는 손해 본다는 생각에서 자신도 살 길을 찾아 나선다.

일로 승부를 내려는 것이 아니라 외부의 압력을 동원하거나 금품을 싸들고 인사권자에게 접근하려고 정보를 수집한다. 승진하는 데 단가가 얼마인지, 사모님이 돈 받기를 좋아하는지 등 본인만 모르는 가운데 공공연한 비밀이 되어 버린다. 그러나 판단이 흐려진 장본인은 둘만의 관계는 영원히 지켜질 비밀이요 자기에게 변하지 않을 충성으로 착각한다. 그러다가 어떤 계기에 문제가 되면 자신도 조직도 돌이킬 수 없는 상처를 입게 된다.

팔자를 고칠 만한 큰돈도 아닌데 인생을 걸고 모험해야 할 이유가 없다. 미끼를 탐하는 물고기가 낚시에 걸리듯이 떳떳하지 못한 돈은 결국 낚시에 매달린 미끼와도 같은 것이다.

70대 30의 원칙

세 번째로 지켜 온 것이 70대 30의 원칙이다.

승진·전보·징계 등의 인사는 왜 하는가?

보다 더 활력 있는 조직, 일 더 잘하는 조직으로 만들어 가기 위해서다. 그런데 서열과 경력 위주의 원칙만 고수하면 조직은 보수화되면서 진취성을 잃는다.

일로 승부하려는 생각은 없어지고 실수하지 않으면서 오로지 경력 쌓기와 서열 관리에 초점을 맞추게 된다. 그리고 자기들끼리 이미 승진 순서가 정해져 버리기 때문에 인사권자의 지도력은 약화된다.

그러므로 이를 방지하기 위해서 조직의 안정화와 역동성이라는 두 마리 토끼를 잡아야 한다.

이를 위해 필요한 것이 70대 30의 원칙이다. 즉 70% 이상은 서열과 경력 위주의 인사로 예측 가능성과 조직의 안정화를 기하면서 30% 이내에서 업적과 능력 위주의 발탁인사를 하는 것이다. 단 이때 주의해야 할 것은 발탁 사유가 확실해야 하고 구성원들이 동의할 수 있어야 한다. 그렇지 않으면 정실인사로 치부되어 버리기 쉽다.

서열이 처지고 경력이 짧더라도 도전적이고 창의적으로 일하는 사람들에게 발탁의 길을 열어 주면 경쟁과 긴장으로 조직의 활력이 높아진다. 예로써 집요하게 파고들어 충북의 어려운 현안 문제를 풀어낸 우혁성 사무관을 물고 늘어지는 '진돗개' 같다면서 최하위 서열인 그를 서기관으로 승진시키고, 고참들만 갈 수 있는 주무과장에 배치하는 파격인사를 단행했다. 그러나 누구도 이의를 제기하는 사람이 없었고, 그의 별명은 진도대감으로 격상되었다. 그는 더 어려운 과제들을 풀어내는 데에 계속해서 놀라운 능력을 발휘했다.

　인사작업이란 지난날보다 더 능력 있는 조직, 더 일 잘하는 조직을 만들기 위한 노력이다. 특성과 소질에 맞추어 적재적소에 인력을 배치하여 능력을 발휘하게 하고 희망과 인정감을 주어 신바람 나게 에너지를 용출하게 하는 작업이다. 인사 원칙이 여기에 맞추어지면 그 조직은 일체감으로 뭉쳐 큰일을 해내는 강한 조직이 된다.

우리가 만나는 사람은 누구든지 그로부터 배울 것이 있다.
특히 지금 같은 다양성 사회에서는 각 분야의
사람들로부터 듣고 배우고 도움을 받지 않으면 안 된다.

4. 지도자와 말

1) 말은 문간에서 구걸하는 거지

　　현재 지구상의 언어가 2~3천 가지로 추정되는 가운데 70억에 달하는 사람마다 모두 말을 하며 살아가고 있다. 누구나 다 하는 말이므로 쉬운 것 같지만 말이란 것이 그리 만만한 것이 아니다. 내가 말했다고 해서 상대방이 다 알아듣는 것도 아니요, 듣는 사람들이 똑같이 이해하지도 않는다. 마치 여러 가지 반찬을 차려 놓은 밥상에서 함께 식사할 때 취향에 따라 선택한 반찬의 종류가 다르고 식욕에 따라 분량이 다른 것처럼 말도 듣는 이의 생각, 당시의 감정, 본인과의 이해관계 등에 따라 달리 이해되고, 때로는 변질·과장·오해 등으로 왜곡되어 전달되기도 한다.

　　또한 말하는 이의 표현력에 따라서도 효과는 천차만별일 수 있다. 그러므로 문화인류학자 에드워드 홀은 "글은 표현하고자 하는 마음을 80%까지 표현할 수 있어서 안방까지 들어가는 강도와 같으나 말로써는 30%밖에 나타내지 못하므로 말은 문간에서 구걸하는 거지와 같다."고 했다.

2) 메라비언의 법칙(The Law of Mehrabian)

말을 하는 목적은 듣는 이에게 내용을 전달하기 위한 것인데 더 정확하게 전달될 수 있다면 더욱 좋은 것이다. 그런데 우리는 평소 쉽게 말하고 나서는 소기의 목적을 달성했다고 생각하고 있지만 입으로 소리 내어 하는 말이 전부가 아니라 극히 일부분에 불과하다는 연구 결과가 있다.

알버트 메라비언(Albert Mehrabian)은 "대화는 언어적인 표현과 비언어적 표현으로 구분되는데 전달 과정에서 언어적 표현이 차지하는 비율은 7%밖에 되지 않으며 비언어적 요소들은 93%나 된다."고 했다. 즉 자세·용모·복장·제스처 등 시각적 이미지의 비중은 55%, 목소리의 톤·음색·언어의 품질 등과 같은 청각적인 것도 38%에 달한다고 한다. 그러므로 말은 입으로만 하는 것이 아니라 몸과 마음과 정성을 다해 온몸으로 해야 하는 것이다. 그는 비언어적 대화에도 기술이 필요하다며 다음과 같은 여섯 가지 단어의 머리글자를 따서 만든 'S.O.F.T.E.N' 기법을 제시하였다.

밝은 얼굴로 상대의 마음을 사로잡으라는 '미소(Smile)'

거만한 자세가 아닌 '열린 몸짓(Open Gesture)'

듣고 있다는 뜻으로 '앞으로 기울이기(Forward Leaning)'

가벼운 접촉과 적당한 스킨십을 뜻하는 '접촉(Touch)'

상대의 눈이나 눈 주변을 보라는 '눈길 나누기(Eye contact)'

대화 중 알아듣고 있다는 의미로 '고개를 끄덕이기(Nodding)'

구사하는 언어는 그 사람의 생각과 수준을 나타낸다. 그러므로 인간은 말로 평가되고 언어로 존재한다. 그러나 우리는 별 생각 없이 수많은 말을 듣기도 하고 쏟아내기도 한다. 대화를 하다 보면 향기가 느껴지고 힘을 더해주는 사람이 있는가 하면, 마음을 상하게 하고 다시 만나고 싶지 않은 사람도 있게 마련이다.

몸을 위해 생수를 마시고 무공해식품을 찾으면서도 입에서는 듣는 이의 마음을 상하게 하는 저급하고 빈약한 말들이 쏟아져 나온다면 누가 그를 인격자로 대해주겠는가? "입으로 들어가는 것이 사람을 더럽게 하는 것이 아니라 입에서 나오는 것이 더럽게 한다."고 했다. 원석도 다듬어야 보석이 되듯 말도 지속적으로 갈고 닦아야 향기가 난다.

3) 운명을 바꾸는 말 한마디

이왕이면 긍정적 이미지와 자긍심을 심어 주는 말을 하자.

그리스 신화를 보면 피그말리온 왕이 자기가 만든 조각상을 너무나 진심으로 사랑하자 이를 알게 된 아프로디테가 실제 여인으로 만들어 주었다. 교육심리학에서는 교사의 기대에 따라 학습자의 성적이 향상되는 경향이 있어서 학생에게 말해 준 기대와 예측이 실제적으로 나타나는 현상을 '피그말리온 효과'라고 한다.

실례로 최초의 흑인 시장 데이비드 노먼 딘킨스 뉴욕 시장(1990~94)은 초등학교 시절에 담임선생님이 손금을 보며 "시장이 될 손금이로군!" 하고 들려 준 말 한마디가 동기가 되어 결국 현실로 이루었다고 한다.

뿐만 아니라 영국 수상을 지낸 윌슨도 10살 때 아버지가 수상관저 앞에서 사진을 찍어 주며 "이 관저가 이다음에 네 집이 될 것이다."라고 들려 준 말 한마디가 자기의 꿈이 되었고 결국 실현이 된 것이라고 했다.

대상에 따라, 시기와 장소에 따라 적절한 한마디는 인생의 운명을 바꾸어 주는 결정적 계기가 될 수 있다.

학생들의 자기소개

  2012년 봄 학기 개강시간에 학생들에게 각기 3분간의 시간을 주고 가장 효과적으로 자신을 소개하도록 하였더니 한 학생이 앞으로 나와서 다음과 같이 자기소개를 했다.

  "저는 앞으로 보면 이상한 사람이요, 뒤로 보면 수상한 사람입니다. 제 이름은 이상수이니까요."

  학생들은 박수를 치며 재미있어 했다.
소개시간이 모두 끝나고 나서 강평시간에 나는 한마디 했다.

  "이상수 군은 자기 이름에 담긴 천기를 누설하기 싫어서 진실을 이야기 하지 않았습니다. 앞으로 보면 가장 이상적인 사람이요, 뒤로 보면 수상 자리에까지 갈 사람이라는 것을!"

  순간 강의실은 학생들의 탄성과 박수소리로 가득 찼고 그 학생의 눈에선 광채가 번뜩였다. 아마도 그는 무언가 큰일을 이루어 내지 않을까 싶다.

4) 법보다도 강한 지도자의 말

모든 이의 말에 귀를 기울여라

우리가 만나는 사람은 누구든지 그로부터 배울 것이 있다. 특히 지금 같은 다양성 사회에서는 각 분야의 사람들로부터 듣고 배우고 도움을 받지 않으면 안 된다. 말하는 입은 하나이지만 들을 수 있는 귀는 두 개인 것도 두 배를 들으라는 뜻이다. 특히 리더일수록 더 많은 말을 들어야 한다.

대통령을 포함한 모든 지도자들이 자리에 오를 때에는 국가 원로들로부터 각계의 이야기를 폭 넓게 들으려고 노력한다. 그러나 시간이 흐르면서 많은 것을 알게 되고 자신감이 생길 때쯤 되면 귀는 닫히고 입이 열리게 된다. 예전에 청와대에 단독으로 한 시간을 초청받고 갔다 온 어떤 인사가 59분 동안 듣고 1분만 말하고 나왔다며 어이없는 표정을 짓던 기억이 난다.

리더가 자신감이 붙으면 말이 많아지게 되고 반면에 남의 말은 들으려 하지 않게 되기 쉬운데, 그렇게 되면 그때부터 그 조직의 성장은 멈춘다. 자신은 모든 것을 알고 있고 부하들은 무능하다고 생각하게 되므로 매사를 자기 판단에 따라 독단적으로 이끌어 가게 된다. 그러면 아랫사람들은 예스맨으로 변하고 조직의 유연성이나 창조성은 급격하게 떨어진다. 그러므로 귀를 열고 듣는 것은 리더의 의무인 동시에 비밀스런 무기가 되어야 한다. 뿐만 아니라 어려움이 있을 때 지도자가 애로사항을 열심히 들어 주는 것만으로도 상대방은 위로를 받고 절반은 해결된 것이나 다름없게 된다.

그래서 상대방의 말을 열심히 들어 주는 것은 지도자의 덕목이다.

지도자의 말은 칼보다 무섭다

'칼에 맞아 죽은 자보다 혀에 맞아 죽은 자가 더 많다.'는 말이 있다.

좋은 말 한마디가 사람을 성공으로 이끈다면 나쁜 말 한마디는 인생을 파괴하기도 한다. 그러므로 남에게 영향을 미칠 수 있는 말, 특히 영향력이 있는 자의 말은 더욱 신중해야 한다.

옛날 궁중에서 쓰는 언어가 따로 있었듯이 지도자의 말은 보통 사람의 말과 달라야 한다. 의사의 말 한마디가 환자에게 절망이 될 수도 있고 불치병을 이기는 힘이 될 수도 있듯이 지도자의 말, 상사의 말 한마디는 법보다도 강하고 칼보다도 무섭다. 문장은 썼다가 지울 수도 있고 수정할 수도 있으나 말은 한번 입 밖으로 나오면 지울 수도 고칠 수도 없다. 이토록 말의 힘은 상상보다도 큰 것이므로 지도자의 말은 항상 신중을 기하지 않으면 안 된다.

약속을 했으면 반드시 지켜라

사람들의 활동은 대부분 약속에 근거를 두고 있다. 개인도 조직도 모든 시스템의 기본적인 활동은 약속에 의해 움직이고 약속에 따라 운영된다. 법률은 만인의 약속이요, 상품의 가격은 품질을 가지고 맺은 고객과의 약속이다.

약속을 지키는 사람과 집단은 생명이 길지만 약속을 지키지 않으면 신뢰성도 떨어지고 경쟁력도 잃게 된다. 더구나 조직이나 집단의 규모가 크면 클수록 약속의 이행을 통한 신뢰의 중요성은 더욱 커지게 되는데 이목지신(移木之信)의 고사가 이를 웅변적으로 말해 주고 있다.

옛날 진(秦)나라에 상앙(商鞅)이라는 재상이 있었는데 그가 표방한 것은 법치주의를 바탕으로 한 부국강병책이었다. 그는 법을 제정해 놓고도 백성들의 불신을 염려하여 공포를 하지 못했다. 고심하던 끝에 상앙은 큰 나무를 남문 저잣거리에 세워 놓고 이를 북문으로 옮겨 놓는 사람에게는 십 금(十金)을 주겠다고 했다. 그러나 이를 믿고 옮기려는 사람이 아무도 없었다. 상앙은 다시 오십 금을 주겠다고 거금을 내걸었다. 그러자 밑져야 본전이라는 생각으로 나무를 옮기는 사람이 있었다. 재상은 즉시 거금인 오십 금을 주어 나라가 백성을 속이지 않는다는 것을 보여 주었다.

그 뒤에 새로운 법을 공포하게 되었다. 다음부터 백성들은 이 법에 대해 매우 만족하였다. 길에 떨어진 물건도 줍지 않았고 산에는 도적이 없었다. 또 집집마다 풍족하고 사람마다 넉넉하게 되었다.

개인 간에도 약속을 지키고 신의를 저버리지 않는 것은 처세의 기본인데 하물며 조직경영에 있어서는 더 말할 나위도 없다. 특히 지도자의 반열에 있는 사람은 식언을 해서는 안 된다. 간혹 실수한 말이라도 입 밖에 낸 말은 반드시 책임져야 한다.

손해가 되더라도 그대로 지키든지, 아니면 상대방이 흔쾌하게 받아들일 수 있도록 이해시키든지 하고 넘어가야 한다. 그래야만 아랫사람들이 믿어 주고 따라 주며 맡겨진 일에 책임을 다하게 된다.

지도자는 작은 말이라도 소홀히 해서는 안 된다.

말이 씨가 된다.

말할 때 지금 어떤 씨를 뿌리고 있는 것인가를 생각해야 한다.

지도자의 경청과 소통

남의 말을 들어주는 대통령

폭풍처럼 거세던 불안한 정국을 6·29선언으로 잠재우고, 보통사람의 시대를 열었던 노태우 대통령 시절 나는 대통령비서실의 내무행정비서관으로 일하게 되었다. 국가 원수를 지근거리에서 모실 수 있다는 것은 공직자로서 긍지요 자랑스러운 일이었다. 말씀자료나 각종 보고서는 바로 국가 원수의 말씀이 되고 정책으로 이어지기 때문에 책임감과 긴장감 속에서도 많은 것을 느끼고 배울 수 있는 소중한 시간이었다.

노태우 대통령을 모시고 일하는 동안 특별히 기억되는 것은 바로 누구의 말이든지 경청하시는 모습이었다. 조직의 공통적인 특징의 하나는 윗사람은 말을 하고 아랫사람들은 들어야 한다는 것이다. 특히 개성이 강하고 자신감이 있는 리더일수록 그러한 경향은 더 강하게 나타난다. 그러나 노태우 대통령께서는 남달리 타인의 말을 끝까지 들으시는 분이었다.

중간에 말을 끊거나 건너뛰는 일을 본 기억이 별로 없다. 그뿐만 아니라 비서관들이 작성해드리는 지시사항이나 연설문을 거의 원안대로 활용하시는 경우가 많았고 이를 통하여 발표되는 중요한 말씀들은 곧바로 나라의 정책이 되고 행정의 지침이 되었다. 그러기에 비서관들은 더욱 큰 책임감과 사명감으로 일하게 되었고 자긍심 또한 클 수밖에 없었다.

소통과 배려의 미학

1992년 4월에 고향인 충청북도지사로 임명되었는데 대통령께서는 바로 한 달 후에 충북 음성까지 오셔서 모내기행사를 통해 격려해주셨다. 특히 작업이 끝나고 막걸리를 함께 마시면서 격의 없는 대화를 나누는 동안 농민들은 "어렵게만 느껴졌던 대통령이 꼭 이웃집 아저씨같이 친근하게 느껴졌다."라면서 가을이 되자 그 논에서 수확한 쌀 한 가마니를 청와대로 보내드리기도 했다.

또한 지금은 관광명소가 되었지만 당시의 청남대는 민원의 대상이 되고 있었다. 대통령 별장인 청남대 주변은 1급 보안지역으로 출입통제가 엄격히 이루어졌고 인근 지역들은 청정지역과 수질보전 특별대책지역으로 지정됨에 따라 주민들의 생업활동이 크게 제한받고 있었기 때문이었다. 이로 인해 자랑스러워야 할 청남대는 해당지역 주민들에게 원망의 대상이 되었고 집단민원으로 불만이 확산되어 가고 있었다.

1992년 9월에 이러한 상황을 보고받은 노태우대통령께서는 반대와 불만이 가득한 현장을 직접 방문하여 대화의 자리를 가졌다. 현지 주민의 안방에서 식사를 같이하면서 불만과 애로사항을 모두 다 들으신 후 초등학교

··· 현지주민의 안방에서 대화하는 노태우 대통령

운동회까지 참관하고 시골의 어린이들을 위해 컴퓨터와 거액의 장학금도
마련해 주셨다. 여러 가지 애로사항을 직접 듣고 자상하게 대해주신 대통
령의 배려에 주민들은 감사하면서 재임하시는 동안 더 이상 민원을 제기하
지 않았다.

잊을 수 없는 기억 하나

예나 이제나 청와대 비서관이라면 명예와 권력을 누리는 대단한 사람들
이라고 생각하는 사람들이 많다. 물론 명예롭고 긍지 있는 직책임에는 틀
림이 없다. 그러나 비서라는 직책은 업무에 대한 무한책임이 따르고 언행
은 물론 사생활까지 자유롭지 못한 긴장의 연속이다. 비서란 이름도 얼굴
도 없어야 하는 자리다. 그러므로 아무 데나 쓸 수 있는 권력이란 당치도 않
은 말이다. 다만 일에 대한 충성을 통하여 국가 원수를 올바로 보필하는 사
명만이 있을 뿐이다.

당시 나는 지방행정분야의 업무를 담당하는 비서관이었는데 대통령께
서 각 시도를 연두순시 하실 때 사전에 필요한 자료를 준비해야 하고, 보고
회에 배석하여 회의 결과와 대통령께서 지시하신 사항 등을 정리해야 하므
로 한눈을 팔거나 자리를 뜰 수 있는 여유가 주어지지 않았다. 이동 시에도
수행하는 비서관들과 기자단은 소형버스에 함께 타고 후미에서 따라가게
되므로 시간을 맞추려면 버스에서 내리는 즉시 민첩하게 움직이지 않으면
안 되었다.

한번은 아직 추위가 덜 풀린 삼월, 충북 순시 때의 일을 잊을 수가 없다.

보고회가 끝날 무렵 이미 화장실에 가야 할 때가 되었다. 그러나 동선에
서 벗어나게 되면 낙오자 신세가 될 것이므로 바로 이동하는 버스에 타야

했다. 우리 버스가 비행장에 도착했을 때 대통령께서 타신 헬기는 이미 이륙 직전이므로 대기 중인 수행원 헬기에 곧바로 탈 수밖에 없었다.

이미 포화상태가 된 아랫배에 신경이 집중되었지만 해결할 길이 없었다. 평소에 빠르다고 생각했던 비행속도는 왜 그렇게 느리기만 한지, 옆 사람의 말소리도 안 들리고 이마에선 땀이 흘러내렸다. 청주에서 서울까지 왜 그렇게 먼지, 이를 악물고 참기를 30분! 드디어 북악산 보토현 헬기장에 착륙했다. 헬기에서 내려 화장실을 바라보니 아뿔싸, 까마득한 언덕 위 계단 끝에 있는 것이 아닌가!

힘겹게 계단을 오른 후에도 한동안을 애쓰다가 문제가 풀리기 시작하니 아, 이토록 시원하고 살맛나는 세상도 있었구나!

지옥과 천국을 오갔던 30여 분의 짧았던 시간이 20여 년이 지난 지금도 잊히지 않는다.

5. 조직을 움직이는 리더

1) 장수를 지휘하는 장수

리더는 조직을 지휘하고 조직은 명에 따라 움직이라고 만들어진 것이다. 그런데 급한 마음에 작은 일에도 직접 나서는 리더들을 가끔 보게 된다. 일선 검사들과 맞장토론에 나선 대통령도 있었고 데모하는 화물차 기사들과 마주앉은 분도 있었다. 장기를 두어도 졸과 차포가 먼저 나가 싸우지 궁이 먼저 나가는 게임은 초보자도 하지 않는다.

천하를 얻고 황제에 오른 유방이 부하인 한신에게 물었다.

"귀공은 나를 어떤 장수라 생각하는가?"

"네, 폐하께서는 십만을 거느리실 수 있는 장수이십니다."

"그렇다면 너는 어떠한 장수인가?"

"저는 다다익선입니다. 신은 병사가 많을수록 더욱 유능한 장수가 됩니다."

그 말을 듣고 나자 몹시 불쾌해진 황제가 말했다.

"그렇다면 너는 왜 지금 내 앞에 끌려와 있는가?"

"폐하께서는 '장수를 지휘하는 장수(將之將)'이시고 저는 '병사를 지휘하는 장수(兵之將)'일 뿐이기 때문입니다."

유방은 그 말에 감명을 받았다.

현장에서 뛰어야 하는 사람이 따로 있고, 전체를 보며 지휘해야 하는 사람이 따로 있는 것이 조직의 메커니즘이다.

혼자만 바쁜 사람

리더란 자신의 노력과 시간을 작업에 직접 투입하기보다는 판단과 권능을 통하여 목표를 향해 조직을 이끌고 가는 사람이다. 그러나 리더 중에는 간혹 실무자가 해야 할 일까지 광범위하게 관여하며 혼자만 바쁜 사람이 있다. 대체로 실무 경험이 풍부하여 아랫사람들에게 맡기는 것을 불안하게 느끼는 사람들이나 융통성 없는 완벽주의자들에게 그러한 경향이 많다. 그럴수록 리더는 세세한 부분까지 지시하고 판단하고 간섭하게 된다.

그렇게 되면 구성원들은 위의 지시만 기다리고 눈치만 보게 되며 창발(創發)적인 아이디어는 생겨나지 않는다. 조직생활이란 매일매일 이루어지는 심리전의 현장이기 때문에 관리자의 사소한 말 한마디와 얼굴 표정을 살피며 거기에 맞추어 가는 방법만을 찾게 된다. 그럴수록 리더의 마음은 급해지고 해야 할 일은 산적해 있는데 부하들은 서로에게 어려운 일을 떠넘기며 힘든 일에서 빠져나갈 궁리만을 하게 된다. 그러다 보면 관리자는 휴일에도 사무실에 나와 일 속에 갇혀 있는데 부하들은 골프장에 나가 푸른 잔디 위에서 낄낄거리며 윗사람을 안주삼아 떠들고 즐기는 현상이 벌어지게 된다.

몽키 비즈니스(Monkey Business)

언컨 3세가 쓴『몽키 비즈니스』에 재미난 비유가 나온다.

조직이란 여러 종류의 원숭이를 키우는 동물원과도 같다. 부하들이 어떤 문제점을 보고할 때 그 문제점을 해결하도록 담당자에게 다 맡기지 못하고 "좀 생각해 보도록 하지, 좀 더 두고 판단해 볼까, 보고서를 읽어 보고 나서 말해 주겠네." 등의 답변을 하는 순간, 부하의 등에 업혀 있던 원숭이는 상사의 어깨 위로 뛰어오르게 되고, 부하는 상사의 답이 내려질 때까지 아무것도 하지 않은 채 기다리기만 한다.

이렇게 되면 관리자는 의식하지도 못하는 사이에 부하들이 떠넘긴 수십 마리의 원숭이를 등에 업은 채 일에서 헤어나지 못하며 원망의 대상이 된다. 하급자들로부터 "왜 지침을 주지 않는 것인가, 일을 진행할 수가 없지 않은가, 도대체 어떻게 하자는 거야?" 등의 원망과 불평을 들으며 오히려 하급자가 상급자를 비판하고 감독하는 역삼각형의 조직이 되고 만다.

이처럼 부하들로부터 원망과 불평을 사는 무능한 상사가 되지 않으려면 부하들의 원숭이가 접근하지 못하도록 해야 한다. 수많은 원숭이를 등에 짊어지고 혼자서만 바쁘게 뛰는 것보다는 자기 일은 자기들이 하도록 하면서 여유 시간을 갖는 것이 훨씬 더 좋다.

자기 일은 자기가 하게 하는 리더

리더는 휘하의 인재들이 자기 능력을 십분 발휘할 수 있도록 지휘하는 사람이지 실무에 뛰어들어 직접 일하는 사람이 아니다. 리더가 할 일은 그에게 임무를 부여하고 일할 수 있는 여건을 만들어 주는 것으로 충분하다.

진돗개를 집 안에 두었으면 낯선 사람이 왔을 때 주인이 대신 짖어댈 필요가 없다. 기사가 서툴다고 사장이 직접 중기를 운전하거나, 시설에 문제가 생겼다고 해서 사장이 현장에 뛰어들어 수리해서는 안 된다. 일단 담당자에게 맡겨 놓고 기다려 주면 그들은 책임 있고 유능한 기술자가 되며 책임지고 해결해 주는 일꾼이 된다. 그럼에도 불구하고 도저히 희망이 없어 보일 때는 사람을 바꾸면 된다. 그것이 리더의 할 일이다.

왕조 역사를 보더라도 태평성대를 이룬 훌륭한 임금 밑에는 언제나 명재상들이 있었고 충신과 명인들의 이름이 많이 등장한다. 왕은 좋은 사람을 기용하고 방향을 일러줄 뿐 일은 그들이 해낸다. 만리장성은 석공들이 쌓았지만 역사는 진시황의 업적으로 기록하고 있는 것처럼 리더가 현장에 나가 직접 땀 흘리지 않아도 모든 업적은 그의 것이 된다.

때로는 남의 힘을 빌려라

세상을 살아가다 보면 일상생활 속에서도 나의 힘만으로는 감당키 어려운 일을 만날 때가 종종 있다. 학생 때 등록금을 내는 일이라든지 몰고 가던 자동차가 고장이 났을 때처럼 남의 도움 없이는 풀 수 없는 문제들이 많다. 작은 것처럼 보이지만 포기하고 지나갈 수도 없는 일들이다. 또한 업무 처리 과정에서 해결하기 어려운 곤경에 처한다든지 힘겨운 난제에 운명이 달려 있을 때 포기하면 끝장일 수도 있다. 그럴 때는 남의 도움을 받아서라도 해결해야 한다.

마치 백제와 고구려의 침공에 위태로웠던 신라가 당나라 군대의 도움을 받아 위기에서 벗어나고 급기야는 삼국통일의 꿈을 이루듯이 포기할 수 없는 문제라면 남의 힘을 빌려서라도 해결의 길을 찾는 것이 현명하다.

대통령의 브랜드 가치

대통령의 말 한마디나 동작 하나라도 국민들에게 미치는 영향은 대단하다. 그만큼 국가원수의 브랜드 가치는 엄청나다. 내가 서울시장직에 있을 때 대통령의 영향력에 힘입어 곤경에서 벗어난 사례들을 떠올리면 감사함과 아울러 죄송스럽다는 생각이 들기도 한다.

1993년 6월에는 수돗물 불신을 둘러싼 논쟁이 가열되고 있었다. 서울시 공무원들과 학자들이 나서서 안전성을 설명해도 아무런 소용이 없었다. 반대론자들의 주장이 언론매체를 타고 산불 번지듯 확산되어 가면서 시민들의 불신은 나날이 커지고 있었다. 심지어는 시장공관 밖에 기자들이 지키며 혹시 생수가 배달되어 들어가고 있는지 감시하는 일까지 있었다.

그런 분위기 속에서 박정희 대통령이 시해되었던 궁정동 안가를 철거한 일대에 '무궁화동산'이란 공원을 준공하게 되었는데, 그때 공원을 둘러보시는 김영삼 대통령을 시장이 수행하게 되었다. 바로 이때다 싶어 나는 대통

··수돗물을 직접 마시고 있는 김영삼 대통령

령게 말씀드렸다.

"각하! 오늘은 특별히 건의드릴 일이 있습니다."

"무슨 일인지 말해 보세요."

"공원에 설치되어 있는 음수대에서 직접 물 마시는 시범을 보여 주셨으면 합니다. 그러면 지금 시중에 만연한 수돗물 불신이 잠잠해 질 것입니다."

"그게 도움이 되나요?"

"그렇습니다. 대통령께서 직접 수돗물 마시는 모습을 보이시면 시민들도 안심하고 믿게 될 것입니다."

"그러지 뭐." 하고 허락이 떨어지자 경호원이 급히 컵을 준비하려 나섰다.

"아니요, 컵을 쓰시면 안 됩니다. 사람들이 수돗물이라고 믿지 않을 것입니다. 죄송하지만 수도꼭지에서 직접 마시는 모습을 보여 주셔야 합니다."

그러자 대통령께서는 몸을 구부려 직접 수도꼭지에 입을 대고 물을 마셨고, 빙그레 웃으며 손으로 입가의 물기를 닦아내는 모습까지 그대로 방송을 타고 나갔다.

그 다음날부터 수돗물 논쟁은 이상하리만치 수그러들었고, 결국 대통령에 대한 국민적 영향력에 힘입어 곤혹스런 상황에서 벗어날 수 있었다.

또 한 번은 지하철 5호선 건설구간 중 가장 어려웠던 하저터널 공사 때 대통령께서 구원투수가 되어 주셨다.

마포에서 여의나루까지 한강 밑을 가로지르는 공사구간은 지반(地盤)이 연약하여 터널을 굴착할 때 엄청난 수압으로 인해 붕괴 사고가 발생할 수 있다는 주장이 제기되면서 공사 진척에 지장을 주고 각계의 불안 요인이 되고 있었다.

이에 대한 대책을 고심하다가 현장 관계자들과 전문가들로부터 안전시공에 자신이 있다는 것을 확인한 후 93년 8월 24일 김영삼 대통령을 공사현장에 직접 모셨다. 한강 바닥 밑을 뚫고 지나가는 터널 속이라 물줄기가 줄줄 흘러내리는 열악한 환경이었지만 대통령께서 공사현장을 샅샅이 둘러보고 현장 요원들을 격려하시는 모습이 보도된 후 위험논쟁은 사라졌고 공사는 활기차게 진행되었다. 대통령만이 가질 수 있는 상징적 가치를 통해 또 하나의 장애요인이 해소되었다.

이처럼 국가원수는 말없이 몸으로 보여 주는 것만으로도 국민들에게 큰 영향을 미친다.

2) 목표 공유

시계보다 나침반을 보라

잘못된 이정표 때문에 고생해 본 적이 있는가?

빨리 가는 것보다 바른 방향, 바른 목표를 향해 가는 것이 더욱 중요하다. 자동차를 몰고 가다가 자칫 길을 잘못 들면 먼 길을 돌아서 가게 되거나 아예 시간에 늦어서 일을 망쳐 버리는 경우도 생긴다. 공직의 길을 가든지, 기업을 경영하든지, 정계로 나가든지, 추구하는 목표가 있고 가야 할 방향이 있게 마련이다. 그 방향을 올바로 파악하고 가는 것이 가장 빠른 길이다. 그래서 시계보다 나침반이 더 중요하다.

그리고 잊지 말아야 할 것은 자신이 어느 길을 가든 혼자가 아니라 수많은 사람들과 관계를 맺으며 살아가야 하고, 특별히 리더의 입장에 서게 되면 대장 기러기처럼 앞장서서 구성원들을 이끌고 가야 하므로 리더의 방향 감각은 더욱 중요하다.

목표는 조직의 공동책임

어떤 조직이든지 달성해야 할 목표가 있고, 이를 위해서 구성원들이 존재한다. 구성원들이 리더가 원하는 만큼 일하게 만드는 방법의 하나는 상사의 지시에 따라 수동적으로 일해야 하는 부하의 한 사람이라는 생각에서 벗어나게 해야 한다. 그러기 위해서는 아무리 자신 있는 목표와 전략이라 하더라도 일방적으로 결정하여 지시하는 것보다는 관련자들의 참여 속에 함께 결정하는 것이 좋다.

이때 유의해야 할 것은 설사 쓸모없는 의견을 말한다 하더라도 면박을 주어서는 안 된다. 그런 시각도 있을 수 있겠으니 참고할 필요가 있겠다고 말해 주는 것이 좋다. 그리고 이미 결심하고 있는 내용을 말할 때에도 새로운 것을 듣는 것처럼 그 생각에 전적으로 동의한다고 말해 주면 양자 모두 중요한 결정에 참여했다는 사실에 긍지와 자부심을 갖게 된다. 그리고 목표를 결정한 공동책임자로서 목표달성에 의무감을 느낀다.

비전을 제시하는 캐치프레이즈 또한 중요하다. 나아가야 할 방향이나 도달하고 싶은 목표를 나타내는 상징적 메시지는 그 조직이 가야 할 길을 분명하게 해 준다.

자유당 시절에 야당의 선거 구호였던 「못 살겠다 갈아 보자」는 당시 유권자들에게 선풍적인 반향을 불러 일으켰고, 박정희 대통령 시절에는 「조국근대화」와 「새마을 운동」이 머릿속에 떠오르면서 '하면 된다'는 말과 함께 배고픔에서 벗어나기 위해 "우리도 한 번 잘 살아 보세." 하던 노랫소리가 모두의 공감을 샀다.

캐치프레이즈는 절실한 희망과 구체적인 목표가 담겨 있어야 하고 기억하기 좋게 짧게 정하는 것이 좋다. 2008년 대통령 선거 때 오바마의 구호는 「Change」와 「Yes we can」이었고 내가 충북도지사로 있을 당시의 도정 목표는 「바이오토피아 충북」이었다.

하기 싫은 일에는 안 되는 이유가 많다

당위성이 있는 일이라도 일방적으로 지시받은 일을 할 때에는 신바람이 나지 않는다. 윗사람이 지시한 것이므로 잘못되어도 시킨 사람의 책임이라는 생각이 의식 밑바닥에 깔려 있다. 위험을 무릅쓰고 책임질 일을 할 필요도 없고, 안 되는 이유는 얼마든지 있다.

청주시에 있던 종축장(種畜場)이 외곽으로 이전하면서 넓고 푸른 구릉지가 공간으로 남게 되었다. 골프장으로 만들면 최고로 좋은 위치다. 마침 박세리 선수의 US 오픈 제패 이후 골프에 대한 국민들의 거부감도 줄어들었으므로 싼 비용으로 시민들이 이용할 수 있도록 골프장 조성계획을 세우라고 지시했다.

이에 따라 9홀짜리 퍼블릭 코스 조성계획이 세워졌고 계획이 발표되자 기다렸다는 듯이 시민단체들이 반대하고 나섰다. 농약으로 인한 환경 파괴와 계층 간의 위화감이 반대 이유였다. 그래서 종합레포츠단지 계획으로 변경시켰으나 반대운동은 여전히 계속되었다. 또 다시 계획을 넓혀 '밀레니엄 타운'이란 이름으로 지구촌 시대를 내다보며 기능과 수준을 파격적으로 높였으나 반대운동자들은 아랑곳하지도 않았다.

인구 100만 명을 육박하는 청주권의 미래를 위해서 밀레니엄 타운 계획은 늦었지만 그래도 시작해야 할 일이었다.

그런데도 이와 맞서서 당위성을 주장하고 몸을 던져 성사시키려는 열정적인 공무원들은 나타나지 않았다. 이렇게 된 가장 큰 이유는 계획의 일관성도 없었지만 지시에 따라 움직이다 보니 목표의식도 약하고, 자신이 책임지고 나설 일도 아니라고 생각되기 때문이다.

　의사결정에 참여하지 않은 요원들은 안 되는 이유를 얼마든지 찾아낼 수 있는 것이다.

　결국 이 계획은 답보상태에 머물러 있으면서 도정의 난맥상으로 비판을 받았다. 이 문제가 제기된 지 이미 십 년이 넘었으나 그곳에는 아직도 잡초만 무성한 채 예산과 세월만 허비하면서 밀레니엄 타운의 꿈은 요원한 실패 사례가 되고 말았다.

　피터 드러커는 "어떤 길을 선택할 것인가는 '전략'이요, 어떻게 갈 것인가는 '전술'이다."라고 말했다. 이 경우는 전략과 전술이 모두 부실한 사례다. 사업의 선택 과정도 달성 방법의 전개도 모두 부실했다. 그러므로 비밀을 제외하고는 중요한 일일수록 요원들과 함께 결정하고 목표와 성취의 보람을 공유해야 한다. 설사 리더가 이미 결심한 사항이라 하더라도 관련자들을 의사결정에 끌어들이고, 그들의 의견이 모여 결정에 이르게 하면 성취 동기는 훨씬 강해진다.

3) 직원의 잠재력 끌어내기

주역을 많이 만들어라

사람은 누구나 남보다 잘할 수 있는 잠재능력을 몇 가지씩은 가지고 있다. 그것을 알아주고 인정해 주는 상사의 관심은 그 능력을 이끌어내는 촉매제가 된다. 리더가 그들이 가지고 있는 특성을 찾아내어 그에 맞는 임무를 주고 격려하면 놀라운 결과를 이룩해 낸다. 그들은 조직 내에서는 작은 인물일지 모르지만 개인마다 하나뿐인 자기의 세계가 있고, 집에 돌아가면 가장이다. 자기 분야의 주역으로 당당히 살고 싶은 것은 지위의 고하를 막론하고 동일하다. 그러므로 조직 내의 업무에 대해서도 자기 고유의 영역을 스스로 수행하는 주역이라는 긍지를 갖게 해야 한다. 나는 직원들에게 기회 있을 때마다 강조했다.

"당신이 지금 하고 있는 일을 대신해 줄 사람은 이 세상에 아무도 없다. 당신 손을 거치는 순간 그 일은 군수의 일이요, 도지사의 일이요, 대한민국의 일로 확정이 되어 버린다. 그러므로 그대들은 군수요, 도지사다."

업무 영역마다 자신이 시장이요, 군수요, 도지사라는 생각에서 일해 준다면 그 이상 강한 조직이 있을 수 없다. 그러므로 주역을 많이 만들어야 한다. 그래도 업적은 바로 리더의 것이 된다.

만인의 역할을 해낼 수 있는 사람

2004년 충북이 주관하여 전국 체육대회를 개최할 때의 일이다. 예산 부족으로 성화대 설치 역시 최소 예산으로 고심하던 터였다. 기존 방식과 차별화가 되면서 강한 메시지를 전할 방안은 없을까 생각하던 중 아파트 공사장에 높이 솟은 크레인 타워가 눈에 들어왔다.

그 순간 '바로 저것이다.' 하며 가장 싸게 가장 높은 성화대를 세워 보자는 구상이 떠올랐다. 그리고 성화의 콘셉트는 21세기의 화두인 '무한소(BT)와 무한대(ST)의 융합'을 주제로 하겠다는 생각을 굳혔다. 무한소는 인간 유전자인 염기(A.C.G.T)로 분장한 4인이 줄을 당기어 성화로에 불을 붙이고, 성화대 가장 높은 곳에서는 모스부호음(Morse code)을 이용하여 무한대인 우주로 메시지를 쏘아 올림으로써 21세기 생명과학과 우주과학으로 떠나는 바이오토피아 충북의 미래를 상징화하고 싶은 것이었다.

그런데 이렇게 추상적인 생각을 구체화해 줄 사람이 필요했다. 창의력과 추진력도 중요하지만 그 일에 자신을 던질 맹렬파가 필요했다. 고심하던 내게 신만인이라는 토목직 실무자 한 사람이 떠올랐다. 오송생명 과학단지 조성과 관련하여 토지 보상에 불만을 품은 주민들이 풀어 놓은 셰퍼드 떼에 쫓기다가 초인적인 힘으로 높은 나무 위까지 뛰어올라 위기를 넘기면서도 결국 그 일을 성사시켰던 사람이다. 그 열정이라면 안 될 일이 없을 것이라는 생각이 들었다.

나는 곧 그를 불러 기본 구상과 지침을 말했다. 그러나 그는 "제 능력으로 어찌…." 하면서 당황해 하는 기색이 보였다.

나는 그의 눈을 똑바로 바라보며 근엄한 말투로 말했다.

"이 사람아, 자네가 못 하면 누가 해? 자네는 만인의 능력을 가진 사람이 아닌가. 그래서 이름도 만인인데, 이름값을 해야지. 개떼가 쫓아올 때 미루나무 위로 뛰어올랐던 초능력은 두었다가 무엇에 쓰려는가. 딴 사람 같으면 그때 개에 물려 죽었을 거야. 한번 해봐!"

그는 비장한 표정으로 물러갔다.

그 후 그는 체전 사상 타의 추종을 불허하는 63m의 높고도 멋진 성화대를 혼자서 완성했고, 30억쯤 들어야 할 성화대 설치 예산을 불과 3억 3천만 원의 적은 예산으로 해결해 준 주역이 되었다. 아마도 그는 평생 동안 그것을 잊지 못할 것이다.

옛말에 "여자는 자기를 사랑해 주는 사람을 위하여 단장을 하고, 남자는 자기를 알아주는 사람을 위하여 목숨을 바친다." 했다. 리더로부터 능력을 인정받고 특별히 선택받았다고 느끼는 부하는 초인적인 능력을 발휘한다. 부하직원이 감동을 느끼며 최고의 성과를 내도록 이끌어 주는 것도 리더의 능력이다.

··가장 높은 63m 성화대

4) 인간의 욕구와 동기부여

행동에 작용하는 두 가지 욕구

사람이 어떤 일을 할 때에는 첫째는 부족한 것을 채우고 싶어 하는 욕구이고, 둘째는 좀 더 잘되고 싶어 하는 욕구이다. 배고플 때 먹고, 졸릴 때 자고, 이성을 사랑하고 싶은 욕구 등이 전자에 속하고 재력·권력·명예 등을 얻고 싶은 것이 후자에 속한다. 이를 5단계로 이론화해 놓은 것이 매슬로(A. H. Maslow)의 동기이론이다.

첫 단계로는 의식주 등 생리적이며 기본적인 욕구가 채워지기를 원하며, 두 번째로는 어떤 위험으로부터 보호받고 싶은 안전욕구가 생기고, 세 번째로는 조직에 소속된 일원으로서 인정받고 싶어 하는 욕구를 갖게 되며, 네 번째로는 지배하며 존경받고 싶은 욕구로 권력과 부와 명예를 추구하게 된다. 그러나 이 욕구를 넘어서는 단계가 되면 삶의 참뜻과 가치가 무엇인지를 생각하게 되고, 사랑과 헌신을 통해 기여하고 싶은 자아실현 욕구를 갖게 되는 것이다. 이 단계까지 왔다면 그는 값진 성공을 이룬 대단한 인생을 살고 있는 사람이다.

자신의 조직을 보호하라

리더가 거느리고 있는 조직원들의 노력으로 이루어진 성과는 결국 자신이 이룩한 업적이요 명예로 평가된다. 그 대가로 리더는 그들에게 빚을 갚아야 한다. 빚을 갚기 위해 그들이 모두 앞에서 말한 5단계까지 갈 수 있게 한다면 더 이상 바랄 것이 없지만 그것은 현실적으로 불가능하다. 그러나 동기이론 중 두 번째와 세 번째 단계를 책임져 주는 것은 가능하다. 리더가 직원들의 이름을 불러 주고 입학시험을 앞둔 자녀들의 안부를 물어 주는 것만으로도 인정을 받았다 느끼게 되고 조직에 대한 소속감이 높아진다.

그런데 이에 못지않게 중요한 것은 안전에 대한 욕구이다. 자기 신상에 불안을 느끼는 일이 있다면 사기는 떨어지고 활동도 위축된다. 사정기관과 갈등이 있다든지 외부의 압력이나 청탁에 고민하고 있다면 소신 있는 업무 수행에 장애가 된다.

그러므로 리더가 외부의 부당한 압력이나 청탁을 막아 주며 어떤 기관으로부터도 억울한 일을 당하지 않게 보호해 주고 있다고 생각하면 사기는 높아지고 리더에 대한 신뢰 또한 높아진다. 또한 업무에 영향을 미칠 수 있는 각급 기관이나 단체들과 얽힌 매듭을 풀어 긍정적이며 원활한 협력관계를 조성하는 것 또한 리더의 중요한 역할의 하나이다.

고르디우스의 매듭

예로부터 풀기 어려운 문제를 '고르디우스의 매듭'이라고 한다.

신전 기둥에 수레를 묶어 놓은 매듭이 너무나 절묘하여 아무도 그것을 풀 수 있는 사람이 없었다. 동방 원정에 올랐던 알렉산더 대왕은 이 매듭을 푸는 사람이 아시아를 지배하는 왕이 된다는 전설을 듣고 신전으로 달려가 단칼에 매듭을 잘라 풀어 버렸다.

사람마다 풀어야 할 문제도 많지만 푸는 방법 또한 다양하다.

초임 구청장이 되어 현지에 부임해 보니 구청과 경찰서간에 얽힌 복잡한 매듭이 갈등 관계를 일으키며 사기 저하의 요인이 되고 있었다. 갈등의 원인은 다름 아닌 기관장 간의 자존심 겨루기에서 시작되어 직원들까지 불안을 느끼게 되고 덩달아 동장과 파출소장들까지도 불편한 관계에 있었다.

구청 행정과 경찰의 역할은 구민의 안전과 행복을 위해 수레의 양 바퀴와 같은 것임에도 불구하고 이러한 갈등 관계가 계속된다면 행정의 질은 떨어질 수밖에 없는 것이었다. 그러므로 어떤 형태로든 관계개선이 필요했고, 이를 위해서는 구청장과 서장의 관계부터 개선시키는 것이 선결문제라고 생각되었다. 그래서 신임 구청장이 오늘 저녁 식사에 초대하겠다고 서장에게 메신저를 보냈다. 그런데 뜻을 전하러 갔다 온 사람이 의외의 험한 답변을 듣고 온 것이다.

"그 새파란 애들하고 무슨 저녁을 먹어?"

그동안 구청장이란 사람에게 거부감을 느끼던 그에게 식사 초대는 부정

적인 일이었을 것이요, 더구나 열 살이나 넘게 아래인 애송이와 대좌한다
는 것에 선뜻 마음이 내키지 않았을 것이다. 나는 한 마디도 바꾸지 말고 그
대로 전하라며 그에게 메신저를 다시 보냈다.

"제가 잘나서 나이 먹었나? 나도 세월 지나면 그 나이 될 테니 헛소리 말
고 나오라고 해. 한번 멋지게 모시겠다고…."

메신저를 통해 다시 돌아온 답은 "거 참, 맹랑한 친구네! 나간다고 전해."
라는 것이었다. '모시겠다'는 한 단어가 꼬여 있던 자존심의 매듭을 풀어 주
었던 것 같다. 그래서 그날 저녁, 메신저까지 셋이서 혀가 꼬부라지도록 마
시고 종당엔 서로 얼싸안고 형님 동생하면서 비 내리는 밤의 추억을 만들
었다.

만찬 소문은 사흘이 안 돼 널리 퍼지게 되었고, 곧 이어 토요일 오후에는
불고기집 이층에 관내 동장과 파출소장을 한자리에 모아 소주 파티를 열었
다. 식사가 어느 정도 진행되자 나는 좌중을 향하여 말했다.

"자, 지금부터 신임 구청장의 지시 1호를 발령한다. 모든 동장은 차례로
한 사람씩 서장 앞에 나아와 거수경례로 신고한 후 소주 한 잔씩을 드리고
한 잔씩을 받는다. 술잔은 반드시 넘쳐야 한다. 그리고 파출소장 또한 구청
장에 대한 행동요령은 동일하다. 그 이후로 동장과 파출소장 간의 러브 샷
의 횟수는 제한을 두지 않는다."

소주 마시기가 한 순배 끝나자 서먹서먹했던 분위기가 열기 넘치는 잔치로
변했고, 시끌벅적한 회식이 끝난 후 소주에 취해 이층 계단을 제대로 걸어 내
려오는 사람이 별로 없었다.

그 후 양 기관 간에 신경 쓸 일은 더 이상 생겨나지 않았다.

리더가 할 일은 자기 조직만 관리해서는 안 된다. 일선 행정도 상하좌우로 연관되는 곳이 많다. 상급기관으로부터 지도감독과 지원을 받아야 하고, 사정기관은 물론 각급 단체나 지역 내의 영향력 있는 인사들과도 원활한 협조가 이루어질 때 직원들은 편안한 마음으로 일할 맛이 난다.

마음 놓고 신바람 나게 일할 수 있는 분위기와 여건을 만들어 주는 것 또한 기관장이 할 일이다.

6. 조직생활 속의 술과 소통

1) 술의 기원과 음주문화

이 세상에서 가장 오래된 술은 '원숭이가 저장해 놓은 과일이 발효되어 만들어졌다' 하여 원주(猿酒)라는 말도 있으나 티그리스 강 유역 고대 수메르인의 유적지에서 발견된 BC. 4,500년 경의 점토판에 포도주를 양조한 기록이 남아 있다니 아무리 술에 대한 반대론자라 하더라도 술과 인간생활의 관계를 부정할 수는 없을 것이다.

『탈무드』에 나오는 설화가 있다. 인간이 최초로 포도를 심고 있을 때 악마가 와서 자기도 꼭 한몫 끼워 달라며 양과 원숭이와 사자와 돼지의 피를 거름으로 쏟아부었다. 그래서 피의 색깔처럼 붉은 포도주가 생겨났다. 이렇게 생겨난 포도주는 조금 마실 때에는 양처럼 착해지고, 많이 마시면 원숭이처럼 춤추고, 지나치게 마시면 사자처럼 사납게 되고, 더 마시면 돼지처럼 추해진다는 것이다.

이러한 술은 지역 특성에 따라 종류도 달라지고 문화권마다 각기 다른 음주문화를 형성해 왔다. 우선 지역의 주요 산물이 그 문화권의 대표적인 술의 재료가 되었다. 쌀 문화권인 우리나라의 술은 청주, 소주, 막걸리 같은 곡주인 데 반해 포도 재배에 적합한 지중해 영향권인 남부유럽의 술은 와인이 대표적이고, 조금 위도가 올라간 독일, 체코, 영국 등지에서 많이 생산되는 보리는 맥주의 원료가 되었다. 그리고 더 위쪽 추운 지역에서는 밀, 감자 등이 원료가 되는 '보드카'가 발달하였으며 선인장의 나라라고 불리는 멕시코에서는 마게이라는 선인장을 이용해서 만든 '데킬라'가 유명하고, 사탕수수 농업이 성한 브라질을 대표하는 민속주는 '카챠카'이다.

술은 문화권 별로 종교의식에도 중요한 역할을 했다. 기독교 성찬식에서 포도주는 '예수님의 피'를 상징했기에 수도원에서 포도주 만드는 법이 발달했고, 유교권에서는 제사를 지낼 때 반드시 필요한 것이 술이었기에 조선시대에는 집집마다 가양주(家釀酒) 문화가 발달한 반면, 이슬람교 지역에서는 술이 엄격하게 금지되어 있다.

이렇듯 다양한 모습으로 발전해 온 술은 마시는 방법도 다르다. 와인은 색깔과 향과 맛을 음미하며 천천히 마시는 술이다. 와인은 매우 예민한 술이어서 잔의 모양이나 같이 먹는 음식은 물론 옆 사람이 뿌린 향수에도 영향을 받는다는 술이다. 그래서 와인을 마실 때에는 천천히 음미하면서 잔을 주고받지 않는다. 반면 소주나 데킬라, 보드카는 신나게 스트레이트로 한입에 들이켜는 술이다. '보드카의 나라' 러시아에는 "세상에 예쁘지 않은 여자는 없다. 다만 보드카가 부족할 뿐!"이라는 속담이 있고, 우리나라는 신나게 잔을 돌리며 취하도록 마시는 음주문화가 오랫동안 이어져 내려왔다.

2) 천 개의 얼굴을 가진 술

이러한 술은 어떻게 마시며 얼마나 마시느냐에 따라 독이 되기도 하고 약이 되기도 하며 패가망신에서부터 천하를 얻는 일에 이르기까지 천 개의 얼굴을 가지고 있다. 술로 인해 건강을 잃기도 하고 대인관계나 가정파괴로 이어지는 사탄의 술도 있지만, 뜻이 통하는 사람과의 한잔 술은 마음의 상처를 치유해 주고 활력을 되찾아 주는 묘약이 되기도 한다.

지기를 싫어하는 남자들의 기 싸움 술자리도 있지만, 휘영청 달 밝은 밤 적벽(赤壁) 아래 배 띄워 놓고 객과 더불어 밤새워 술 마시는 소동파의 파티에서는 호방한 인생의 멋도 느껴진다. 특히 술 마시다 신선이 되었다는 이태백은 "금 술잔을 빈 채로 달빛 아래 두지 마라. 한 번 만났다 하면 모름지기 삼백 잔은 마셔야지(莫使金樽空對月 會須一飮三百杯)."라며 기염을 토하는 대목에선 남자들의 객기마저 자극한다.

이토록 문학이나 예술 속의 술은 낭만도 있고 멋도 있지만 현실 속의 술은 멋과 기쁨보다는 살아가는 과정의 활동 방편인 경우가 더 많다. 일거리, 부탁, 화해, 접대 등 계산이 깔린 술자리에서부터 직장 내의 격려와 친목, 단합과 기강확립을 위해 이루어지는 술자리까지 다양하다.

세상을 살아가노라면 비록 자신이 마시지 않는다 하더라도 술의 영향권에서 완전히 자유로운 사람은 많지 않다. 특히 조직생활과 자신이 속해 있는 사회 속의 술 문화는 삶의 질과 활동에 직간접으로 영향을 미친다. 그러 므로 어차피 피할 수 없는 술이라면 적대관계에 두지 말고 "한 잔의 술은 현명한 재판관보다도 더 빨리 분쟁을 해결해 준다.'라고 한 에우리피데스 (Euripides)의 말을 상기하면서 자신의 삶에 긍정적으로 작용하도록 수용하는 지혜가 필요하다.

3) 소통을 높여 주는 술자리

오랫동안 내려오던 음주문화가 80년대 자가운전 시대가 열리면서 서서 히 변하기 시작하더니 지금은 엄청나게 달라져버렸다.

그러나 세월이 흐르고 생활패턴이 아무리 달라진다 해도 술이 이 세상 에서 없어질 것 같지는 않다. 음주문화가 예전과 크게 달라졌다 하더라도 명암이 혼재하는 술자리의 속성은 별로 차이가 없을 것이며 우리의 정서와 생활에 직간접으로 영향을 미치게 될 것이다. 이토록 일상생활 속에서 피 할 수 없는 것이라면 긍정적으로 대처하는 지혜가 필요할 것이므로 지난날 의 음주문화도 참고가 되리라 본다.

상하 간이나 동료 간의 원활한 의사소통은 업무의 능률을 높이고 조직 의 활력을 더해 준다. 격의 없는 대화는 공식적인 일터보다도 술잔이 오가 는 회식자리에서 훨씬 더 쉽게 이루어진다. 평소 서먹했던 사이라도 이해 의 폭을 넓히며 자연스레 가까워지기도 한다.

술자리가 건설적인 소통의 자리가 되고 긍정적인 효과를 거둘 수 있으 려면 우선 참석자들의 마음이 편하고 즐거워야 한다. 긴장된 분위기이거나 마음에 칸막이가 생기면 솔직한 대화가 이루어지지 않는다. 모두를 위한 배려와 열린 마음으로 회식자리의 분위기를 만드는 것은 전적으로 리더의 역할이요, 갖추어야 할 역량의 하나다.

쓸모없다고 생각되는 말이나 듣기에 거북한 말을 해도 귀담아 들어 주고 관심을 기울여 주는 리더의 자상한 모습은 구성원들의 마음을 열게 해 준다. 그리고 분위기에 맞는 적당한 유머 또한 좌중을 즐겁게 해 준다. 공식 또는 비공식적으로 이루어지는 원활한 소통은 조직의 사기와 생산성 향상에 도움이 되므로 술자리에서도 리더의 역할은 중요하다. 그러한 까닭에 경험상 도움이 되었던 음주요령 몇 가지를 소개해 본다.

첫째, 리더는 술에 지면 안 된다.
술에 지면 지도력이 약해진다. 몸을 가누지 못한 채 부축을 받아야 한다든지 횡설수설하며 바닥을 보이면 신뢰와 존경심을 잃는다. 오래된 우리 음주문화는 주빈에게는 술잔이 집중되어서 힘들고, 새내기들에게는 차례가 오지 않아 소외감을 느끼게 된다. 그대로 두면 좌장은 혼자 많이 마시게 되므로 먼저 취해 버릴 수밖에 없다. 그러면 맑은 정신인 아랫사람들에게 자칫 재미있는 구경거리가 될 수 있다. 반대로 상사가 생생한 얼굴로 취해 있는 부하들을 지켜보면 섬뜩해진다. 제일 좋은 것은 같이 마시고 격의 없는 분위기를 만드는 것이 최고다. 이럴 때 소통은 물론 구성원 간의 단합도 잘 이루어진다.

둘째, 리더 혼자 떠들지 말라.
회식자리에 가 보면 좌장 되는 사람이 혼자 떠들고 아랫사람들은 지겨워도 들어 주고 재미없어도 웃어 준다. 새로운 이야기나 유익한 것도 별로 없고 유머를 해도 누구나 다 아는 옛날 버전을 반복하는 사람이 의외로 많다. 참석자들은 빨리 끝나기를 기다리며 지겨워한다는 사실을 혼자만 모르고 있다. 특히 유의할 것은 참석자들에게 모두 말할 수 있는 기회를 골고루 주고 열심히 경청해 주는 것이다. 이렇게 하려면 인내와 자제가 필요하지만 모두가 존중받고 있다는 느낌을 주게 되고 때로는 뜻밖의 좋은 아이디어도 얻을 수 있어 좋다.

셋째, 폭군이 되지 말라.

참석자 중에는 여성이 아니라도 건강상이나 종교적 이유로 술을 마시지 않는 사람이 있게 마련이다. 그들에게는 청량음료로 대체하는 등 도피성(逃避城)을 마련하여 괴로운 잔치가 되지 않도록 배려해야 된다. 회식자리는 대체로 스트레스를 풀고 친목을 도모하는 잔치가 되어야 하므로 개인적인 질책이나 자존심에 상처를 주는 일도 삼가는 것이 좋다.

넷째, 아쉬울 때 헤어져라.

거나하게 취해 기분들이 좋아지면 2차 가기가 일쑤다. 야박하게 보일 수도 있겠지만 그럴 때일수록 가지 않는 것이 좋다. 다음 날 근무능률도 떨어지고 지갑도 부담이 커진다. 또한 술자리가 길어지다 보면 본의 아니게 실수를 하게 되고 후문도 깨끗하지 않다. 같이 안 가면 당장은 섭섭해할지라도 그 일로 인해 다음 날 시비가 되거나 사이가 벌어지는 경우는 별로 생기지 않는다.

술자리에서 살아남는 방법

맹물 소주 이야기

구청장 시절이던 1987년, 올림픽을 한 해 앞둔 서울은 대회 준비에 엄청나게 시달리고 있었다. 근무시간이 따로 없었고 주말도 없었다. 현장을 책임진 동장들은 예산 뒷받침도 없이 시간에 쫓기며 발로 뛰다 보니 지친 데 더하여 의기소침해 있었다. 긴장도를 높이고 업무추진에 박차를 가할 필요가 있었다. 그래서 토요일에 격려 명분의 오찬을 마련하면서 모든 자리마다 충분한 양의 소주를 준비해 놓았다. 그런데 기강을 잡으려는 내가 먼저 취하면 안 되겠기에 내 식탁에는 일부를 물로 바꾸어 놓게 했다.

"여러분, 격무에 고생들이 너무 많습니다. 오늘만은 마음껏 들고 모처럼 휴식을 취하기 바랍니다. 자! 그러면 각자 맥주 컵에 소주를 가득히 따르시고 갈증부터 풀어 봅시다."

건배 구호와 함께 소주 한 컵이 동시에 비워졌다.

"동지 여러분! 한 잔으로야 어찌 직성이 풀리겠습니까? 지금 우리는 뛰어내릴 수도 없는 운명의 한배를 탔고, 우리 앞에 닥쳐오는 파도를 넘어야 합니다. 지금 함께 마시고자 하는 술은 우리가 한 몸이 되어 우리 앞에 놓인 난제를 돌파하자는 약속의 잔입니다."

아직 식사도 하지 않은 빈속으로 두 번째 컵의 소주도 동시에 비워졌다. 내가 마신 컵에는 맹물이 가득 채워져 있었다. 이상한 분위기에 어리둥절했던 참석자들은 이것은 격려가 아니라 기합이라는 것을 알아차리고 심각한 표정들이 되었다.

"여러분! 우리가 해야 할 일은 나폴레옹이 넘어야 할 알프스와도 같습니다. 승리냐, 죽음이냐 두 가지 길밖에 없어요! 이 자리에 알프스를 넘지 못

할 사람은 하나도 없다고 믿습니다. 사내들의 자존심을 걸고 돌파해 나갑시다."

이렇게 시작된 회식자리는 후반부가 되어서야 긴장을 풀고 떠들어대는 재충전의 파티로 바뀌었고, 다음 주부터 일은 눈에 띄게 진척이 빨라졌다.

맹물 소주로도 효과를 단단히 본 것이다.

조삼모사법

충북 도지사 시절, 관내에 있는 군부대 장성들의 만찬 모임에 초청을 받았다. 분명히 술이 등장할 터인데 젊은 장군들의 실력을 감당해 낼 수도 없고, 그렇다고 백기를 드는 것도 멋없는 일이었다. 그래서 관내에서 생산되는 향토주 여러 가지를 준비해 가지고 갔다.

"술은 내가 구해 왔으므로 마시는 방법도 내가 정하겠다." 선언하고 큰 양푼에 모두 부어 칵테일을 만들어 놓으니 양도 엄청났다.

우선 맥주 컵에 넘치게 담아 한 잔씩 돌리고 건배사를 했다.

"대한민국을 지키는 장군들의 생명은 국민의 것이므로 매우 소중합니다. 그러므로 제일 나이 많은 내가 먼저 마셔 보고 생명에 이상이 없으면 그 후에 따라 마시기 바랍니다."

이어 두 번째 잔은 65세 이하 모두, 세 번째 잔은 63세 이하 모두가 함께 마시는 식으로 몇 살씩 낮추어 가며 마시게 하니 젊은 사람일수록 더 여러 잔을 마시게 되었다. 기분 좋게 취한 그들은 모두 똑같이 마신 것으로 착각하고 도지사의 술 실력이 대단하다고 야단들이었다. 만일 마시는 순서를 반대로 했다면 효과는 없었을 것이다. 같은 석 잔을 마셨겠지만 조삼모사 (朝三暮四) 방법도 쓸모가 있었다.

술자리에서 생긴 일

견문이 짧으시군요!

2003년 봄에 행정자치부의 김영호 행정관리국장이 충청북도 행정부지사로 부임해 왔다. 능력도 뛰어날 뿐만 아니라 대인관계도 원만하여 형도 오백, 동생도 오백이란 별명까지 붙은 인물이었다. 간부들이 모여 환영회를 열기로 했다.

지은 지 칠십여 년이 넘은 도지사 공관은 건물은 낡고 좁았지만 삼천 평이 넘는 대지 위에 들어찬 우람한 거목들은 큰 숲을 이루며 운치를 더해주었다. 모두가 이런 분위기를 좋아했기에 회식모임은 주로 공관에서 열렸다. 그러기에 부지사의 환영회도 역시 공관에서 갖게 되었고 맥주에 코냑을 섞어서 건배를 하려는데 주인공이 이의를 제기해왔다.

"저어 지사님, 코냑이란 향기가 생명인데 폭탄주를 만들어 마시는 법도 있습니까?"

백번 옳은 말인데 변명할 마땅한 말도 없고 잘못 대꾸하면 분위기가 썰렁해질 수도 있기에 엉뚱한 말로 방어에 들어갔다.

"아니 서울서 온 사람이 견문이 짧으시군. 코냑 폭탄주가 얼마나 맛있는데!"

순간 좌중에선 폭소가 터지고 어색할 뻔했던 분위기가 반전되었다.

이후 충북에선 '환상의 콤비시대'란 말이 생겨났다. 눈빛만으로도 서로 뜻이 통하고 한 몸처럼 힘을 합쳐 일하는 팀워크가 형성되었기 때문이다. 김영호 행정부지사, 한범덕 정무부지사, 이종배 기획실장, 박경국 경제국장 등이 그들인데 그들 네 사람 모두가 차례대로 행정자치부 차관을 지나게 되었으니 이 또한 큰 축복이 아닐 수 없다.

여러 해가 지나고 서울에서 몇 사람이 다시 만나 만찬을 하게 되었다.

김영호 차관이 큼지막한 술병을 들고 들어오면서 "얼음에 채워야 한다. 보통 술이 아니다.'라며 부산을 떨었다.

"기껏 정종 한 병 들고 오면서 무슨 법석을 그리도 떠는가?'라고 했더니 바로 반격이 들어왔다. "지사님도 견문이 짧으시군요! 일본 니카타 최고의 명주인 '고시노 간바이'를 모르시다니…." 옛날 환영식 때 들었던 말 그대로 복수하고 나서 의기양양해 하던 그의 표정이 기억 속에 새롭다.

유머 중계

간부들과 만찬을 할 때엔 업무스트레스에서 벗어날 수 있도록 하는 것이 중요하다. 그 방법의 하나로 참석자들이 돌아가며 재미있는 이야기 한 가지씩을 하도록 하였는데 만일 아무도 웃어주지 않는 썰렁 개그를 하면 벌주를 한 잔씩 마시도록 했다.

모두 더 재미있는 유머를 준비하려고 경쟁까지 하였는데 그중에는 기획실장이 언제나 압권이었다. 그 까닭은 부인한테 미리 배워가지고 오기 때문이라 알려져 있었다. 그날도 박 실장의 이야기는 역시 탄성과 박수갈채를 받았다.

그런데 자리에 있어야 할 도립대 학장이 없었다. 평소 과묵하고 점잖은 분이라 난감했던 모양이었다. 누군가 화장실에 다녀오다 보니 부인하고 전화를 하고 있는데 "기획실장 부인한테 물어보라."는 말을 하고 있더란다.

한참이 지나 자리에 돌아온 부지사의 차례가 되었는데 조금 전 기획실장이 한 것과 똑같은 내용을 말하고 있는 것이 아닌가! 기획실장 부인이 자기 남편에게 가르쳐 준 것을 학장 부인께도 똑같이 가르쳐 준 것이었다. 자초지종을 이미 알고 있는 참석자들은 박장대소하며 너무 재미있어 했다. 다만 아무것도 모르는 본인만 오늘의 출연은 대성공이라고 만족한 표정을 짓고 있었다.

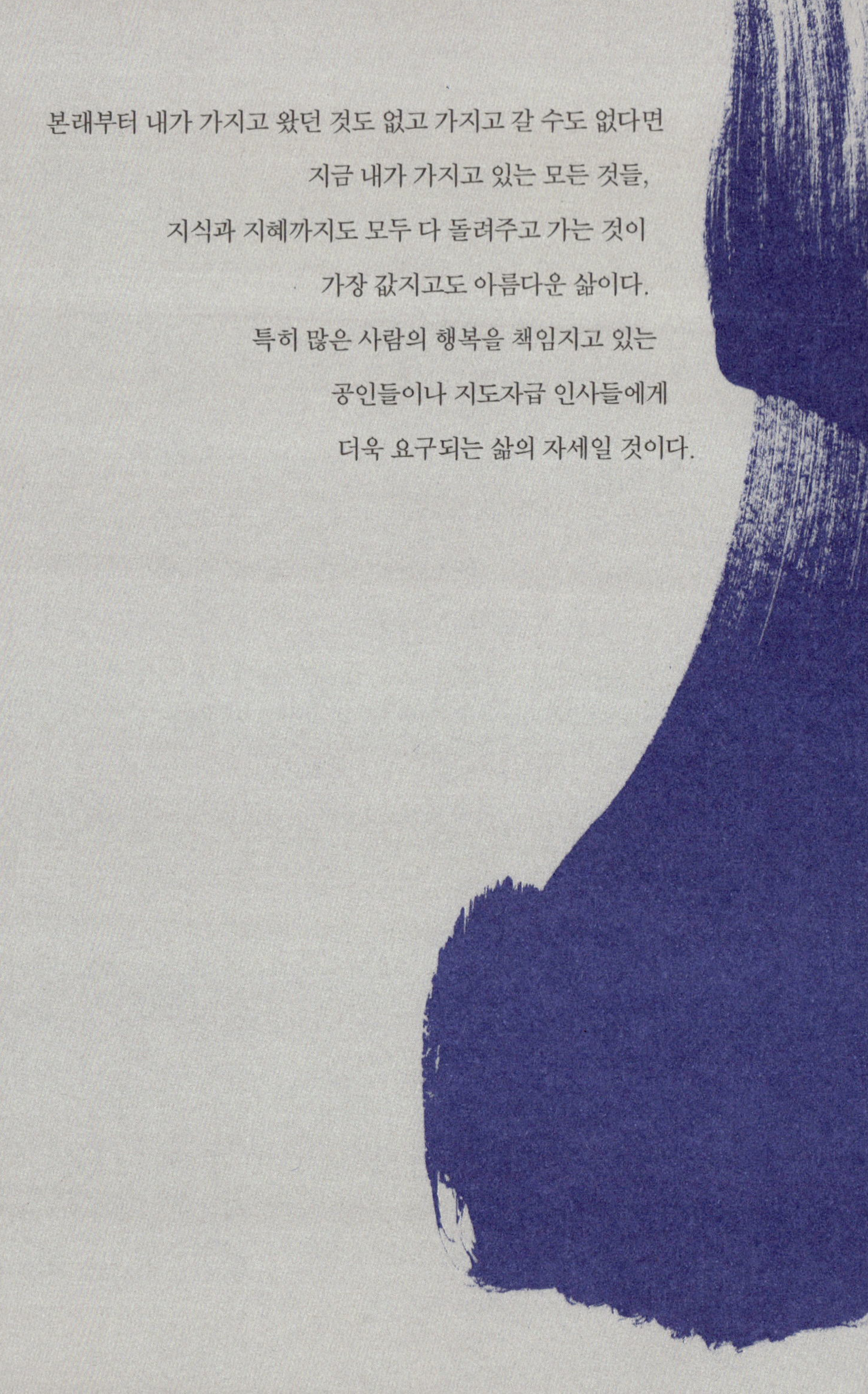

본래부터 내가 가지고 왔던 것도 없고 가지고 갈 수도 없다면
지금 내가 가지고 있는 모든 것들,
지식과 지혜까지도 모두 다 돌려주고 가는 것이
가장 값지고도 아름다운 삶이다.
특히 많은 사람의 행복을 책임지고 있는
공인들이나 지도자급 인사들에게
더욱 요구되는 삶의 자세일 것이다.

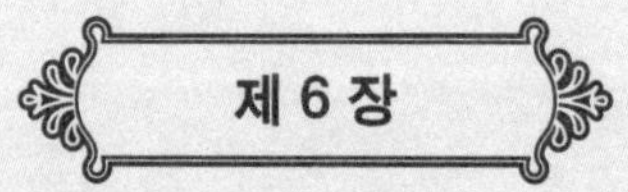

조직 속의 인간

모든 사람은 조직 속에서 살아가야 하며,

그 조직생활의 성과가 사회적신분을 결정한다.

그러므로 피할 수 없는 조직, 피해서도 안 되는 조직 속의

삶을 좀 더 멋지게 좀 더 성공적으로 살아가기 위해

누구나 노력하게 된다.

1. 인간은 사회적 동물

1) 뭉치면 살고 흩어지면 죽는다

'뭉치면 살고 흩어지면 죽는다'는 말은 해방 후 혼란기에 이승만 대통령이 대한민국 정부를 수립하고 국민들에게 단합해 주기를 호소하며 외쳤던 구호이다. 힘이 약할수록 살아남으려면 뭉쳐야 한다. TV 프로그램인 〈동물의 왕국〉을 보아도 약한 동물일수록 무리를 지어 살아가고 작은 물고기들일수록 더 큰 떼를 이루며 살아간다. 그것은 무리 속에 있을 때에는 포식자들의 공격으로부터 안전하지만 무리에서 이탈한 개체는 쉽게 강자의 사냥감이 되기 때문이다.

인간도 오랜 세월 동안 각자 산야를 떠돌며 수렵과 채취의 세월을 살아왔다. 그러나 한데 모여 정착 생활이 시작된 이후 집단의 힘이 커지면서 왕조가 탄생하고 군사력을 갖게 되면서 강력한 국가로 발전하게 되었다.

2) 사람은 혼자 살 수 없다

전통사회에서 산업사회를 거쳐 지식산업사회로 넘어오는 동안 사회의 다양성과 변화 속도가 더욱 가속화되면서 도저히 혼자서는 살아갈 수 없는 사회가 되었다. 먹는 것과 입는 것에서부터 생활에 필요한 모든 요소들을 생산하는 사람들과 소비하는 사람들로 연결고리를 이루며 살아가야 한다. 매일 사용해야 하는 자동차를 내가 만들어낼 수 없고, 하루라도 없으면 안 되는 스마트 폰도 만들어 준 사람들 덕분에 아무런 불편 없이 사용하고 있다. 반면에 생산자들도 아무리 좋은 제품을 만들어냈다 하더라도 소비자들이 구매해 주지 않으면 존속할 방법이 없다.

이는 심리적인 면에서도 마찬가지다. 현대판 로빈슨 크루소라 불리는 영화「캐스트 어웨이(Cast away)」를 보자.

미국의 택배회사 페덱스(Fedex)의 직원인 척(Chuek)은 폭풍을 만나 비행기가 추락하는 바람에 홀로 무인도에 표류하게 된다. 그 후 비행기에 실려 있던 택배 화물 일부가 파도에 쓸려 무인도로 떠내려 오고, 그중 하나에서 배구공이 나온다. 무인도에 혼자뿐인 주인공 척은 상처 입은 손에서 흐르는 피로 배구공에 얼굴을 그려 넣고 윌슨이란 이름을 붙여 친구로 삼아 대화의 상대로 삼는다. 배구공은 이미 터지고 너덜너덜해졌지만 그를 버티게 해 준 소중한 친구가 된다. 그 후 파도와 싸우며 무인도를 탈출하던 중 강풍에 멀리 떨어져나가 다시는 만날 수 없는 친구 배구공을 향해 척은 절규한다.

"Wilson! Wilson, I'm sorry!! Wilson! I'm sorry!!"

오랜 세월 동안 절해고도에서 살아남을 수 있었던 것은 배구공이라도 친구삼아 대화를 나누며 외로움을 달랠 수 있었기 때문이다. 이처럼 사람이라면 누구나 삶 속에서 대화하고 의지하고 위로받을 수 있는 사람이 반드시 필요한 것이다.

3) 인간은 조직 속의 동물

인간은 부부로부터 시작하여 가정·이웃·직장·국가·세계에 이르기까지 다양한 관계를 맺고, 협동하고 거래하며 경쟁하거나 갈등도 일으키면서 살아간다. 그리고 여러 개의 모임이나 단체, 조직 등에 속해 있으며 그 구성원의 한 사람으로서 얽히고설키며 살아가는 우리들은 아리스토텔레스의 말처럼 '사회적 동물'이다.

그러므로 모든 사람은 조직 속에서 살아가야 하며, 그 조직생활의 성과가 사회적신분을 결정한다. 그러므로 피할 수 없는 조직, 피해서도 안 되는 조직 속의 삶을 좀 더 멋지게 좀 더 성공적으로 살아가기 위해 누구나 노력하게 된다.

4) 멀리 가려면 함께 가라

독불장군에게는 미래가 없다

아프리카 속담에 '빨리 가려면 혼자 가고, 멀리 가려면 함께 가라'는 말이 있다.

기러기가 작은 몸으로도 수만 리를 날아갈 수 있는 비결이 무엇일까?

그것은 함께 날아가기 때문이다. 대장 기러기가 앞에서 날갯짓을 할 때 발생하는 상승기류가 뒤따라오는 기러기를 받쳐 주게 되므로 훨씬 쉽게 날아갈 수 있는 것이다.

조직도 마찬가지다. 리더가 지향하는 목표를 향해 구성원 모두가 힘을 합치면 경쟁력 있는 조직이 된다. 자신이 조직을 이끌고 가는 책임자이든 구성원의 한 사람이든 일체감으로 뭉쳐 강한 에너지가 용출되는 조직을 만들어 갈 때에 미래가 있는 것이다. 그래야 조직도 발전하고 자신의 성장에도 가속도가 붙는다.

이러한 조직생활은 마치 오케스트라와도 같다.

전쟁에서 돌아온 임금이 승리를 축하하기 위해 잔치를 준비하면서 참가자들에게 각기 포도주 한 병씩을 가져오게 하여 술통에 부어 놓게 했다. 그런데 막상 잔치가 시작되어 그 술을 떠다가 축배를 들고 보니 그것은 포도주가 아니라 맹물이었다는 것이다. 나 하나쯤이야 하는 생각에서 적당히 넘어가고자 하는 마음들이 결국 부끄러운 잔치를 만들고 만 것이다.

조직 속의 나는 수많은 사람 중의 하나가 아니라 내가 맡은 역할은 조직 내에서 그것이 전부다. 마치 오케스트라 단원이 모두 자기 역할을 완전하게 해낼 때 명곡이 연주되는 것처럼 조직에 있어서도 나 하나의 역할이 충실하게 이루어질 때에 전체가 완성될 수 있다.

우주선의 작은 부품 하나가 성패를 좌우하듯이 나 하나의 역할이 바로

조직의 목표를 완성시키는 필수적 요소라고 생각할 때 비로소 조직도 개인
도 성공할 수 있는 것이다.

리더가 지향하는 목표와 가치관에
일체감을 가지면 강한 조직이 된다.
자신이 조직을 이끌고 가는 책임자이든 구성원의 한 사람이든
일체감으로 뭉쳐 강한 에너지가 용출되는 조직을
만들어 갈 때에 미래가 있는 것이다.

2. 끊임없는 자기성찰

1) 성공했을 때가 위기

밧세바 신드롬

등산을 하다 보면 가파른 산길을 올라갈 때에는 별 문제가 없으나 정상에 올라 긴장을 풀기 시작할 때 사고가 나기 쉽다. 인생도 성공했다고 안도의 숨을 내쉴 때에 위기가 오기 쉽다.

아버지에게도 관심 밖이었던 양치기 소년 다윗이 무장한 거인 골리앗을 돌팔매로 이기고 파란만장한 역경을 극복하며 이스라엘의 왕이 되기까지의 과정은 너무나도 극적이고 교훈적이다. 왕이 된 후에도 목숨을 걸고 앞장서서 싸우며 왕국의 전성기를 이루어 냈다.

그리하여 긴장에서 벗어나 안도의 숨을 내쉬며 성공의 보람을 누릴 수 있게 되었다.

그러던 어느 날, 한가로이 옥상에 올라가 산책하고 있던 중에 목욕하고 있던 여인 밧세바의 몸매를 보고 넋을 잃고 말았다. 전쟁터에 나가 싸우고 있는 충성스런 부하 우리야(Uriah)의 아내였음을 알고도 다윗은 그녀를 불러들여 불륜관계를 저지르고 말았다. 그 후 그녀가 임신을 하자 급기야 남편을 위험한 전쟁터로 몰아넣어 죽게까지 했다.

맹수로부터 양떼를 지키던 목동 시절이나 나라를 위해 목숨을 걸고 격전지를 누비던 때라면 미인의 몸매쯤은 그의 눈에 들어오지도 않았을 것이다.

인생의 정점에 서 있는 다윗이 자제력을 잃었던 것처럼 우리가 성공의 사다리를 타고 목표점에 올라갔을 때, 빠지기 쉬운 함정인 밧세바 신드롬(Bathsheba syndrome)이 있다는 것을 잊지 말아야 한다.

이카루스 패러독스

성공했을 때 나타나기 쉬운 또 다른 현상은 지나친 자신감과 더불어 더 강한 만족감을 충족시키려는 욕망이다. 목표점에 올라섰을 때 과도한 자신감을 갖게 되고 과거 수준의 성취감으로는 더 이상의 만족을 느끼지 못하게 된다. 그러다 보면 좀 더 강렬한 자극을 찾게 되고 판단의 형평성을 잃으면서 위기를 맞게 된다.

밀랍으로 만든 날개를 달고 감옥을 탈출한 이카루스는 너무 높이 날아오르지 말라는 당부를 잊고 성취감에 도취되어 태양 가까이 날아오르자 날개가 녹아 추락하고 말았다.

그동안 우리는 성공한 세계적 기업이 과도한 욕심 때문에 무너져 내리거나, 인생의 정점에 있는 명사들이 좀 더 새롭고 강한 자극을 찾다가 스캔들에 휘말리며 도덕적인 해이로 인생을 망치는 사례들을 심심치 않게 보아왔다.

경계해야 할 것은 그러한 성향이 그들만의 것이 아니라 내게도 가능성이 있다는 사실이다. 그리스 신화의 이카루스 패러독스(Icarus Paradox)는 일시적인 성공에 만족하여 자기도취에 빠지지 말 것을 우리에게 경고하고 있다.

2) 실패보다 실수를 두려워하라

실패는 성공을 향해 오르는 계단이며 경험과 지혜를 더해주는 과정이 될 수 있지만 실수는 힘겹게 쌓아올린 성공을 순식간에 무너뜨리는 폭약이 될 수 있다.

워렌 버핏(Warren Buffett)은 "명성을 쌓는 데는 20년이 걸리지만 잃는 데는 5분도 걸리지 않는다."고 했다.

미국 최대 보험사인 AIG의 CEO가 2008년에 구제 금융을 받기 위해 자가용 제트기를 타고 워싱턴을 방문하자 국민들의 분노가 들끓었고 시민단체가 정부지원을 비난하고 나섰다. 의회는 AIG보복법안을 통과시켰고 전 직원의 소득세를 최대 90%까지 높이는 일까지 벌어졌다.

에릭 슈미트 전 구글 회장은 "지도에 자신의 집이 나타나는 것이 싫으면 이사를 가라."는 등 신중치 못한 말로 기업 이미지에 손상을 입혔고, US Airways CEO 더그 파커는 음주운전으로 철창신세를 졌다.

2011년 스트로스 칸은 맨해튼의 한 호텔에서 흑인청소부를 강제추행한 사건으로 이륙직전 비행기 안에서 체포됐고 IMF 총재직과 함께 차기 프랑스 대통령의 꿈도 사라졌다.

이들 모두 공통된 점은 성공에 이르기까지는 수십 년이 걸렸지만 무너지는 것은 순간이라는 것이다. 더욱 중요한 것은 추락의 결과가 개인에 그치지 않고 영향권 내에 광범위하게 미치게 되므로 책임 있는 사람일수록 더욱 높은 윤리적 판단과 행동이 필요하고 신중하고 절제된 언어가 요구된다.

이제는 트위터 등 SNS로 인해 작은 실수도 일파만파로 확산되며 숨을 곳이 없게 되었다. 그래서 지도자들에게는 실패보다 실수가 더 두려운 것이다.

3) 마음속에 닮고 싶은 롤 모델

'살아 백 년 동안 몸 깨끗이 지키기가 어렵고, 죽은 후 백 년 동안 무덤 깨끗이 보전하기가 어렵다.'는 옛말은 지금도 맞는 말이다. 자동차를 몰고 초행길을 찾아갈 때처럼 인생길에도 GPS가 필요하다.

마음속에 갈등이 일어날 때, 판단이 어려워 내 마음이 방황할 때, 그럴 땐 마음속에 닮고 싶은 사람, 길을 일러줄 사람 하나를 정해 보자. 선배나 스승이나 역사적 인물이나 마음에 드는 사람이면 아무라도 상관없다. 본인의 동의도 필요 없다.

직접 만나 가르침을 받을 수 있으면 좋지만 현실적으로 어려운 일이다. 그러므로 힘들 때마다 눈을 감고 머릿속으로 그에게 물어보자. 그러면 웬만한 문제는 답을 얻을 수 있을 것이다. 그것이 한 단계 더 발전하면 절대자를 향한 기도가 되고, 기도 속에서 올바른 답을 찾을 수 있게 된다.

3. 천직관과 사명감

1) 맡은 자들에게 구할 것은 충성

어떤 자리에 있거나 어떤 일을 하든지 충성으로 일한다면 남다른 성과를 거둘 수 있고 본인도 행복해진다. 여기에서 충성이란 참마음에서 우러나는 정성을 말하는 것이므로 천직관 내지 사명감의 기본이 된다.

2003년에 대구지하철에서 화재사건이 발생했다. 다급해진 사령실에서는 "차 죽이고 도망가!"라고 지시했고 생명의 위협을 느낀 승무원은 운전석 키를 뽑아들고 대피해 버렸다. 만일 그들이 승객의 안전을 책임진 자리에 있지 않았다면 그 행동은 정당하다. 왜냐하면 그들의 안전과 생명 또한 중요하기 때문이다. 하지만 그들은 안전을 책임져야 할 수많은 승객에 대하여 충성하지 못했다. 순간의 판단이요, 경황 중의 행동이지만 그로 인해 193명의 무고한 시민을 불 속에 가두어 사망케 했다. 사명감이나 천직의식

같은 말과는 너무나도 거리가 멀다.

더구나 설레는 마음으로 수학여행 길에 오른 어린 학생 등 300여 명을 침몰해 가는 배 안에 가두어 둔 채 혼자 살겠다고 팬티차림으로 제일 먼저 탈출해 나왔던 세월호 선장의 모습은 머리에 떠올리기도 끔찍하다.

이에 반해 100여 년 전에 있었던 타이타닉(Titanic) 사건은 너무나도 대조적이다. 영국을 떠나 미국으로 향하던 호화 여객선 타이타닉 호는 1912년 4월 12일 자정 가까운 시간에 빙산과 충돌하며 1,513명의 엄청난 익사자를 냈고, 침몰 과정에서 노약자와 여성 등 700여 명만이 목숨을 건졌던 대참사다.

이 사건의 총 책임자인 에드워드 스미스(Edward Smith) 선장은 자신이 서 있는 선교(船橋)까지 물이 차오르는 데에도 메가폰을 잡고 아우성치는 승객들의 탈출을 끝까지 지휘한다. 생존자의 안전 지휘를 위해 구명정으로 옮겨 탈 수 있는 충분한 명분과 시간도 있었다. 하지만 그는 자신이 책임지고 있는 타이타닉 호와 함께 차가운 밤바다 속으로 휩쓸려 들어가는 장렬한 죽음의 길을 택했고 그 사실은 우리를 숙연하게 한다.

그뿐만 아니라 기울어져 가는 갑판 위에서 최후의 순간까지 찬송가를 연주하던 일곱 명의 악단 또한 남루하게 살아가는 우리의 모습을 돌아보게 한다. 살고자 하는 욕망이 누구에겐들 없으랴! 꽃다운 나이 34세의 악단장 하틀리는 아름다운 약혼녀 마리아 로빈슨을 이 세상에 두고 파도에 휩쓸리며 최후의 순간을 맞을 때까지 연주를 계속한다. 찬송가 '내 주를 가까이 하게 함은'이 불릴 때마다 그의 모습이 기억되는 한 그는 영원히 살아 있는 것이다.

우리는 지금까지 살아오는 동안 의식하지 못하는 가운데 크고 작은 생활 속의 타이타닉 사건을 수없이 겪으며 살아왔다. 지난날 나의 삶을 뒤돌아보며 앞으로 어떻게 살아갈 것인지는 내 인생의 숙제가 되고 있다. 현재 자기가 맡고 있는 일에 충성한다는 것, 그것이 천직관이요, 사명감이다.

2) 노블레스 오블리주

로마역사를 지탱한 힘은 노블레스 오블리주(Noblesse Oblige)에서 나왔다. 그것은 높고 귀한 지위에 있는 사람들이 자신의 신분에 맞는 사회적 도덕적 책임과 의무를 진다는 뜻이다.

로마시대 노예들에게는 전쟁에 나가 싸울 기회를 주지 않았다. 하지만 귀족들은 후계자만 남기고 전장에 나가 싸움으로써 명예롭게 책무를 다했고, 전쟁이 끝나면 공공시설 복구에 황족과 귀족의 기부가 이어졌다.

영국 또한 지도급 인사들의 자제들만이 들어갈 수 있는 이튼스쿨 출신들이 1차 대전에서만 1,150명이 전사했고, 1982년 포클랜드 전쟁 때에는 앤드류 왕자가 전장에 나아가 위험한 역할을 수행했던 것은 널리 알려진 이야기이다.

신라시대 황산벌전투에서 장군의 아들 반굴(盤屈)과 화랑 관창(官昌)이 용맹하게 바친 목숨은 우리의 노블레스 오블리주였다. 그리고 임진왜란과 정유재란을 거치고 한말 국권을 잃었을 때까지 이어진 전국 각지의 의병들과 절명시를 쓰고 자결한 수많은 선비들, 일제 강점기에 굽힐 줄 몰랐던 항일 독립운동은 우리 핏속에 살아 있는 노블레스 오블리주 정신이었다.

불과 몇 십 년 전만 해도 기아선상에서 허덕이던 우리나라가 지금 세계 10위권 이내의 경제대국이 된 것은 기적에 가까운 행운이다. 건국 60년 만에 국민소득은 299배, 수출은 16,600배가 되었다. 세계 역사상 유례가 없을 만큼 대단한 일을 해낸 것이다.

그러나 이러한 고속성장의 이면에는 대가를 치러야 하는 부작용도 함께 겪어야만 했다. 도시 빈민의 거주 문제 해결을 위한 서울시의 시민아파트 정책은 1970년 와우아파트 붕괴사건을 수반했고, 계속된 속도 위주의 건설정책은 1990년대 중반의 성수대교와 삼풍백화점 붕괴사건에 이르기까지 수많은 사고의 원인이 되었다. 이토록 4반세기 동안 계속되어 온 추락과 폭발, 대형화재와 시설붕괴 등 다방면으로 발생했던 각종 사건과 사고들은 저비용과 고속성장을 중시했던 물량추구정책에 따른 부수적인 결과였으며 향후 정책에 교훈을 남기기도 했다.

이러한 과거의 사건들이 양적이며 물적 정책의 붕괴였다면 그로부터 20년이 흐른 2014년 4월의 세월호 침몰 사건은 우리 사회의 질적인 붕괴인 동시에 잘못된 가치관에 대한 경고에 해당한다. 선박 소유주의 잘못된 경영관은 종사자들의 무책임과 아울러 관계기관과 연관분야의 비뚤어진 관행과 먹이사슬 등으로 이어지면서 천직관이나 사명감 같은 것은 찾아볼 수도 없게 되었다.

배금주의에 젖은 한 집단의 탐욕은 안전문제를 넘어 인간경시의 풍조 속에 결국 3백여 명의 고귀한 생명까지 희생시켰다. 국민 모두가 슬픔과 분노로 가슴에 상처를 입었고 사회경제활동이 위축되었으며, 급기야 '관피아'라는 말까지 생겨나면서 국정의 혼란과 정체를 가져왔다.

한 개비의 성냥불이 온 산을 태우듯 한 인간의 그릇된 행태가 도화선이 되어 전국을 뒤흔들어 놓았고, 그동안 각계에 만연된 잘못된 인식과 관행들이 속속 밝혀지면서 정부의 재난관리 시스템과 위기관리 능력의 부실도 동시에 드러났다. 이러한 병리현상은 결국 우리 사회의 자화상이요, 오랫동안 쌓여 온 적폐(積弊)를 보여 주는 종합 진단 결과와 같은 것이었다. 그리고 욕망의 바벨탑을 한없이 쌓아 올리던 장본인도 결국 인적 뜸한 풀밭에서 최후를 마친 변사체로 발견되었고, 그 처참한 모습이 그를 따르던 수많은 사람들 위에 오버랩되면서 우리를 허탈하게 했다.

6·25 당시 풍전등화와도 같던 대한민국이 공산침략으로부터 지켜지고 한강의 기적을 통해 굶주림에서 벗어난 것은 물론 국제적 위상도 이만큼 높아진 것은 모두 기적과도 같은 축복이 아닐 수 없다. 하지만 지금 우리 사회에는 OECD국가 중에서 자살률 1위, 이혼율의 급증, 복잡한 갈등양상과 비정상적인 관행 등 역설적인 사회병리 현상들이 도처에 나타나고 있다. 가난에는 이겼지만 풍요에는 지고 있는 사회가 되고 있는 것이다. 이러한 가치관의 혼동과 사회적 메커니즘의 종합적 병리현상으로 나타난 대표적 사례가 세월호 사건이다.

여행 도중 독일에서 TV 해설을 들었다는 어느 분의 말이 마음속에 남는다. '굶주림에 허덕이던 한국이 한 탁월한 지도자를 만났다. 독일에 광부를 보내고 간호사를 파견하며 기적과도 같이 경제성장을 이루어내고 가난에서 벗어났다. 하지만 정신적인 성장을 이루지 못하고 아직도 후진상태에 머물러 있는 나라다.'라는 논평이 우리의 마음을 아프게 한다. 이제 이러한 현상들은 양적인 문제를 넘어 질적 변화 없이는 치유될 수 없는 단계에 이르렀다. 사회 전반적으로 거듭나고자 하는 노력과 국민들의 참여 없이는 근본적으로 해결될 문제가 아니다.

이를 위해 먼저 범정부적인 국가혁신 노력이 강력하고도 끈질기게 선행
되어야 한다. 그리고 각계의 책임 있는 지도자들부터 도덕적으로 건전하고
사회적으로 책임을 다하는 현대판 노블레스 오블리주 운동을 앞장서 전개
해 주어야 한다. 그리고 사회구성원 모두가 자기 본분으로 돌아가 각자 맡
은 일에 책임을 다하는 올바른 기풍이 폭넓게 형성되어야 한다. 남을 비난
하고 책임을 묻기보다는 모두가 자신을 돌아보면서 사회의 체질을 바꾸고
한 단계 성숙시키는 시민운동이 사회 각계에서 광범위하게 일어나야 한다.

그동안의 노력으로 일구어낸 외형적 성과에 맞는 내면적 성장과 사회적
가치관이 조화를 이루는 사회가 되는 날을 모두 함께 만들어 가야 한다. 우
리 모두가 참여하는 가운데 오늘의 아픔을 넘어 건전한 시민의식이 진작된
다면 대한민국은 머지않아 탄탄한 선진강국으로 자리매김하게 될 것이다.

··국군의 날 사열

306

4. 나아갈 때와 물러갈 때

1) 진정한 성공

행복이란 무엇인가?

내가 그토록 바라던 꿈을 이루었으면 이제 나는 행복을 느껴야 한다. 하는 일이 즐거워야 하고 자랑스러워야 하며 보람을 느낄 수 있어야 한다. 고통에서 벗어나는 환자를 보며 마음속에 기쁨이 샘솟는 의사, 광채를 내뿜는 학생들의 눈빛을 보며 가슴이 뜨거워지는 교수, 홀로 사는 노인들을 돌보며 발걸음이 경쾌해지는 사회복지사는 모두 성공한 사람들이다.

진정한 성공은 자랑스럽고 떳떳해야 한다

성공 뒤에 숨겨진 부담이 있다면 성공 자체가 아름답지도 않으려니와 가슴 벅찬 보람도 거두기 어렵다. 학생시절 음악에 재능과 특기를 가지고 있던 친지 중의 한 사람은 부모의 강권에 따라 의사가 되었지만 스트레스 속에 진찰실과 작곡실을 오가며 두 가지 다 부실하게 살아가는 모습이 허전하게 보인다.

성공의 과정에 부당한 일이 있을 때에도 성공이 자랑스럽거나 떳떳할 수가 없다. 부정한 방법으로 어떤 목표를 이루었을 때 화려한 성공의 이면에는 항상 불안의 그림자가 드리워져 있으며, 그것이 밝혀졌을 때에는 모든 것이 수포로 돌아갈 수 있기 때문이다.

탈세한 사람들이나 부정하게 자금을 빼돌린 경제인들의 모습을 보게 되는 것은 괴로운 일이다. 독직사건이나 선거법 위반으로 구속되고 자격을 박탈당한 채 도중하차하는 정치인들의 사례 또한 우리의 마음을 아프게 한다. 아무리 큰 성공을 하였다 하더라도 무언가 고민이 있고 보이지 않는 심리적 부담이 내재해 있다면 자랑스럽거나 떳떳할 수가 없다.

진정한 성공이란 남에게도 도움이 되어야 한다

누구나 오래도록 꿈꾸어 왔던 목표를 달성한다는 것은 값지고도 귀한 일이다. 부와 명예와 권력, 그중 어느 것이든지 축복이 아닐 수 없다. 그런데 그것이 값진 성공이 되려면 남들에게 도움이 되어야 한다.

나의 성공으로 인해 선량한 이웃이 괴로워지고 사회에 부정적 영향을 미치게 된다면 그것은 성공이 아니다. 힘 있는 자리에 올라 평소 미워하던 사람을 해치고 싶다든지 경쟁관계에 있던 대상들에게 타격을 주려고 한다면 그것은 성공이 될 수 없다. 내게 주어진 권능을 통하여 더 많은 사람에게 희망과 용기를 주고 도움이 되어 줄 때에 그것은 진정한 성공이다.

2) 쫓겨나기와 물러나기

석양에 날아드는 수벌들

늦가을 국화꽃이 막바지에 이를 무렵, 석양빛에 날아드는 수벌들을 보면 슬퍼진다. 다가오는 추위에 대비해 쓸모없이 꿀만 소비한다고 쫓겨난 벌들이다. 꽃피고 새 우는 좋은 계절은 저만치 가고 차가워져 가는 날씨에 남은 시간은 절망적이다. 보잘 것 없는 미물이지만 생명이란 관점에서 보면 사람 모습과 참 많이도 닮았다.

물러갈 때를 놓쳐 일생 동안 쌓아 온 화려한 명성은 비난 속에 묻히고 초라한 모습으로 살아가는 사람들의 모습을 보면 쫓겨난 수벌의 모습과 다르지 않다. 또한 자신의 때가 다 지나간 사람들이 사진과 경력으로 가득한 명함을 들고 권력 주위를 맴돌며 고개 길게 뽑은 모습도 석양 속의 수벌을 연상케 한다. 나아갈 때보다도 물러갈 때가 더 중요한 까닭이 여기에 있다.

지족불욕(知足不辱) 지지불태(知止不殆)

노자의 『도덕경』에 만족할 줄 알면 욕된 일을 당하지 않고, 물러갈 때를 알면 위태로운 일이 없다고 했다. 장량(張良)은 한신(韓信), 소하(蕭何)와 더불어 한고조 유방(劉邦)의 창업공신 삼걸로 꼽히는 인물이다. 그는 신선으로 전해지는 노인으로부터 지혜의 책 『황석공 소서(黃石公素書)』를 받고 경세철학을 익힌 후에 유방을 도와 항우(項羽)를 물리치고 천하를 통일하는 대업에 결정적인 공을 세운다. 그러고는 자신의 역할이 모두 끝났으므로 이제는 속세를 떠나 신선이 되겠다며 분연히 물러난다.

유방이 한(漢)나라 고조가 되고 논공행상에 가담했던 공신들이 토사구팽(兎死狗烹)이란 사자성어까지 남기며 줄줄이 목숨을 잃었지만 장량만은 그런 일에 초연했다. 물러갈 때를 놓쳐 일생 동안 쌓아 온 공든 탑을 무너뜨리고 다른 사람들에게도 실망을 주며 쫓겨나는 사례는 역사 속의 옛 이야기만이 아니라 지금도 계속되고 있는 현재진행형이다.

천하에 두려울 것이 없었던 히틀러도 숨어 지내던 지하 벙커에서 조여 오는 소련군의 포성을 들으며 그의 사랑하는 여인 에바 브라운과 동반 자살로 끝을 맺었고, 루마니아에 불어오는 민주화 바람을 외면했던 차우세스크는 국경 탈출에 실패한 후 총탄 세례를 받으며 처참하게 죽었다.

특히 장장 42년간이나 절대 권력을 휘둘렀던 무하마드 가다피 리비아 국가원수는 그의 고향 시르테의 하수구 속에서 끌려나와 종말을 맞이했다. 황금빛 의상을 입고 아프리카의 왕 중 왕을 자처하며 딴 나라 국가원수들의 어깨에 팔꿈치를 걸치고 권위를 과시하던 그 모습이 냉동 창고 바닥에 내던지듯 뉘어 있던 처참한 시신 위에 오버랩된 채 지워지지 않는다.

명예와 권력과 재력은 모든 사람이 갖고 싶어 할 만큼 좋은 것이며 선망의 대상이다. 그러나 그 세 가지가 함께 모이면 마약이 된다. 그것은 사람을 취하게 만들고 판단을 마비시킨다. 그래서 그들은 물러갈 때를 놓치게 되고 결국 화려했던 황금빛 권좌에서 끌려 내려와 어두운 치욕의 하수도 속으로 들어간다.

그러한 편견과 과오가 그들에게만 있으란 법은 없다. 내가 살아가고 있는 나의 왕국에서 작든 크든 내가 취할 일과 남에게 주어야 할 일을 분명하게 구분하고 있는지, 나아갈 때와 물러갈 때를 고민해 본 적이 있는지 가끔씩은 나를 뒤돌아보며 비극으로 막을 내린 인물들을 반면교사(反面敎師)로 생각해 볼 필요가 있다. 들 때와 날 때를 안다는 것은 인생길을 안전하고도 품위 있게 인도해 주는 지혜의 나침반이다.

3) 물러갈 때의 조건

역할을 다하지 않으면 물러갈 수 없다

아무리 야심찬 꿈을 품었더라도 그를 이루지 못한 채 도중하차한다면 그것은 실패요, 쫓겨나는 것이다. 작은 열매 하나도 익기 전에 떨어져 버리면 그것은 열매가 아니라 주검이요 쓰레기일 뿐이다.

사람도 똑같다. 꿈꾸던 목표에 도달하고 계획했던 역할을 이루었다면 다 익은 열매가 나무에서 떨어져 나가듯이 물러가도 좋을 때가 되고 충분한 자격도 갖추어진다. 하지만 꿈꾸던 역할을 다하지 않고 물러가는 것은 미완성이요, 목적지에 도달하지 못한 채 도중하차하는 것은 성공이라 할 수 없다.

비켜갈 수 없는 인생의 과제

마치 배급을 줄 때에 똑같은 것들을 나누어주듯이 사람에게 주어지는 하늘의 축복과 기회의 양은 모두에게 동일하다. 그리고 모든 사람들은 자기에게 주어지는 다양한 축복과 기회로 자기 나름대로의 작품을 만들어 가면서 천차만별의 삶을 살아간다. 이러한 현상을 나는 '인생총량제'라고 말해 왔다. 그러나 이렇게 주어지는 총량은 같지만 각자 처해진 입장에 따라 해야 할 역할과 과제는 각기 다르고 다양하다. 의사는 환자를 정성껏 돌보아야 하고 목수는 좋은 집을 지어야 하듯이 주어지는 과제는 각자 다르고 또 비켜갈 수도 없다.

지역의 미래 생명과학

이제는 지방자치시대, 우선 공무원들부터 변화하지 않으면 안 되는 때가 되었다.

"문제를 만나거든 물고 결코 놓지 마라, 진돗개처럼!"

이것이 나의 주문이었다.

제일 먼저 직원들이 직접 중앙정부를 상대로 예산확보에 나서도록 하고 나는 공직생활 과정에서 맺어진 인맥들을 통해 엄호사격을 해 주었다. 그 결과 98년 취임 당시 7천억 원에 불과했던 국책사업 예산이 이듬해에는 1조 2천억 원을 넘어 두 배 가까이 되었다.

예산만이 아니라 여러 분야의 문제에 직접 뛰어들어 노력하는 동안 직원들의 모습에 서서히 변화가 일어났다.

"지사님, 해보니까 되던데요!" 하며 자신감이 생겨났다.

그러나 무엇보다도 중요한 과제는 지역의 미래였다. 첨단산업을 선점하고 앞서가기 위해 캐치프레이즈를 'BIOTOPIA 충북'으로 정하였으나 누구의 관심도 끌지 못했다. 그렇다고 후퇴할 수도 없는 일이었다. 생명산업에 대해 이해시키고 도민들과 함께 가야 성공에 이를 수 있다. 그래서 바이오 엑스포를 먼저 열기로 했다.

당시 대부분 사람들에게 생소한 생명과학 분야를 독단적으로 밀어붙인 나로서는 배수진을 치고 바이오에 모든 것을 걸 수밖에 없었다. 이것은 무모한 모험이기도 했다. 이 난관을 돌파하지 못하면 지역의 미래도 없고 나도 지도력을 잃고 만다.

그래서 추진 요원들과 함께 바이오에 미쳤다.

시간이 지나면서 결국 바이오를 향한 미래의 꿈은 도민들에게 인정을 받으며 희망의 등대가 되어 주었다. 그 결과 존재도 알지 못했던 작은 마을 오송(五松) 땅에 대한민국 최초의 생명과학의 중심기지가 세워졌고, 연이어 충북 북부를 관통하는 첨단산업벨트가 형성되면서 결국 바이오토피아 충북 시대의 문을 열어 가게 되었다.

생각의 변화와 돌파되는 문제들

드디어 사람들의 생각이 바뀌면서 여러 분야에서 많은 변화가 일어나기 시작했다. 정부에서는 매년 각 시도의 업무 평가를 실시하고 있었는데 만년 하위권이던 충청북도가 바이오엑스포 이후 전국 최우수 도로 평가 받으면서 공무원들의 표정에 긍지와 자신감이 넘치게 되었다.

뿐만 아니라 각계 도민들의 힘이 결집되면서 오랫동안 미해결 상태로 누적되어 오며 지역발전을 가로막고 있었던 어려운 문제들이 하나둘씩 풀리기 시작했다. 참으로 신기한 일이었다. 문장대 용화온천 개발 저지, 중부권 내륙 화물기지 건설, 청주광역도시권 설정, 혁신도시 유치, 청남대 개방 문

··노무현대통령과의 청남대 개방

제6장 조직 속의 인간

제 등 십여 가지의 힘든 문제들이 연이어 해결되었다.

오송분기역 유치

그중에서도 끝까지 피 말리는 겨루기가 이어진 것은 '호남고속철도 오송분기역 유치' 문제였다. 이는 전국적으로 정치·경제는 물론 지역 문제에 이르기까지 광범위한 파장을 일으키며 장장 12년을 끌어 온 난제 중의 난제였다. 이 문제는 청와대에서부터 건설교통부를 비롯한 중앙부처는 물론이요, 교통개발연구원을 비롯한 연구용역기관과 전문가들에 이르기까지 광범위하게 연관되어 있었다.

지역적으로도 충북의 요구는 호남지역에서 반대할 뿐만 아니라 같은 충청권인 대전 및 충남과는 분기역 유치를 위해 불꽃 튀는 경쟁관계에 있었다.

그러나 개화기에 새로운 문명을 거부했던 충북인들의 아픈 경험은 고속철도 분기역 유치에 남다른 집념을 갖게 해 주었다. 그리고 시장·군수 등의 공직자와 지방의회·국회의원을 비롯한 정치권, 교수·전문가·지방언론, 시민단체에서 도민들에 이르기까지 그 누구 하나 의견을 달리하는 사람이 없었다.

우리는 할 수 있는 모든 방법을 동원하며 유치 노력을 계속했다. 그러나 이미 천안역에 분기점까지 마련된 상태에서 이름도 알려지지 않은 시골마을 오송으로의 유치 노력은 메아리 없는 아우성일 따름이었다.

절실하면 하늘이 돕는 것일까? 드디어 노무현 대통령 선거공약이었던 행정수도가 2004년에 연기·공주 지역으로 결정되면서 오송역은 행정수도의 관문역이란 금쪽같은 명분을 얻게 되었다. 지난 십 년 동안 내내 관심을 끌지 못했던 오송에 행운의 여신이 찾아와 최초로 명분을 갖게 해 준 것이다.

그러나 행정수도는 헌법재판소로부터 위헌 결정을 받게 되고 오송역의 경쟁력도 함께 약화되고 있었다. 그 후 정부에서는 '행정중심 복합도시'로 명칭을 바꾸고 규모도 축소하여 추진키로 함으로써 다행스레 오송역의 명분만은 유지할 수 있게 되었다. 그 이후 우여곡절을 겪으면서도 오송 유치를 위한 노력은 더욱 강도를 높여 총력전 형태로 돌입했고, 다시 일 년 가까운 긴장의 시간이 흘러갔다.

드디어 천안과 대전과 오송 중에서 어느 한 곳을 선택해야 하는 평가 작업을 위해 전국에서 선발된 75명의 전문가들이 3일 간의 합숙평가에 들어갔다.

2005년 6월 30일 오후 7시 30분, 드디어 평가 결과가 발표되었다. 사력을 다해 달려온 마라톤 선수의 금메달이 결정되는 숨 막히는 순간을 기다리며 모두 TV 앞에 모여 있었다.

"천안 65.94, 대전 70.19, 오송 87.18."

발표가 되는 순간, 월드컵 경기 때 우리 팀이 골을 넣었을 때와도 같은 함성이 도청청사를 흔들며 울려 퍼졌다.

나는 바로 기자실로 달려갔고 기다리고 있던 취재진을 향해 간단하게 소감을 피력했다.

"오송분기역 유치 과정은 태산준령을 수없이 넘어온 장편의 드라마였다. 지칠 줄 모르고 함께 달려온 150만 도민의 위대한 승리다. 이제 오송역은 접근성이 가장 뛰어난 지리적 이점을 살려 세계 속의 충북을 부각시킬 철의 실크로드가 될 것이다."

4) 박수칠 때 떠나라
공직의 존재 이유

오송역 유치라는 치열한 전쟁을 마치고 숙소인 공관에 돌아와 소파에 깊숙이 기대앉는다. 어려운 입학시험에 합격한 후 느끼는 것같이 가슴 뿌듯하면서도 허탈감과 피로감이 엄습해 온다.

뒤돌아보니 민선 도지사로 일해 온 지 벌써 7년이나 되었다.

이제 임기가 꼭 일 년이 남았다. 앞만 보고 정신없이 달려오다 보니 세월이 지나가는 것도 알지 못했다. 서울에 떨어져 있는 딸들이 공부는 잘하고 있는지, 가족한테 미안한 생각도 든다.

공직생활을 뒤돌아보니 9급 공무원으로 시작한 이후 장장 40여 년이 넘었다. 참 오랜 세월 동안 오로지 일, 일에만 매몰되어 있었다. 한 순간도 긴장을 풀지 못했고 명절도 명절답게 보내 본 적이 별로 없었다. 사생활도 없었고 나 자신도 실종된 채 살아왔다. 앞만 보고 달려오는 동안 홍안의 젊었던 얼굴이 백발성성한 모습으로 변해 있었다.

이제는 좀 쉬고 싶다는 생각이 들었다.

누군가 인생은 애플파이와도 같다고 했다. 여러 쪽 중에서 다 남을 주더라도 나머지 한 쪽만은 나를 위해 쓰라는 것이다. 오랫동안 못 만났던 친구들도 보고 싶고 실종되었던 나 자신도 찾아보고 싶다. 그러나 무엇보다도 우선 늦잠 좀 실컷 자 보았으면 좋겠다.

한껏 피곤을 느끼는 가운데 머릿속은 여러 가지 생각으로 복잡해진다. 이제 임기가 앞으로 꼭 일 년이 남았는데, 내년이면 또 선거를 치러야 한다는 사실이 천근 무게의 짐처럼 피곤을 더해 준다.

눈을 감고 기도해 본다.

"하나님 아버지! 내년에 또 출마하여 선거를 치러야 할까요?"

그동안 너는 무엇을 했느냐?

"바이오 충북과 현안 사업 해결에 미쳐 있었습니다."

구상하고 계획했던 일들은 어떻게 되었느냐?

"거의 다 해결되었습니다."

그러면 네 머릿속에 남아 있는 새로운 것은 무엇이냐?

"지금은 새로운 생각이 아무것도 남아 있지 않습니다."

그렇다면 도민들에게 줄 새로운 희망은 무엇이냐?

어느새 내 머리는 방전된 배터리처럼 하얗게 비어 있었다. 그동안 미쳐 있었던 '바이오 충북' 외에는 새로운 계획, 새로운 아이디어가 하나도 없는 것이다. '나를 따르라. 그곳에는 젖과 꿀이 흐르는 낙원이 있다'면서 도민들을 끌고 갈 새로운 파라다이스가 내 머릿속에는 없는 것이다.

공직이란 내게 필요한 자리가 아니라 나를 필요로 하는 자리가 되어야 한다는 생각에 이르자 '박수칠 때 떠나라'는 말이 머리에 떠오른다.

눈길을 끄는 현판 유재(留齋)

그 이후로 집무실 벽에 걸어 놓은 액자 속의 '유재'란 글이 자꾸 눈에 들어왔다. 그 액자는 추사가 예조참판으로 있던 일암관 남병길에게 써 준 현판을 탁본한 것인데, 몇 년 전에 문화계의 명사 한 분이 내게 선물로 보내 준 것이었다.

留不盡之巧以還造化　留不盡之祿還朝廷

제6장 조직 속의 인간

留不盡之財還百姓　留不盡之福以還子孫

주어진 재능을 다 쓰지 말고 남김을 두어 자연으로 돌아가게 하고

주어진 녹봉을 다 갖지 말고 남김을 두어 조정에 돌아가게 하고

주어진 재물을 다 차지하지 말고 남김을 두어 백성에게 돌아가게 하고

주어진 복을 다 누리지 말고 남김을 두어 자손에게 돌아가게 하라.

추사의 독특한 필체로 쓰인 글씨 한 자 한 자가 내 마음속에 들어와 박히며 꼭 그렇게 실천하라고 명령하고 있었다.

필요충분조건

2005년 가을 국정감사 때 '단체장 리더십 이원종 지사 전국 1위', '도정 평가 충북 1위'가 알려지면서 언론에 보도되자 직원들의 사기도 높아지고 도정 전반에 활력이 넘쳐났다. 그리고 도민들도 신뢰를 더해 주었다.

시간이 흐르고 하반기로 접어들자 다음해 여름에 있을 도지사 선거 후보군에 대한 하마평이 밀도를 더해 갔다. 각 언론들이 발표하는 후보군 몇 명의 지지율은 7% 내외에 머물러 있는 데 반해 나는 50~60%를 오르내렸다. 안심해도 좋을 만한 수치였다. 언론들은 「이원종 지사 압도적 우위」「독주」「부동의 1위」「충북은 이원종 세상」 등의 보도를 계속해서 내었고, 산하 공무원들이나 도민들도 3선 출마와 당선은 당연한 기정사실로 여기고 있었다.

하지만 "도민에게 줄 새로운 희망은 무엇이냐?"라는 말씀이 자꾸 떠올랐다. 4년을 끌고 갈 새로운 비전이 없다면 그 자리에 있어서는 안 된다.

공직이란 내게 필요한 자리가 아니라

나를 필요로 하는 자리가 되어야 한다.

이에 더하여 명예롭게 떠날 수 있는 조건까지 갖추어진 것이다.

만일 지지율이 남들과 엇비슷하다면 떳떳하게 떠날 수가 없다. 낙선이 두려워서 포기하는 모습이 될 터이니 명예롭지 못하기 때문이다. 그러나 지금은 명예롭게 떠날 수 있는 필요하고도 충분한 조건이 갖추어진 것이다.

또한 오랜 공직생활 동안 흠이 될 만한 불미스러운 일이 다행히도 내게는 없었다. 그래서 비밀이 지켜질 아내와 딸들에게 생각을 물었다. 모두 생각이 일치한다. 특히 딸들은 아빠가 일만 하느라 빨리 늙어 가는 모습이 싫단다.

선거를 반년쯤 남겨 놓은 2006년 1월 4일 아침, 신년인사회를 마치고 집무실로 향하는 승용차 안에서 비서실장에게 30분 후에 기자회견을 준비하라고 지시했다.

새해 벽두에 갑자기 무슨 일인지 의아해 하고 있는 기자단 앞에서 나는 남몰래 혼자 작성해 놓았던 회견문을 읽어내려 갔다.

"존경하는 150만 도민 여러분! 본격적인 지방자치 10년을 넘으며 우리 충청북도는 놀라운 변화를 거듭해 왔습니다.

관심 밖에 있던 변두리 지역에서 중심 지역으로,

전통산업 도에서 바이오토피아 첨단산업 지역으로,

도정 평가 후미 그룹에서 선두 그룹으로 당당히 나섰습니다.

그리고 지역발전을 가로막고 있던 도정의 현안들을 힘을 합쳐 모두 해결해 내었습니다.(중략)

이제 결론부터 말씀드리면 오는 6월 30일, 임기를 마치는 대로 제 생애의 대부분을 차지했던 공직생활을 마무리하면서 정계를 은퇴하고자 합니다.”

내가 3선 불출마와 정계은퇴 선언을 하자 허를 찔린 도청 공무원부터 도내 각계는 크게 동요했다. 만일 은퇴 계획을 누군가가 미리 알고 있었다면 그 소식은 초고속으로 번져 나가면서 많은 사람들이 길을 가로막을 것이 분명했다. 그래서 회견문도 남모르게 직접 작성해 놓았다가 기습적으로 발표해 버리고 나니 각계의 충격은 클 수밖에 없었다.

지역 방송과 신문들은 특집을 통해 「당혹감 교차」「아름다운 용퇴」「당적 초월해 안타까운 일」「도백 선거 지각변동」「퇴장의 미학」 등 대대적인 보도를 한동안 계속하였다. 중앙 일간지에서도 일반보도와 함께 사설로도 「이원종 지사의 아름다운 은퇴 선언」「물러날 때를 놓치지 않은 이원종 충북지사」 등의 제목으로 사설을 통해 분에 넘치는 찬사를 보내 주었다. 새롭게 큰일을 한 것도 아닌데 각계의 칭찬까지 받았다.

우리는 벌써 그가 그리워진다

2006년 6월 30일, 소박하게 마련된 퇴임식은 내 공직 인생의 마무리였다. 흑백필름 같은 지난날들의 모습이 머릿속을 스치며 지나갔다. 6·25전쟁의 비극과 끼니를 잇지 못하는 가난의 세월에서 살아남았고, 지금은 번영된 조국, 풍요로운 세상까지 누리고 있는 우리는 분명 행운의 세대다. 더구나 5·16 이후 근대화 과정을 거쳐 선진국 문턱에 이르기까지 공직자로서 동참했다는 자부심도 행운의 조건이다. 특히 시골 우체국 집배원이 부러웠던 내가 서울 시민이 되었고, 남산자락에서 시내를 내려다보며 방 한 칸의 소원을 빌었던 내가 천만 도시 서울특별시의 시장실을 집무실로 썼다는 것은 다시 생각해 보아도 기적과 같은 일이다. 이제 정들었던 고향땅 충북에서 십 년 세월을 보람 속에 보내고 공직 인생을 마무리하는 이임사를 할 차례가 되었다.

"가라앉은 호수와 같던 충북이 격랑을 일으키며 미래 백 년을 새롭게 열었습니다. 21세기를 이끌어 갈 바이오 첨단산업 지대의 이미지를 선점하였고, 주변지역에서 국토의 중심지역으로 다가섰으며, 도정의 능력도 선두그룹으로 성장하였습니다.

지난 8년의 짧은 세월이지만, 우리가 도전했던 수많은 과제들! 그 어느 것 하나 만만치 않았습니다. 그러나 태산준령을 넘듯 난관 돌파의 현장에는 언제나 한마음으로 뭉친 여러분이 중심에 있었습니다. 그에 힘입어 지난 8년은 제 생애에 있어 최고의 날들이었습니다.

이제 저는 무거운 짐을 여러분에게 맡겨 놓고 떠납니다. 바이오가 꽃피는 고향땅을 멀리서 바라보며 흐뭇해하는 또 하나의 소원을 여러분이 완성해 주리라 믿습니다."

충청북도 공무원 일동의 이름으로 만들어 준 기념패에는 너무 야멸차게 떠난다는 원망과 아쉬움의 뜻을 담아 '일어설 수 있을 때 새끼를 쫓아 떼는 맹수의 철학도 이젠 압니다.' 하는 문구가 새겨져 있었다. 그리고 합창단원들이 '만날 날은 아득타 기약이 없네…' 〈동심초〉를 부르며 눈물로 이별을 마무리해 주던 모습은 아직도 머릿속에 생생하다.

그리고 소중한 추억이 하나 더 있다.
직원 대표로부터 잊지 못할 특별한 선물 하나를 받았다.
고운 케이스 속에 담긴 책 한 권이었다. 반년 전 불출마 선언 이후 아쉽

제6장 조직 속의 인간

게 생각했던 실무급 직원들이 자기네끼리 3백 페이지가 넘는 책 한 권을 남
몰래 만들었단다. 그동안 이루어진 도정의 주요 내용과 함께 업무 추진 과
정에서 고락을 같이 했던 기억들을 수필 형식으로 쓴 책을 만들어 퇴임식
장의 선물로 준 것이다. 생각지도 못했던 과분한 선물을 받은 것이다. 떠나
는 사람을 위해 반년 동안이나 준비했다니 귀하고도 감격스러운 선물이었
다. 그것은 단순한 선물이 아니라 내 일생의 가장 큰 보물이 되었다.

『우리는 벌써 그가 그리워진다』

그때 받은 책의 제목이다.

우수한 논문이 되려면 결론 부분도 훌륭해야 되는 것처럼 행복한 삶이
되려면 마무리도 아름다워야 한다. 인생에 있어 가장 중요한 마무리는 물
러날 때와 죽을 때의 두 차례다. 그 두 차례가 아름답다면 그는 분명 행복한
사람이다. 왕후장상을 지내고 높은 부귀를 누렸다 하더라도 초라한 모습으
로 물러난다면 한평생 쌓아 온 공은 빛을 잃는다.
춘하추동의 네 계절도 각기 자기 할 역할이 끝나면 물러가듯이 사람에게
도 각자에게 주어진 역할이 있고 때가 있다. 이처럼 때를 알고 놓치지 않는
다는 것은 매우 중요한 일인 줄 알면서도 실제에 있어서는 그리 쉬운 일이
아니다. 그렇기에 꿈을 이루고 이름을 얻으면 물러나는 것이 천도(天道)를 따
르는 길이라고 일찍이 노자(老子)는 말했다.

그러나 내가 스스로 물러나기로 한 것은 공을 이루거나 이름을 얻었다는
차원의 결정이 아니라 머릿속의 에너지는 고갈되고 지친 심신도 쉬고 싶다
는 아주 현실적이고도 단순한 생각에서 은퇴를 결정한 것이었다. 그렇지만

외형적으로 보기에 좋았던지 각계에서는 높이 평가해 주었다.

그 예의 하나로 공직의 짐을 벗어 버린 후, 갇혀 있던 장을 벗어난 새처럼 자유롭게 지내기를 두 달쯤 되었을 때 청와대에서 연락이 왔다. 시내 모처에서 단둘이 만난 비서실장은 노무현 대통령의 간곡한 청이라며 교육부총리를 맡아 일하라는 것이었다.

부총리 자리라면 누구에게라도 탐이 날 만한 자리이다. 그러나 아무리 생각해 보아도 내가 할 수 있는 자리는 아니었다.

우선 나는 교육행정 분야에 경험이 없으므로 바람직한 교육정책을 성공시킬 자신이 없었다. 그리고 심신이 지쳐 쉬고 싶은 상태였기 때문에 새로운 일과 싸워야 하는 열정도 에너지도 기대할 수가 없었다.

그렇다면 국가의 교육정책은 물론 국민들이 기대하는 성과를 거둘 자신이 없었다. '공직은 나를 필요로 하는 자리'가 되어야 한다는 생각에 따라 굳이 사양하고 돌아오는 내 마음엔 감사와 함께 미안하다는 생각이 교차하였다.

인생을 살아가다 보면 행운과 불운은 예측하기도
어려우려니와 인간의 능력으로 극복하기 어려운 경우도 많다.
다만 내가 할 수 있는 일은 긍정적으로 순명順命 하면서
새로운 에너지를 싹틔우는 일이다.

5. 또 하나의 숙제

1) 생활 3분법

사람들의 사회적인 지위나 외형적인 모습이 삶의 질과 반드시 직결되지는 않는다. 나는 공직생활 동안 성취감과 보람을 느낄 때도 많았지만 개인적인 삶의 질은 은퇴 이후가 오히려 더 높았다. 우선 중압감에서 벗어나 하고 싶은 일만 해도 되고 사람들도 반가운 사람들만 만날 수 있다는 자유로움이 제일 큰 이유다.

은퇴 후 나의 일상생활은 대체로 3분법이었다. 3분의 1은 젊은 학생들과 어울리며 강의하는 데 썼고, 또 3분의 1은 각종 모임과 취미활동 등에 소요되었으며, 나머지 3분의 1은 서울특별시 시우회장, 한국지방세연구원 이사장, 서울연구원 이사장 같은 봉사적 성격의 직책들을 위해 시간을 보냈다.

여러 해 동안을 그렇게 지내다 보니 네 가지나 되는 직책이 번거롭기도 하고 여유로운 시간도 별로 없었다. 그래서 성균관대학교의 석좌교수와 시우회장을 내려놓고 2013년 6월 중순의 눈부신 초여름을 고향땅에서 여유롭게 보내고 있었다.

그런데 청와대로부터 전화가 걸려왔다. 대통령께서 「지역발전위원회」 위원장으로 결정하였다는 통보였고, 홍보수석의 발표가 이내 방송을 통해 보도되었다. 갑작스런 일이라 얼떨떨했다. 은퇴선언 이후 공직은 더 이상 맡지 않으리라는 생각이었고, 공직을 떠난 지도 이미 칠 년이나 지났으니 업무를 제대로 감당할 수 있겠는가 하는 걱정이 앞섰다.

한편으로는 아직도 쓸모가 있다고 인정해 주는 것이 감사한 일이기도 하려니와 위원회 업무는 지방행정의 연장선상에 있으므로 '그동안 쌓아 온 경험을 기부하라는 또 하나의 숙제가 남아 있었구나!' 하는 생각이 들었다.

여하간 좀 더 편하게 지내려고 두 가지를 내려놓았더니 지역발전위원장 이라는 더 무거운 짐이 지워진 것이다.

2) 대통령직속/지역발전위원회

지역발전위원회는 지역정책에 관한 대통령의 자문기구이다.

참여정부 때 위원회가 신설되면서 국가 균형발전을 위해 16개 중앙행정 기관과 수도권에 있는 151개의 공공기관을 지방으로 이전하는 물량분산 정책을 주도적으로 추진한 바가 있다. 그 후 MB정부 때에는 전국을 7개 권역으로 구분한 광역경제권정책에 역점을 두었다.

그런데 지방자치가 본격적으로 실시된 지 20년을 넘기면서 지방분권 요구가 강해졌고 국민들의 욕구도 경제 성장 위주에서 삶의 질 향상으로 크게 바뀌었다.

박근혜 정부의 지역발전정책

- HOPE PROJECT

행정은 생물이다. 그러므로 변화에 따라 진화해 가야 한다. 그래서 박근혜 정부의 지역발전정책은 '국가경쟁력의 신장'과 '국민의 삶의 질 향상'이라는 두 가지 목표에 역점을 두고 정책의 기조를 HOPE PROJECT에 담았다.

'HOPE'라는 네 글자에 담긴 뜻은 'Happiness - 국민이 체감할 수 있는 행복'이어야 하고, 'Opportunity - 균등한 기회가 제공'되어야 하며, 'Partnership - 자율적 참여와 협업'을 통하여 'Everywhere - 전국 어느 곳에 살든지 같은 수준의 삶의 질을 보장'받도록 하겠다는 것이다.

지난 반세기 남짓 지나는 동안 우리나라는 세계 역사에 유례가 없을 만한 고도성장도 이루었고 정치적으로 민주화도 달성했다. 그러나 눈부신 발전의 이면에는 그림자도 생겨났다. 특히 소득격차와 양극화는 상대적 박탈감을 느끼게 하고 삶의 질을 떨어뜨리게 하였다.

이에 따라 박근혜 정부는 지역정책의 키워드를 '국민행복과 지역희망'에 두고 「지역행복 생활권」, 「지역발전 특화 프로젝트」 등을 추진해 왔다.

- 지역행복생활권

행정구역의 경계는 대부분 이동에 장애가 되는 산의 능선이나 강줄기를 기준으로 정해 놓았지만 지금은 그 의미가 많이 희석되었다. 도로교통의

발달로 통근이나 통학은 물론 의료시설이나 물자의 유통 등 주민들의 생활
은 행정구역을 초월하여 광범위하게 이루어지고 있기 때문이다. 그리하여
주민들의 생활 서비스가 실제로 이루어지는 권역을 묶어 전국을 63개 생
활권으로 구분하였다.

　이렇게 구분된 생활권 내의 상호협력으로 각종 시설의 공동사용이나 물
자와 서비스의 유무상통을 통해 편의를 높이고 비용도 줄일 수 있게 되었
다. 또한 자치단체 간의 갈등과 경쟁에서 협력과 상생의 효과도 거둘 수 있
게 되었다. 아울러 낙후된 산간 오지 마을이나 도시 영세민 지역에도 기초
생활 인프라를 갖추어 줌으로써 삶의 질을 높여주기로 한 것이다.

　이러한 정책은 외형적으로는 작은 것들이지만 당사자들 입장에서는

··박근혜 대통령과 이원종 위원장

마을 앞을 지나가는 고속철도보다도 더 중요한 것이다. 이러한 사업들은 선도사업이란 이름으로 2017년 현재 전국 174개 지역에서 사업이 추진되었다.

2015년부터는 수준 이하로 낙후되고 취약한 마을을 개조하는 「새뜰마을사업」도 새로이 시작되었다. 우리 주변에는 기본적인 조건도 갖추지 못한 취약한 환경 속에서 살아가고 있는 이웃들이 아직도 많다. 관심 밖에 놓인 산간 오지마을과 도시지역의 달동네나 쪽방촌들이 그렇다. 낡은 건물들은 붕괴나 연쇄화재 등 위험에 방치되어 있고 산사태나 홍수 등 자연재해에 무방비인 곳도 많다. 더구나 상수도마저 없는 경우나 줄 서서 이용하는 재래식 공동화장실은 삶의 질을 크게 떨어뜨리고 있다.

이런 곳에 사는 사람들도 똑같이 소중한 대한민국 국민이다. 그러므로 중앙정부와 지자체 그리고 주민들이 삼위일체가 되어 행복하게 살 수 있는

··충남 논산 동산마을

환경을 만들어주어야 한다. 이를 위한「새뜰마을사업」은 2017년 현재 전국 202개 지역에서 마을의 모습을 바꾸어가며 희망도 키워가고 있다.

– 특성을 살리는 지역발전특화 프로젝트

행복생활권 정책이 개인 삶의 질에 초점을 맞춘 미시적 사업이라면 지역발전특화 프로젝트는 광역자치단체의 비전을 담은 거시적인 사업들이다. 각 시·도마다 지역이 갖고 있는 강점과 특성을 살려 미래 경쟁력을 키워 나갈 사업들도 함께 추진함으로써 지역발전과 경쟁력을 높이자는 것이다.

예를 들어 전남은 전국에서 제일 긴 해안선과 가장 많은 섬의 특성을 살려 해양 관광의 허브로 발전시키고 제주의 경우는 30만 년 전부터 지하에 저장되어 있는 무진장한 용암수를 소재로 고부가가치 산업을 개발키로 한 것 등이다.

이제 내게 필요한 것은 무엇인가?

유민봉 전 청와대 국정기획수석이 "박근혜 정부의 인사 중에서 칠십대의 사람들도 기용하는 이유는 무욕론(無慾論)에 있다."고 했다. 더 이상 공직 안 하겠다고 은퇴를 선언했던 내게 '국민행복'을 위한 일이 주어진 것은 아직도 남아있는 숙제임이 분명하다.

초등학교 때 숙제를 잘했다고 선생님께서 동그라미 여러 개를 겹쳐서 그려 주시면 뛸 듯이 기뻤다. 지금도 나의 역할을 통해 작은 행복이라도 느꼈노라고 산골 오지 주민들로부터 동그라미 몇 개를 받을 수 있다면 가슴 설레는 기쁨을 맛볼 수 있을 것이다.

지역발전위원장을 연임하는 삼 년 동안 현지를 많이 방문하였다. 한결같이 반겨주는 주민들의 모습에서 보람과 기쁨이 넘쳐났다. 덤으로 주어진 축복이 아닐 수 없다. 지방 출장 가는 날이면 항상 일행들에게 하던 말이 있다.

"자, 오늘은 멋지게 소풍가는 날이다!"

그런데 이토록 여유로운 시간도 오래 가지 않았다. 2016년 5월 16일 예기치 않게 대통령 비서실장이라는 중책이 주어졌기 때문이다. 잠자는 시간에도 침대머리에 전화기를 켜놓고 있어야 하는 긴장의 생활이 새로 시작되었다.

3) 퇴수와 귀환의 사이클

토인비는 세계역사를 연구하다가 예수·석가·공자·소크라테스 등 인류에 미친 공헌이 큰 사람들한테서 공통적인 발자취를 발견하고 이를 '퇴수와 귀환의 사이클(The cycle of withdrawal and return)'이라고 했다.

고매한 구도자들도 어느 경지에 이르면 속세를 등지고 수련에 전념하다가 도를 깨우치면 돌아와서 베풀며 세상을 섬기는 삶을 살다가 이 세상을 떠나간다. 이것이 인간이라는 생명체의 가장 고귀하고 아름다운 생의 순환이라는 것이다. 무엇보다도 귀한 목숨을 받아 이 세상에 태어나 수많은 다른 생명체를 먹으면서 주변 사람들의 도움을 받으며 이만큼 성장하였고 또 삶의 기쁨을 누렸으면 이제는 받은 것을 세상에 돌려주어야 한다는 것이다. 본래부터 내가 가지고 왔던 것도 없고 가지고 갈 수도 없다면 지금 내가 가지고 있는 모든 것들, 지식과 지혜까지도 모두 다 돌려주고 가는 것이 가장 값지고도 아름다운 삶이다. 특히 많은 사람의 행복을 책임지고 있는 공인들이나 지도자급 인사들에게 더욱 요구되는 삶의 자세일 것이다.

나 또한 삶을 뒤돌아보면 수많은 사람들의 도움으로 살아왔고 기적과도 같은 은혜 속에서 살아왔다. 낯설고 발붙일 곳 없는 서울에 왔을 때 남산에 서 넓게 펼쳐진 시가지를 내려다보며 누울 수 있는 방 한 칸만 있었으면 원 이 없겠다던 나였다.

어린 시절에는 도시 아이들이 두려워 제천읍내에도 혼자 나가지 못했 다. 그런데 천만 도시 수도 서울의 시장이 될 수 있었다니 이것은 기적과 같은 일이었고 수많은 사람들의 도움과 하나님의 돌보심이 없었다면 불가 능한 일이었다. 다만 내가 한 것이 있다면 목표가 정해지면 고집스레 물러 서지 않았을 뿐이다.

고향의 도지사로 출마했을 때에도 두 번 다 확실하게 주신 말씀이 있다. 첫 번째 선거 때는 "내가 너를 굳세게 하리라. 참으로 너를 도와주리라. 참 으로 나의 의로운 오른손으로 너를 붙들리라." 하는 이사야의 말씀이었고, 두 번째는 "여호와의 구원을 너같이 얻은 백성이 누구냐. 그는 너를 돕는 방패시요 네 영광의 칼이시로다. 네 대적이 네게 복종하리니 네가 그들의 높은 곳을 밟으리로다." 하는 신명기의 말씀이었다. 힘겨운 문제를 만날 때 마다 하나님께서는 필요한 상황을 만들어 주시고 필요한 사람을 만나게 해 주셨다. 뒤돌아보면 하나님께나 사람들에게나 온통 빚만 지고 살아왔을 뿐 이다. 그래서 조그만 빚이라도 갚고 싶은 생각에서 이 글을 쓰는 것이다.

4) 아낌없이 주는 나무

아동문학가 쉘 실버스타인의 대표작 『아낌없이 주는 나무』는 우리에게 감동을 준다. '옛날에 나무 한 그루가 있었습니다.'로 시작되는 이 글에는 소년의 행복을 위해 자신의 모든 것을 아낌없이 내주었고, 노인이 되어서 야 돌아온 그에게 여전히 자신에게 남은 마지막 한 가지까지 내어주고 있는 나무의 헌신과 사랑에 대한 이야기다.

　나뭇잎과 열매, 가지와 둥치까지 모두 다 가져갔던 소년이 아무것도 필요 없는 늙은 몸이 되어 돌아왔을 때 마지막으로 남아 있는 자신의 그루터기에라도 앉아 쉬게 하는 나무, 참으로 아름다운 이야기다. 구부정하게 늙은 몸으로 그루터기에 앉아 쉬고 있는 소년의 모습에 행복을 느끼는 나무, 그 이야기의 맨 끝 구절이 가장 인상적이다.

"The tree was HAPPY!"

　다 가져간 소년이 아니라 자신의 모든 걸 다 내어 준 나무가 행복했다는 것이다. 나무가 사랑했던 대상이 소년이었다면, 내 인생을 살아가는 동안 사랑하며 행복을 느껴야 할 대상은 누구이어야 할까? 우리 모두의 삶이 아낌없이 주는 나무처럼 아름답고 행복한 사랑의 삶이 되었으면 좋겠다.

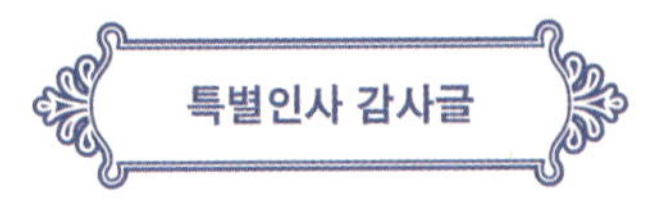

설날 공장을 찾아 온 도지사

김상면
자화전자 대표이사

IMF 구제금융 사태로 인해 우리나라 경제계 전반이 고통 속에 있었던 1999년 설 연휴에 이원종 지사님께서는 수행원 한 명만을 대동하고 우리 '자화전자'를 찾아오셨다.

공장에 들어서면서 정문을 지키는 경비원부터 따뜻이 손을 잡아주고 휴일 근무 중인 직원들에게 당신들이 바로 애국자라며 도서상품권을 일일이 손에 쥐어 주시면서 첨단기술을 가진 자화전자에 기대를 걸고 있으니 충북경제를 살리는 일에 앞장서 달라고 당부하시던 모습이 아직도 눈에 선하다.

설 연휴 중임에도 불구하고 어려운 경제를 걱정하시고 격려차 중소기업을 찾아 나섰다는 생각을 하니 감동을 받고 힘이 나지 않을 수가 없었다.

뒤돌아보면 그동안 수많은 난관과 역경을 거치면서도 자화전자가 이제는 세계적인 기업으로 자리매김 하였고, 성공한 기업인에게 주어지는 최고의 영예인 「IBK 기업인 명예의 전당」에까지 헌정되었으니 염려해주신 분들에게 일말의 보답이라도 했다는 생각이 든다.

그 이후 8년 간 충북도정을 멋지게 이끌어 오셔서 도민들의 신망도 두터웠고 3선 당선은 의심의 여지가 없었음에도 불구하고 불출마 선언을 하시는 지사님의 모습에 아쉽고 놀랍지만 남다른 인품에 매료될 수밖에 없었다.

특별인사 감사글

삶을 성공으로 이끄는 태도와 용기!

권선복
도서출판 행복에너지 대표이사
한국정책학회 운영이사

귀한 인연을 맺고 있는 '대통령 비서실'의 '이원종 실장'님의 책『인생 네 멋대로 그려라』개정증보판을 새롭게 출간하게 되어 무한한 영광입니다. 원고 한 페이지 한 페이지를 세심히 살피고 정성을 쏟으신 비서실장님께 감사의 말씀을 올립니다.

충북 제천 산골에서 출생한 저자는 전문대학인 국립 체신학교를 졸업하고 광화문전화국 서기보를 시작으로 공직에 입문하였지만 이에 만족하지 않고 주경야독으로 성균관대학교 야간학부를 다니며 꿈을 키웠습니다.

공무와 학업을 병행하는 어려움 속에서도 제4회 행정고시에 합격한 이후 충청북도지사와 서울시장을 역임하기까지 각고의 노력과 탁월한 배려로 주위로부터 존경을 받아오신 분입니다. 강력한 카리스마나 파격적인 리더십이 아니라 모두를 품에 아우르는 넉넉함 품성과 과감한 결단력, 치밀한 실행 능력으로 위아래 모두에게 인정을 받아오신 분이기도 합니다.

공직을 은퇴한 후에도 여전히 뜨거운 열정으로 대학 강단에서 젊은이들과 함께하던 중 2013년 여름, 다시 국가의 부름을 받고 대통령직속 지역발전위원회 위원장으로 일하셨습니다. 현재는 희망의 새 시대를 열어가시는 박근혜 대통령님을 보좌하는 일에 최선을 다하고 계십니다. 21세기 무한경쟁시대 선진국 도약의 꿈이 이루어지기를 기원드리며 힘찬 행복에너지가 샘솟도록 응원의 박수를 보내드립니다. 또한 책『인생 네 멋대로 그려라』가 미래를 꿈꾸는 청년들은 물론 행복한 미래를 설계하는 국민 누구에게나 귀감이 되어줄 것이라 믿어 의심치 않습니다.

"내가 하고 싶고, 나만이 할 수 있는, 독특한 내 멋대로의 인생을 그려 가야 한다."라는 저자의 말씀이 더욱 절실하게 와 닿는 요즘입니다. 사면이 벽으로 막힌 듯 현실을 고민하는 젊은이들에게도 구름 위에 떠 있는 희망의 태양을 찾아가게 하는 인생의 GPS이기 때문입니다. 책을 편집하고 발행하는 동안 저도 뜨거운 감동을 느낄 수 있었습니다. 그러므로 이 책을 접하는 모든 독자들에게 역동적인 에너지가 솟아오르고 대한민국 방방곡곡에 행복과 긍정의 에너지가 널리널리 전파되기를 기원드립니다.

이원종

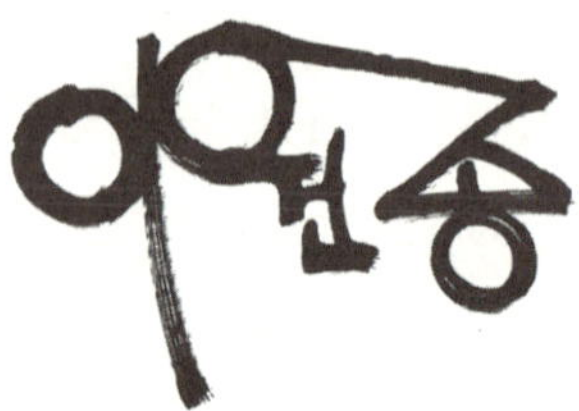

이원종님 국민사랑
서울시장 충북지사
원래부터 굳센의지
대한민국 사랑함은
종울리는 새벽부터
연구노력 결과였네

이원종 전서울시장님을 위하여
이천십일년 가을에 지어쓰다
예강 장성연

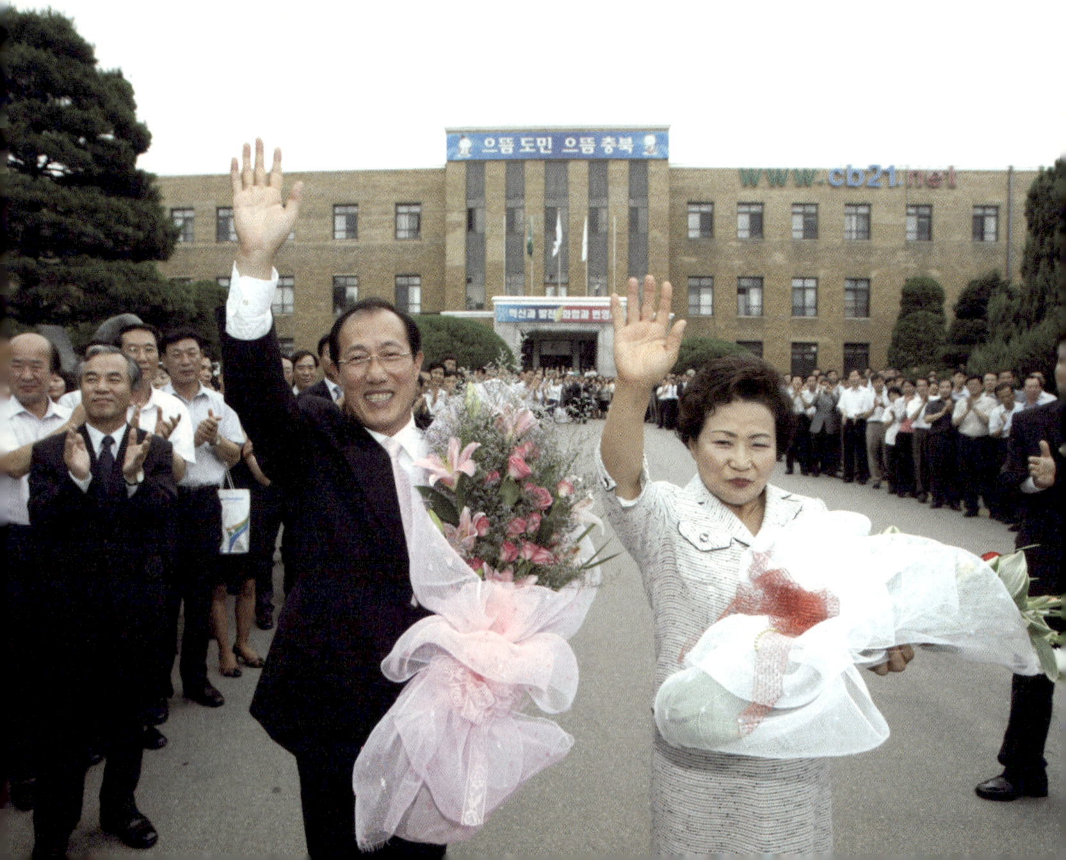

'행복에너지'의 해피 대한민국 프로젝트!
〈모교 책 보내기 운동〉

대한민국의 뿌리, 대한민국의 미래 **청소년·청년**들에게 **책**을 보내주세요.

많은 학교의 도서관이 가난해지고 있습니다. 그만큼 많은 학생들의 마음 또한 가난해지고 있습니다. 학교 도서관에는 색이 바래고 찢어진 책들이 나뒹굽니다. 더럽고 먼지만 앉은 책을 과연 누가 읽고 싶어 할까요? 게임과 스마트폰에 중독된 초·중고생들. 입시의 문턱 앞에서 문제집에만 매달리는 고등학생들. 험난한 취업 준비에 책 읽을 시간조차 없는 대학생들. 아무런 꿈도 없이 정해진 길을 따라서만 가는 젊은이들이 과연 대한민국을 이끌 수 있을까요?

한 권의 책은 한 사람의 인생을 바꾸는 힘을 가지고 있습니다. 한 사람의 인생이 바뀌면 한 나라의 국운이 바뀝니다. **저희 행복에너지에서는 베스트셀러와 각종 기관에서 우수도서로 선정된 도서를 중심으로 〈모교 책 보내기 운동〉을 펼치고 있습니다.** 대한민국의 미래, 젊은이들에게 좋은 책을 보내주십시오. 독자 여러분의 자랑스러운 모교에 보내진 한 권의 책은 더 크게 성장할 대한민국의 발판이 될 것입니다.

도서출판 행복에너지를 성원해주시는 독자 여러분의 많은 관심과 참여 부탁드리겠습니다.

도서출판 **행복에너지** 임직원 일동

문의전화 0505-613-6133

ADVENTURE & DESTINY

Sally(Sumin) Ahn, Trina Galvez 지음 | 값 13,000원

시집 『ADVENTURE & DESTINY』는 시와 문학에 대해서 깊은 열정을 가지고 꾸준히 창작활동을 계속하고 있는 한 젊은 시인의 문학적 사색과 고뇌를 보여주는 세계로의 모험이라고 할 수 있다. 각 챕터는 영어 원문과 한국어 번역을 모두 포함하여 원문의 느낌과 의미를 온전히 살리는 한편 한국어 독자들에게도 쉽게 접근할 수 있도록 하였다.

무일푼 노숙자 100억 CEO되다

최인규 지음 | 값 15,000원

책 『무일푼 노숙자 100억 CEO 되다』는 "열정이 능력을 이기고 원대한 꿈을 이끈다."는 저자의 한마디로 집약될 만큼 이 시대 '흙수저'로 대표되는 청춘에게 용기를 고하여 성공으로 향하는 길을 제시하고 있다. 100억 매출을 자랑하는 (주)다다오피스의 대표인 저자가 사업을 시작하며 쌓은 노하우와 한때 실수로 겪은 실패담을 비롯해 열정과 도전의 메시지를 모아 한 권의 책으로 엮었다.

정부혁명 4.0 : 따뜻한 공동체, 스마트한 국가

권기헌 지음 | 값 15,000원

이 책은 위기를 맞은 한국 사회를 헤쳐 나가기 위한 청사진을 제안한다. '정치란 무엇인가?' '우리는 무엇이 잘못되었는가?' 로 시작하는 저자의 날카로운 진단과 선진국의 성공사례를 통한 정책분석은 왜 정치라는 수단을 통하여 우리의 문제를 해결해야 하는지를 말한다. 정부3.0을 지나 새롭게 맞이할 정부4.0에 제안하는 정책 아젠다는 우리 사회에 필요한 길잡이가 되어 줄 것이다.

나의 감성 노트

김명수 지음 | 값 15,000원

이 책 『나의 감성 노트』는 30여 년간 의사로서 의술을 펼치며 그중 20여 년을 한자리에서 환자들과 함께한 내과 전문의의 소소한 삶의 기록이다. 삶과 죽음에 대한 겸허한 자세, 인생과 노년에 대한 깊은 성찰, 다양한 인연으로 맺어진 주변 사람들에 대한 따뜻한 시선은 현대 사회를 사는 독자들의 메마른 가슴속에 사람 사는 향기와 따뜻한 감성을 선사할 것이다.

워킹맘을 위한 육아 멘토링

이선정 지음 | 값 15,000원

이 책은 일과 가정을 양립하는 데 어려움을 겪는 워킹맘에게 "당당하고 뻔뻔해지라"는 메시지를 전한다. 30여 년간 워킹맘으로서 직장 생활을 하며 두 아들을 키워온 저자의 경험담과 다양한 사례를 통해 일과 육아의 균형을 유지하는 노하우를 자세히 알려준다. 또한 워킹맘이 당당한 여성, 또 당당한 엄마가 될 수 있도록 응원하고 있다.

늦게 핀 미로에서

김미정 지음 | 값 15,000원

이 책 『늦게 핀 미로에서』는 학위도, 전공도 없지만 음악에 대한 넘치는 열정과 사회에 기여하는 인생이 되고 싶다는 소명감으로 음악치료사의 길에 발 디딘 저자의 이야기를 보여주고 있다. 사회 곳곳의 소외되기 쉬운 사람들과 음악으로 소통하고 마음으로 하나 되며 치유를 통해 발전을 꿈꾸는 저자의 행보는 인생 2막을 준비하는 사람들에게 많은 것을 생각하게 할 것이다.

위대한 도전 100人

도전한국인 지음 | 값 20,000원

이 책은 위대한 도전인을 발굴, 선정, 출판하여 도전정신을 확산시키는 것을 목적으로 도전을 통해 세상을 바꾸어 나간 위대한 인물 100명을 다양한 분야에서 선정하여 그들의 노력과 역경, 극복과 성공을 담았다. 어려운 시대 속에서 이 책은 이 시대를 살아가는 우리 모두의 가슴속에 다시금 '도전'을 키워드로 삼을 수 있도록 도울 것이다.

정동진 여정

조규빈 지음 | 값 13,000원

책 『정동진 여정』은 점점 빛바래면서도 멈추지 않고 휘적휘적 가는 세월을 바라보며 그 기억을 글자로 옮기는 여정에 우리를 초대한다. 추억이 되었다고 그저 놔두기만 하면 망각의 너울을 벗지 못한다. 그러기에 희미해지기 전에 기록할 것을 은근히 전한다. "기록은, 그래서 필요하다"라는 저자의 말은 독자들의 마음에 여운을 남기며 삶의 의미와 기억 속 서정을 찾는 길잡이가 되어 줄 것이다.

인생 르네상스 행복한 100세

김현곤 지음 | 값 15,000원

미래디자이너이자 사회디자이너인 저자가 고령화혁명으로 발생될 장수시대를 안내한다. "내 일이 없으면 내일도 없다"라는 키워드를 중심으로 평균연령 100세, 장수연령 120세 시대에 겪어야 할 인생의 후반전을 '내 일'을 가지고 살아야만 진정 행복한 100세 인생을 누릴 수 있음을 역설한다. 그림을 통해 알기 쉽게 100세 시대를 안내함으로써 행복한 황혼기를 개척하는 사람들의 환한 길잡이가 되어 줄 것이다.

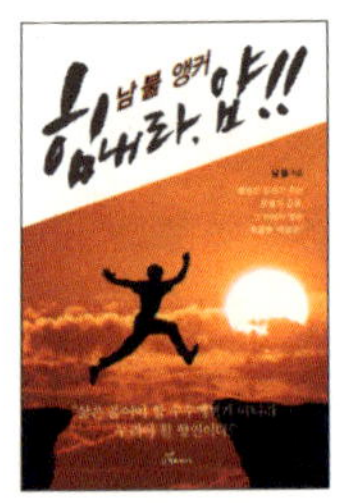

남불 앵커 힘내라, 얍!!

남불 지음 | 값 15,000원

이 책 『남불 앵커 힘내라, 얍!!』은 혼란한 세상 속 행복한 삶을 꿈꾸는 사람들에게 일상 속에서 깨닫는 삶과 행복의 본질을 말하고 있다. 웃음과 눈물이 공존하며 일견 평범해 보이는 일상 속 작은 깨달음과 마주하다 보면 '무탈하게 살아가는 것이 행복'이며 '삶은 누려야 하는 향연'이라며 힘주어 이야기하는 저자의 목소리에 자연스럽게 공감하게 된다.

끌리는 곳은 서비스가 다르다

박정순 지음 | 값 15,000원

책 『끌리는 곳은 서비스가 다르다』는 현재 11년 차 소상공인이며 서비스와 이미지 메이킹 전문가인 저자가 사업을 성공으로 이끄는 서비스 노하우를 알려준다. 모든 사업의 핵심 바탕이 되는 '서비스'에 대해 심도 있게 다루면서도 독자들로 하여금 쉽게 이해할 수 있게 실제 사례를 들어 친절하게 설명한다. 모든 사업 성공의 바탕에는 '서비스'가 있다는, 잊기 쉽지만 가장 중요한 핵심을 잘 짚어내고 있다.

울지 마! 제이

김재원 지음 | 값 15,000원

책 『울지 마! 제이』는 방황하며 힘겨워하는 모든 '제이'들을 위로하며 삶의 지혜를 담은 메시지를 전해주는 책이다. 때로는 위로하고 때로는 채찍질을 하듯 따끔한 충고를 던지면서도 격려를 아끼지 않는 저자의 따뜻한 마음이 책 곳곳에서 느껴진다. 가장 강력한 힘을 가진 친구이자 인생의 멘토가 되는 나의 자아 '제이'에게 들려주는 황금메시지가 인생의 길을 친절하게 안내할 잠언이 되어 줄 것이다.

와인 한 잔에 담긴 세상

김윤우 지음 | 값 15,000원

이 책은 와인에 대해 절대 연구할 필요도 없고 고민할 필요도 없는 술이라고 강조한다. 그저 편안하게 있는 그대로를 즐기면 되는 음료이자, 하나의 멋진 취미생활이자 직업이 될 수 있는 술이라고 말한다. 슬픈 사람을 기쁘게 만드는 신비의 힘, 그것이 바로 와인이다. 와인을 알게 되면서 경험했던, 그래서 풍요로운 인생을 경험했던 와인과 관련된 인생의 경험들을 여행으로, 파티로, 음식으로 풀어낸 일상을 이야기 한다.

아이디어맨이여! 강한 특허로 판을 뒤집어라

정경훈 지음 | 값 15,000원

비전문가들이 좀 더 편안하게 특허에 대해서 이해할 수 있도록 배려했으며, 경영자 또는 특허담당자들도 쉽게 특허를 이해하는 데 도움을 주고 있다. 강한 특허에 주목해야 하는 까닭부터 시작하여, 출원 전후의 특허상식과 CEO가 알아야 할 특허상식 등을 다양한 예시와 도표를 통해 제시하여 독자의 이해를 돕는다.

행복한, 너무나 행복한 즐거운 정직

김석돈 지음 | 값 15,000원

정직이라는 가치가 땅에 떨어진 시대, 혼란한 삶을 살아가는 국민들에게 가장 필요한 이야기들을 책 한 권에 가득 담아내었다. 인류 역사가 시작된 이래 몇 가지 변하지 않는, 다이아몬드 원석과도 같은 가치들이 있다. 그중에서도 정직은 손에 꼽을 만하다. 수많은 선지자들이 삶을 행복으로 이끌기 위해 반드시 정직하게 살아야 함을 강조했던 까닭을 이 책을 통해 많은 이들이 다시금 곱씹어 보기를 기대해 본다.

행복을 부르는 마술피리

김필수 지음 | 값 16,000원

책 『행복을 부르는 마술피리』에는 성공을 거머쥐고 행복을 품에 안기 위해 우리가 반드시 깨달아야 할 소중한 가치들이 빼곡히 담겨 있다. 피상적인 미사여구와 관념적 지식으로 채워져 실천에 도움이 되지 않는 자기계발서와는 달리, 생명력과 위트 넘치는 실천적 메시지가 가득 담겨 있다.